D0701192

Redefine el *éxito*

Redefine el *éxito*

Bienestar, sabiduría, asombro y entrega para una vida plena

Arianna Huffington

AGUILAR

Redefine el éxito
Bienestar, sabiduría, asombro y entrega para una vida plena

Título original: *Thrive*

Publicado en inglés por: Harmony Books, sello editorial de Crown Publishing Group, una división de Random House LLC de Penguin Random House Company, Nueva York.

Primera edición: junio de 2015

www.megustaleer.com.mx

Comentarios sobre la edición y el contenido de este libro a:
megustaleer@penguinrandomhouse.com

Gracias especialmente a Houghton Mifflin Harcourt Publishing Company por la autorización para imprimir un fragmento de "Choruses from *The Rock*" de *Collected Poems 1909-1962* de T.S. Eliot, © 1936, Houghton Mifflin Publishing Company, © 1964, Thomas Stearns Eliot. Reimpresión con autorización de Houghton Mifflin Harcourt Publishing Company. Todos los derechos reservados.

ISBN 978-607-11-3752-4

Impreso en México / *Printed in Mexico*

Para mi madre, Elli, que encarnó la sabiduría,
el asombro y la entrega e hizo que este libro
fuera como una vuelta a casa

Índice

Introducción

La mañana del 6 de abril de 2007 estaba tirada en el suelo del despacho de mi casa rodeada de un charco de sangre. Al caer me di en la cabeza con la mesa, me corté un ojo y se me rompió el pómulo. Había sufrido un colapso por agotamiento y falta de sueño. Después de este acontecimiento me encontré yendo de un médico a otro, haciéndome todo tipo de pruebas, desde una resonancia magnética cerebral a un TAC, incluso un ecocardiograma para descubrir si había algún problema médico subyacente más allá del agotamiento. No lo había, pero las salas de espera de las consultas resultaron ser buenos lugares para hacerme un montón de preguntas sobre el tipo de vida que estaba llevando.

Fundamos *The Huffington Post* en 2005, y dos años más tarde estábamos creciendo a un ritmo incesante. Me convertí en portada de revista y *Time* me eligió como una de las cien personas más influyentes del mundo. Pero después de mi caída me tuve que preguntar: ¿es esto el éxito? ¿Era esa la vida que quería? Estaba trabajando dieciocho horas al día, siete días por semana, tratando de llevar una empresa, expandir nuestra cobertura y conseguir nuevos inversores. Sin embargo, me di cuenta de que mi vida estaba fuera de control. Según la medición tradicional del éxito, la cual se centra en el dinero y el poder, yo era una mujer exitosa. Pero no tenía una vida de éxito bajo ninguna definición sensata del término. Sabía que algo tenía que cambiar radicalmente en mí. No podía seguir así.

Ésa fue la clásica llamada de atención. Echando la vista atrás, he tenido otros momentos en los que debería haber reaccionado, pero no lo hice. Esa vez sí y cambié la forma de vivir, añadiendo prácticas diarias que me ayudaran a mantener el control y a estar lejos de las salas de espera de los consultorios médicos. El resultado ha sido una vida más plena, que me ha proporcionado momentos de paz y una perspectiva más profunda. Este libro se concibió como un intento de aunar las visiones que había recopilado sobre mi trabajo y mi vida durante las semanas que pasé escribiendo el discurso de ceremonia de graduación que iba a hacer para la promoción de 2013 del Smith College. Con dos hijas en la universidad, me tomaba los discursos de ceremonia de graduación muy en serio. Es un momento muy especial: es una pausa, una especie de paréntesis después de cuatro (cinco o seis) años de un aprendizaje y crecimiento constante justo antes de empezar una vida adulta y poner todo ese conocimiento en práctica. Es un instante único en sus vidas, y durante quince minutos o más tengo toda la atención de las alumnas. El desafío es decir algo a la altura de las circunstancias, algo que sea útil para un nuevo periodo cargado de promesas.

«Se espera que los oradores de las ceremonias de graduación —señalé a las alumnas— le digan a la promoción que se gradúa cómo salir al mundo y subir la escalera del éxito. Pero yo les pido que redefinan el éxito. Porque el mundo al que se dirigen lo necesita desesperadamente. Y porque están listas para ese reto. Su educación en Smith ha dejado claro que son capaces de elegir su lugar en el mundo, en donde quieran que sea. Pueden trabajar en cualquier campo y llegar a la cima. Pero a lo que las animo es no sólo a encontrar su lugar en la cima del mundo, sino a cambiar el mundo».

La emotiva respuesta al discurso me hizo darme cuenta de lo extendido que está el deseo en muchos de nosotros de redefinir el éxito y lo que significa llevar «una buena vida».

«¿Qué es una buena vida?», es una pregunta que ya se hicieron los filósofos de la antigua Grecia. Pero en algún momento abandonamos esa pregunta y centramos nuestra atención en cuánto dinero podemos ganar, cuál es la casa más grande que nos podemos comprar y lo alto que podemos subir en la escalera profesional. Son preguntas legítimas, sobre todo en una época en la que las mujeres todavía luchamos por obtener un trato igualitario. Pero tal y como descubrí dolorosamente, están muy lejos de ser las únicas preguntas que importan a la hora de crear una vida de éxito.

A lo largo del tiempo la noción de éxito de nuestra sociedad se ha reducido a dinero y poder. De hecho, en este momento, éxito, dinero y poder se han vuelto prácticamente sinónimos en las mentes de muchos.

Esta idea del éxito puede funcionar —o al menos parece que funciona— a corto plazo. Pero a largo plazo, el dinero y el poder en sí mismos son como un taburete de dos patas: puedes mantener el equilibrio con ellas durante un tiempo, pero al final te vas a caer. Y cada vez más gente, gente muy importante, se está cayendo.

Por lo tanto, lo que remarqué a las graduadas del Smith College fue que el modo en el que hemos definido el éxito no es suficiente. Y ya no es sostenible: ya no es sostenible para los seres humanos y las sociedades. Para vivir las vidas que de verdad queremos y merecemos, y no las vidas con las que nos conformamos, necesitamos una Tercera Métrica, una tercera medida que va más allá de las dos métricas del dinero y el poder, y que consiste en cuatro pilares: bienestar, sabiduría, asombro y entrega. Esos son los cuatro pilares que conforman las secciones de este libro.

En primer lugar, bienestar: si no redefinimos lo que es el éxito, el precio que pagamos en términos de nuestra salud y bienestar continuará creciendo, tal y como yo descubrí en mi propia piel. Cuando abrí los ojos, vi que esta nueva fase de mi vida estaba muy en consonancia con el movimiento *zeitgeist,* el espíritu de nuestros tiempos. Todas las conversaciones que tenía parecían replantearse al final los mismos dilemas a que nos enfrentamos todos: el estrés del exceso de trabajo, de ocupaciones, de conectarnos demasiado a las redes sociales, y de la falta de conexión con nosotros mismos o con los demás. El espacio, los lapsos, las pausas, el silencio —esas cosas que permiten regenerarnos y recargarnos— habían desaparecido en mi vida y en la de muchas personas que conocía.

Me parecía que la gente que de verdad estaba prosperando en su vida era la que había hecho un hueco para el bienestar, la sabiduría, el asombro y la entrega. De ahí nació la «Tercera Métrica», la tercera pata del taburete a la hora de vivir una vida de éxito. Lo que empezó como una forma de redefinir el camino de mi propia vida y mis prioridades, me llevó a centrarme en un despertar que está sucediendo de manera global. Estamos entrando en una nueva era. El modo de medir el éxito está cambiando.

Y está cambiando en el momento oportuno: sobre todo para las mujeres, dado que un creciente volumen de datos muestra que el precio de la falsa promesa actual de éxito ya es más alto para las mujeres que para los hombres. Las mujeres en trabajos estresantes tienen casi 40 por ciento más de riesgo de padecer una enfermedad cardiaca, y 60 por ciento más de riesgo de diabetes. En los últimos treinta años, mientras las mujeres han hecho grandes progresos en el ámbito del trabajo, los niveles de estrés notificados han subido 18 por ciento.

Aquellas que acaban de empezar a trabajar —y las que no han empezado todavía— ya están sintiendo los efectos. De acuerdo con la Asociación Estadounidense de Psicología, la generación del milenio está en la cima de la gráfica de niveles de estrés, más que los *baby boomers* y los «maduros», tal y como el estudio llamaba a aquellos mayores de 67.

La cultura laboral occidental —exportada a muchas otras partes del mundo— se nutre prácticamente por el estrés, la privación del sueño y el agotamiento. Yo miré a la cara, o quizá debería decir al suelo, a ese problema cuando sufrí el colapso. Al igual que el estrés mina nuestra salud, la privación del sueño que tantos de nosotros padecemos en nuestro empeño de adelantar trabajo está afectando profunda y negativamente nuestra creatividad, productividad y nuestra toma de decisiones. El derrame de petróleo del *Exxon Valdez,* la explosión de la lanzadera espacial *Challenger* y los accidentes nucleares de Chernóbil y Three Mile Island se originaron en parte por la falta de sueño.

Y en el invierno de 2013 el descarrilamiento mortal de Metro-North causado por William Rockefeller, el ingeniero en los controles de mando, al quedarse dormido, aceleró la atención nacional sobre los peligros de la privación del sueño en la industria del transporte. Tal y como afirmó John Paul Wright, ingeniero de uno de los operadores de transporte de mercancías más grandes del país: «El mayor problema de los trabajadores ferroviarios es la fatiga, no el sueldo. Nos pagan muy bien. Pero sacrificamos nuestros cuerpos y mentes para que trabajen las largas horas que nos hacen ganar ese dinero, eso sin mencionar la alta tasa de divorcios, automedicación y estrés».

Más de 30 por ciento de la población de Estados Unidos y Reino Unido no duerme lo suficiente. Y no son sólo las funciones cognitivas y de la toma de decisiones las que se ven afectadas. Incluso las características que asociamos con nuestra personalidad y valores verdaderos se ven afectadas por la falta excesiva de sueño. Según un estudio del Instituto de Investigación del Ejército Walter Reed, la privación del sueño reduce nuestra inteligencia emocional, la seguridad en nosotros mismos, nuestra asertividad, el sentido de independencia, la empatía hacia los demás, la calidad de nuestras relaciones interpersonales, el pensamiento positivo y el control de los impulsos. De hecho, la única cosa que el estudio mostró que mejoraba con la privación de sueño es el «pensamiento mágico», la dependencia y la superstición. Por lo que, si estás interesado en las predicciones del futuro, adelante, pasa la noche en vela. El resto de nosotros necesitamos redefinir lo que valoramos y cambiar la cultura laboral, de modo que trabajar hasta las mil y dar vueltas de un lado para otro hasta la extenuación nos resulte algo estigmatizado en lugar de algo que debamos alabar.

Con la nueva definición del éxito, aumentar y cuidar nuestro capital financiero no es suficiente. Tenemos que hacer todo lo que podamos para proteger y alimentar nuestro capital humano. Mi madre era una experta en eso. Todavía recuerdo a un empresario griego de mucho éxito que vino a nuestra casa a cenar cuando yo tenía 12 años. Parecía agotado y exhausto. Pero cuando nos sentamos a cenar nos dijo lo bien que le iban las cosas. Estaba emocionado con un contrato que acababa de firmar para construir un museo nuevo. Mi madre no parecía muy contenta. «No me importa lo bien que vaya tu empresa —dijo ella sin rodeos—. No te estás cuidando. Tu empresa puede tener un buen balance, pero tú eres el capital más importante. Hay un número limitado de retiradas de efectivo de la cuenta bancaria de la salud, pero tú sigues haciéndolo. Puedes quedarte en bancarrota si no haces algún depósito pronto». De hecho, no mucho después de eso tuvieron que llevar al hombre al hospital para una angioplastia de emergencia.

Cuando incluimos nuestro propio bienestar en nuestra definición de éxito, otra cosa que cambia es nuestra relación con el tiempo. Incluso hay un término para nuestro sentimiento de estrés constante, de que nunca hay tiempo suficiente para lo que queremos hacer: «hambre de tiempo». Cada vez que miramos el reloj parece ser más tarde de lo que pensamos. Personalmente siempre he tenido una relación muy tensa con el tiempo. El doctor Seuss lo resumió a la perfección: «¿Cómo se ha podido hacer tan tarde tan pronto? —escribió—. Es de noche antes que el mediodía. Diciembre está aquí antes que junio. Dios mío, cómo ha volado el tiempo. ¿Cómo se ha podido hacer tan tarde tan pronto?»

¿Les suena familiar?

Y cuando vivimos una vida de hambre de tiempo permanente nos robamos a nosotros mismos nuestra capacidad de experimentar otro elemento clave de la Tercera Métrica: el asombro, nuestro sentido de disfrutar los misterios del universo, al igual que los sucesos cotidianos y los pequeños milagros que llenan nuestras existencias.

Otro de los dones de mi madre era estar en un constante estado de asombro hacia el mundo que la rodeaba. Ya estuviera lavando los platos, dando de comer a las gaviotas en la playa o regañando a los empresarios que trabajaban demasiado, mantenía su sentido de asombro hacia la vida. Y siempre que me quejaba o me enfadaba por algo, mi madre me daba el mismo consejo: «Cariño, sólo debes cambiar el canal. Tú tienes el control. No vuelvas a poner esa nefasta película de miedo».

Bienestar, asombro. Ambos son claves para crear la Tercera Métrica. Y luego está la tercera palabra indispensable para redefinir el éxito: sentido común.

Miremos donde miremos a nuestro alrededor en el mundo vemos a líderes inteligentes —en política, negocios, medios de comunicación— tomando terribles decisiones. Lo que les falta no es coeficiente intelectual (CI), sino sabiduría. Lo que no es de sorprender; nunca ha sido más difícil que ahora acceder a nuestra sabiduría interior, porque para hacer eso debemos desconectarnos de todos nuestros dispositivos omnipresentes: aparatos, pantallas, redes sociales y volver a conectarnos con nosotros mismos.

Si te soy sincera, no es algo que salga de mí de manera natural. La última vez que mi madre se enfadó conmigo antes de morir fue cuando me vio leyendo el correo y hablando con mis hijas a la vez. «Detesto las multitareas», dijo en un perfecto acento griego que deja al mío en ridículo. En resumidas cuentas, estar conectada de forma superficial con todo el mundo puede impedirnos estar profundamente conectados con aquellos más cercanos a nosotros, incluidos nosotros mismos. Y ahí es donde encontramos la sabiduría.

Estoy convencida de dos verdades fundamentales sobre los seres humanos. La primera es que todos nosotros tenemos en nuestro interior un lugar seguro de sabiduría, armonía y fuerza. Ésta es una verdad que todas las filosofías y religiones del mundo —ya sea el cristianismo, el islamismo, el judaísmo o el budismo— reconocen de una forma u otra. «El reino de Dios está dentro de ti». O como dijo Arquímedes: «Dame un punto de apoyo y moveré el mundo».

La segunda verdad es que todos nos vamos a salir de ese lugar una y otra y otra vez. Es la naturaleza de la vida. De hecho, tal vez estemos fuera de curso más a menudo que lo que estamos en él.

La pregunta es qué tan rápido podemos volver a ese lugar seguro de sabiduría, armonía y fuerza. Es en este lugar sagrado en el que la vida se transforma y pasa de la lucha a la gracia, y de repente nos llenamos de confianza, independientemente de nuestros obstáculos, desafíos o decepciones. Tal y como dijo Steve Jobs en su ahora legendario discurso de apertura en Stanford: «Reitero, no puedes conectar los puntos mirando hacia el futuro; sólo puedes conectarlos mirando hacia el pasado. Por lo tanto, debes confiar en que los puntos, de alguna manera, se conectarán en tu futuro. Tu tienes que confiar en algo, lo que sea. Nunca he abandonado esta perspectiva y es la que ha marcado la diferencia en mi vida».

Hay un fin en nuestras vidas, incluso aunque a veces se halle escondido e incluso aunque los mayores puntos de inflexión y golpes de nuestra vida sólo cobren sentido cuando miramos atrás en vez de cuando los experimentamos. Por lo que puede que también vivamos la vida como si —tal y como escribió el poeta Rumi— todo estuviera amañado a nuestro favor.

Pero nuestra capacidad de volver de forma regular a este lugar de sabiduría —igual que muchas otras habilidades— depende de lo mucho que lo practiquemos y lo hagamos en nuestras vidas. Y el agotamiento hace mucho más difícil acceder a nuestra sabiduría. En un artículo de opinión del *New York Times*, Erin Callan, ex directora financiera de Lehman Brothers, que abandonó la empresa unos meses antes de que cayera en bancarrota, escribió sobre las lecciones que aprendió al experimentar el agotamiento: «El trabajo siempre era lo primero, antes que mi familia, amigos y matrimonio, que terminó justo unos años después».

Mirando hacia atrás ella se dio cuenta de lo contraproducente que era trabajar demasiado. «Ahora sé que podía haber llegado al mismo lugar con una versión por lo menos mejorada de mi vida personal», escribió. De hecho, trabajar hasta el punto del agotamiento no fue sólo malo para su personalidad. También lo fue para Lehman Brothers, que ya no existe. Después de todo, la función de liderazgo es ser capaz de ver el iceberg antes de que choque contra el *Titanic.* Y cuando estás agotado y exhausto es mucho más difícil ver con claridad los peligros —o las oportunidades— que se te presentan. Y es la conexión que necesitamos empezar a hacer si queremos darnos prisa a la hora de cambiar el modo en que vivimos y trabajamos.

Bienestar, sabiduría y asombro. El último elemento de la Tercera Métrica del éxito es la disposición a dar de nosotros mismos a los demás, movidos por nuestra empatía y compasión.

Los Padres Fundadores de Estados Unidos pensaron mucho en la idea de la búsqueda de la felicidad para consagrarla en la Declaración de Independencia. Pero su noción de este «derecho inalienable» no significaba la búsqueda de más formas de entretenernos. En su lugar, era la búsqueda de la felicidad que surge al sentirnos bien por hacer el bien. Era la felicidad que viene al ser una parte productiva de una comunidad y contribuir a su mayor bien.

Hay numerosos datos científicos que muestran de forma inequívoca que la empatía y el servicio aumentan nuestro bienestar. Es así como los elementos de la Tercera Métrica del éxito se vuelven parte de un círculo virtuoso.

Si tienes suerte, vives ese momento, que es la última «gota que colma el vaso», antes de que sea demasiado tarde. En mi caso fue sufrir un colapso por agotamiento en 2007. Para el periodista gastronómico del *New York Times* Mark Bittman fue revisar el correo electrónico de forma obsesiva en el teléfono de un vuelo transatlántico, lo que le llevó a confesar: «Me llamo Mark y soy adicto a la tecnología». En el caso de Carl Honoré, autor de *Elogio de la lentitud. Un movimiento mundial desafía el culto a la velocidad*, fue contemplar leer a su hijo de dos años «cuentos para antes de acostarse de un minuto» para ahorrar tiempo. En el caso de Mark Bertolini, director general de Aetna, fue un accidente de esquí que le rompió el cuello y finalmente le llevó a prácticas rejuvenecedoras de yoga y meditación. Para Pat Christien, presidente de HopeLab, fue la alarmante confirmación de que, debido a su dependencia tecnológica, «había dejado de mirar a mis hijos a los ojos». Para Anna Holmes, fundadora del sitio Jezebel, fue constatar que el trato que había hecho consigo misma tenía un precio muy alto. «Me di cuenta: "Si trabajo al 110 por ciento, consigo buenos resultados. Si trabajo un poco más duro, consigo mejores todavía". Lo malo de este éxito, sin embargo, es que tenía repercusiones personales: nunca estaba relajada... Estaba cada vez más estresada... No sólo ponía recados cada diez minutos durante doce horas, sino que también trabajaba dos horas y media antes de empezar a ponerlos y hasta entrada la noche para preparar el día siguiente». Al final decidió abandonar Jezebel. «Me llevó más de un año relajarme..., un año hasta que me centré más en mí misma que en Internet».

Desde mi momento de gota que colma el vaso me he convertido en una defensora de la necesidad de desconectar de nuestras siempre conectadas vidas y volver a conectar con nosotros mismos. Eso ha guiado la filosofía editorial detrás de las veintiséis secciones de Estilo de Vida del *HuffPost* en Estados Unidos, donde promovemos formas en las que podemos cuidar de nosotros mismos y llevar vidas equilibradas a la vez que cambiamos positivamente el mundo. A medida que el *HuffPost* se está extendiendo por otros países vamos incorporando esta prioridad editorial en todas nuestras ediciones internacionales: en Canadá, Reino Unido, Francia, Italia, España, Alemania, al igual que en Japón, Brasil y Corea del Sur.

Lo recuerdo como si fuera ayer: tenía 23 años y estaba en un viaje promocional de mi primer libro *The Female Woman (La mujer femenina)*, que se había vuelto un inesperado *bestseller* internacional. Estaba sentada en mi habitación en un anónimo hotel europeo. La habitación podía haber sido un perfecto y precioso bodegón. Había rosas amarillas en el escritorio, bombones suizos en la cama y champán francés en una pequeña cubeta. El único ruido que se escuchaba era el crujir del hielo a medida que se derretía poco a poco en el agua. La voz dentro de mi cabeza era mucho más fuerte: «¿Es esto todo lo que hay?» Como un disco rayado, la famosa pregunta hecha por Peggy Lee (que será recordada sobre todo por los mayores) seguía repitiéndose en mi cerebro, robándome toda la alegría que había esperado encontrar en mi éxito. «¿De verdad es eso todo lo que hay?» Si esto es «vivir», entonces ¿qué es la vida? ¿Su objetivo es sólo dinero y reconocimiento? Una parte de mí, muy profunda en mi interior —la que he heredado de mi madre—, dijo un estridente: «¡No!» Es una respuesta que me fue apartando de forma gradual de las ofertas lucrativas de hablar y escribir una y otra vez sobre el tema de «la mujer femenina». Fue en cambio el primer paso de un largo viaje.

Mi viaje, desde ese primer momento en el que me di cuenta de que no quería vivir mi vida dentro de los límites de lo que nuestra cultura ha definido como éxito, no fue exactamente una línea recta. A veces era más bien una espiral con muchas caídas, y me encontré a mí misma atrapada en el torbellino que sabía no me llevaría a la vida que más quería.

Así de poderosa es la fuerza de las dos primeras métricas, incluso para una persona tan afortunada como yo de tener una madre que vivía según la Tercera Métrica antes de que yo supiera lo que era ésta. Es por eso que este libro es una especie de vuelta a casa para mí.

Cuando viví por primera vez en Nueva York en los ochenta, me encontré a mí misma en comidas y cenas con gente que había conseguido las dos primeras métricas de éxito —dinero y poder— pero que seguía buscando algo más. Al carecer de realeza, en Estados Unidos se había elevado a las esferas nobles a quienes tuvieran más dinero y poder. Dado que uno no gana el trono por la suerte que tenga al nacer sino por los denominadores del éxito, soñamos en cómo nos pueden coronar. O quizá es la expectación constante que nos han metido en la cabeza desde pequeños de que no importa lo humildes que sean nuestros orígenes, nosotros también podemos conseguir el sueño americano, que ha sido exportado a todo el mundo y actualmente está definido como la adquisición de cosas: casas, coches, barcos, jets, y otros juguetes para adultos.

Pero yo creo que la segunda década de este nuevo siglo ya es muy diferente. Por supuesto, sigue habiendo millones de personas que equiparan el éxito con dinero y poder, dispuestas a no deshacerse nunca de esa rutina a pesar del precio que supone en términos de bienestar, relaciones y felicidad. Sigue habiendo millones de personas que buscan desesperadas su siguiente ascenso, su siguiente oportunidad de conseguir un millón de dólares, que creen satisfará su deseo de sentirse mejor con ellas mismas o acallar su insatisfacción. Pero, tanto en Occidente como en las economías emergentes, cada vez hay más personas que reconocen que todo esto son callejones sin salida, que persiguen un sueño roto. Que no podemos encontrar la respuesta sólo en nuestra definición actual de éxito porque, tal y como Gertrude Stein dijo una vez de Oakland: «No hay un ahí en el ahí».

Cada vez más estudios y estadísticas de salud muestran que el modo en que hemos dirigido nuestras vidas —lo que priorizamos y lo que valoramos— no funciona. Y un número cada vez mayor de mujeres —y hombres— se niegan a sumarse a la lista de bajas. En su lugar están revalorizando sus vidas, esperando crecer en lugar de triunfar de acuerdo con lo que el mundo mide el éxito.

Los últimos avances científicos demuestran que mucho estrés y agotamiento tienen enormes consecuencias tanto en nuestra salud personal como en nuestro sistema higiénico. Investigadores del Carnegie Mellon descubrieron que de 1983 a 2009 hubo entre 10 y 20 por ciento de aumento en los niveles de estrés en todas las categorías demográficas. Los niveles más altos pueden conducir a mayores casos de diabetes, enfermedades cardiacas y obesidad. Según los Centros para el Control y Prevención de Enfermedades, la tercera parte de los gastos médicos estadounidenses se destina a tratar esas afecciones crónicas. El Instituto Benson-Henry de medicina mente-cuerpo del Hospital General de Massachusetts estima que de 60 a 90 por ciento de las visitas médicas son para tratar afecciones relacionadas con el estrés. Mientras, en Reino Unido el estrés ha aumentado en los últimos años como causa principal de enfermedad en toda la nación. Tal como explicó Tim Straughan, jefe ejecutivo del Centro de Información de Asistencia sanitaria y social: «Se puede suponer que el estrés y la ansiedad son enfermedades que acaban en un viaje al consultorio de un médico de cabecera en lugar de a una sala de hospital. Sin embargo, nuestras cifras sugieren un aumento de miles de casos de pacientes que sufriendo estrés o ansiedad fueron hospitalizados en Inglaterra».

El estrés que experimentamos impacta en nuestros hijos también. De hecho, los efectos del estrés en los niños —incluso en el útero— se pusieron de relieve en la revista de la Academia Americana de Pediatría. Tal y como señaló Nicholas Kristof en *The New York Times:* «Los indicios de un entorno indiferente u hostil inundan al bebé, o incluso a un feto, de hormonas del estrés como el cortisol, de tal forma que puede afectar al metabolismo del cuerpo o a la arquitectura del cerebro. El resultado es que los niños a veces quedan minados de forma permanente. Incluso muchos años después, como adultos, son más propensos a padecer alguna cardiopatía, obesidad, diabetes y otras enfermedades físicas. También son más propensos a tener problemas en el colegio, mostrar un temperamento difícil y meterse en líos con la justicia».

Una razón que nos damos para permitir que el estrés aumente es que no tenemos tiempo de cuidar de nosotros mismos. Estamos demasiado ocupados persiguiendo la ilusión de una vida de éxito. La diferencia entre lo que es el éxito y lo que de verdad nos hace prosperar no está siempre clara. Pero se vuelve mucho más obvio cuando miramos al pasado. ¿Te has dado cuenta de que cuando morimos, nuestros panegíricos celebran nuestra vida de una forma muy diferente del modo en que la sociedad define el éxito?

Los panegíricos son, de hecho, la Tercera Métrica. Pero aunque no es difícil vivir una vida que incluya la Tercera Métrica es muy fácil no hacerlo. Es fácil dejar que nos consuma nuestro trabajo. Es fácil dejar que las obligaciones personales nos abrumen y olvidarnos de las cosas y personas que de verdad nos llenan. Es fácil dejar que la tecnología nos atrape en una existencia permanentemente preocupada y estresada. Es fácil, en efecto, olvidarnos del sentido verdadero de nuestras vidas incluso cuando las estamos viviendo. Hasta que ya no estamos vivos. Un panegírico suele ser el primer recuento de lo que fueron nuestras vidas, el documento fundacional de nuestro legado. Es cómo nos recuerda la gente y cómo vivimos en las mentes y corazones de los otros. Y es muy revelador lo que no escuchamos en los panegíricos. Casi nunca escuchamos cosas como:

«El gran logro de su vida fue que le hicieron vicepresidente».

O: «Él aumentó la cuota de mercado de su empresa muchas veces mientras estuvo en su puesto».

O: «Ella nunca dejó de trabajar. Almorzaba en su despacho. Todos los días».

O: «Él nunca pudo ir a los partidos de la liga infantil de su hijo porque siempre tenía que revisar las cuentas una y otra vez».

O: «Aunque en realidad no tenía verdaderos amigos, tenía seiscientos amigos en Facebook, y atendía la bandeja de entrada de su e-mail cada noche».

O: «Sus diapositivas de PowerPoint siempre estaban preparadas de forma muy meticulosa».

Nuestros panegíricos siempre tratan sobre otras cosas: lo que dimos, cómo conectábamos, lo mucho que significábamos para nuestra familia y amigos, la bondad, las pasiones en nuestra vida y las cosas que nos hacían reír.

Así que, ¿por qué dedicamos tanto de nuestro limitado tiempo en la Tierra a centrarnos en cosas que nunca aparecerán en nuestro panegírico?

«Los panegíricos no son currículos —escribió David Brooks—. Describen los valores, sabiduría, honradez y coraje de la persona. Describen los millones de pequeños juicios morales que emanan de esa parte interior».

Y sin embargo gastamos mucho tiempo, esfuerzo y energía en estas entradas del currículo, puntos que pierden todo su significado en cuanto nuestro corazón deja de latir. Incluso para aquellos que mueren con entradas de *Wikipedia* increíbles, cuyas vidas eran sinónimo de logros y éxitos, sus panegíricos se centran sobre todo en lo que hicieron mientras no estaban consiguiendo logros o triunfando. Cuando no estaban atados a nuestra definición actual y equivocada del éxito. Mira a Steve Jobs, un hombre cuya vida, al menos lo que el público vio, consistió en crear cosas, cosas que fueron, sí, increíbles y cambiaron la industria del entretenimiento, pero cuando su hermana, Mona Simpson, se levantó para rendirle homenaje en su funeral no señaló sólo eso.

Sí, ella habló de su trabajo y de su ética laboral. Pero sobre todo mencionó estos términos como manifestación de sus pasiones. «Steve trabajó en lo que amaba», dijo. Lo que más le movía era el amor. «El amor era su virtud suprema —continuó—, el dios de sus dioses».

«Cuando [su hijo] Reed nació, su entusiasmo empezó y nunca paró. Era un padre muy activo, con cada uno de sus hijos. Se preocupaba por los novios de Lisa, por los viajes y las longitudes de las faldas de Erin y la seguridad de Eve cuando estaba con los caballos que tanto adoraba».

Y luego añadió esta conmovedora imagen: «Ninguno de los que estuvimos en la fiesta de graduación de Reed olvidaremos la escena de Reed y Steve bailando».

Su hermana en su panegírico dejó bien claro que Steve Jobs era mucho más que un simple hombre que inventó el iPhone. Él fue un hermano, un marido y un padre que conocía el valor de las cosas que de verdad importan y de las que la tecnología puede distraernos con tanta facilidad. Incluso aunque construyas un producto icónico, uno que esté instalado en nuestras vidas, lo que se encuentra en primer lugar en las mentes de la gente que más te importa son los recuerdos que construiste en sus vidas.

En su novela publicada en 1951, *Memorias de Adriano*, Marguerite Yourcenar muestra al emperador romano reflexionando sobre su propia muerte: «Ahora que escribo esto me parece muy poco relevante haber sido emperador». El epitafio de Thomas Jefferson le describe como «autor de la Declaración de Independencia de Estados Unidos... y padre de la Universidad de Virginia». No se menciona su presidencia.

El viejo proverbio de «vive cada día de tu vida como si fuera el último» significa que no deberíamos esperar a que la muerte sea inminente para empezar a priorizar las cosas que de verdad importan. Cualquier persona con un smartphone y una bandeja de entrada de correo llena sabe que es fácil estar ocupado y no ser consciente de que de hecho estamos viviendo.

Una vida que incorpora la Tercera Métrica es una vida con nuestro eventual panegírico en mente. «Siempre me siento aliviado cuando alguien está pronunciando un panegírico y me doy cuenta de que estoy escuchando», bromeó George Carlin. Puede que no podamos ser testigos de nuestro propio panegírico, pero en realidad lo estamos escribiendo a cada rato, todos los días. La pregunta es cuánto material con el cual trabajar damos al panegirista.

En el verano de 2013 el obituario de una mujer de Seattle llamada Jane Lotter, que murió de cáncer a los 60 años, se hizo célebre. La autora del obituario era la misma Lotter.

«Una de las pocas ventajas de morir de cáncer de endometrio de grado 3 estadio IIIC, recurrente y con metástasis en hígado y abdomen —escribió—, es que tienes tiempo para escribir tu propio obituario». Después de un hermoso y auténtico relato de su vida, demostró que dirigió su existencia con la verdadera definición del éxito en la mente. «Mis queridos Bob, Tessa y Riley —escribió—. Mis queridos amigos y familiares. Todos ustedes han sido muy valiosos para mí. Conocerlos y quererlos a cada uno de ustedes ha sido el éxito de mi vida».

Creas en la vida después de la muerte —como yo— o no, al estar completamente presente en tu vida y en las de aquellos que amas, no sólo estás escribiendo tu propio panegírico, estás creando literalmente una versión de tu existencia después de la muerte. Es una lección que no tiene precio, una que tiene mucho más crédito mientras tenemos la suerte de estar sanos y tener la energía y libertad de crear una vida con un propósito y sentido. La buena noticia es que todos y cada uno de nosotros todavía tenemos tiempo para vivir hasta conseguir la mejor versión de nuestro panegírico.

Este libro está diseñado para ayudarnos a pasar de saber qué hacer a hacerlo. Como sé muy bien, esto no es un asunto sencillo. Cambiar hábitos muy arraigados es especialmente difícil. Y cuando muchos de esos hábitos son producto de normas culturales profundamente arraigadas, es todavía más difícil. Es el desafío que encontramos a la hora de redefinir el éxito. Es el desafío que encontramos a la hora de hacer que los principios de la Tercera Métrica sean parte de nuestro día a día. Este libro versa sobre las lecciones que he aprendido en mis esfuerzos por encarnar los principios de la Tercera Métrica, un proceso en el que planeo estar implicada el resto de mi vida. También reúne los últimos datos, investigaciones académicas y descubrimientos científicos (algunos escondidos en las notas del final), que espero convenzan hasta al lector más escéptico de que el modo actual en que vivimos no funciona y de que hay otras maneras diferentes, demostradas científicamente, de vivir: modos que tendrán un impacto inmediato y medible en nuestra salud y felicidad. Y finalmente, también he incluido muchas prácticas diarias, herramientas y técnicas fáciles de incorporar en nuestras vidas. Estos tres puntos tienen un objetivo final en común: volver a conectar con nosotros mismos, nuestros seres queridos y nuestra comunidad; en una palabra, crecer interiormente.

Bienestar

Durante mucho tiempo me pareció que la vida estaba a punto de comenzar, la vida de verdad, pero siempre había algún obstáculo en el camino, algo que resolver primero, algún asunto sin terminar, tiempo por pasar, una deuda que pagar… Entonces la vida comenzaría. Hasta que me di cuenta de que estos obstáculos eran mi vida.

Padre Alfred D'Souza

Un plan nuevo: tiempo de renovar la arquitectura de nuestras vidas

Nos tienen dicho que nada cosecha mayores éxitos que el propio éxito. Si un poco de algo es bueno, más debe ser mejor. Por lo que trabajar ochenta horas a la semana debe ser mejor que trabajar cuarenta. Y estar conectado veinticuatro horas al día, los siete días de la semana, se entiende que es un requisito estándar de cualquier trabajo que merezca la pena hoy día, lo que significa que dormir menos y hacer muchas cosas a la vez de forma constante es un ascensor exprés hacia la cima del mundo laboral actualmente, ¿verdad?

Ha llegado la hora de reexaminar esas hipótesis. Cuando lo hacemos, resulta evidente que el precio que pagamos por esta manera de pensar es demasiado alto e insostenible. La arquitectura de cómo vivimos necesita una renovación y reparación urgente. Lo que de verdad valoramos no está en sintonía con cómo vivimos. Y necesitamos de forma urgente que nuevos planes reconcilien ambas cosas. En la *Apología* de Platón, Sócrates dice que la misión de su vida es hacer conscientes a los atenienses de lo sumamente importante que es atender a sus almas. Su eterno llamamiento de conectar con nosotros mismos es el único modo de que alguno de nosotros crezca de verdad interiormente.

Demasiados de nosotros dejamos atrás nuestras vidas —y de hecho nuestras almas— cuando vamos a trabajar. Es el lema de este apartado llamado «Bienestar» y, en realidad, del libro entero. Cuando me criaba en Atenas recuerdo que me enseñaron en mi clase de clásicos que, como dijo Sócrates: «Una vida sin examen no merece ser vivida». La filosofía para los griegos no era un ejercicio académico. Era un modo de vivir, una práctica diaria en el arte de vivir. Mi madre nunca fue a la universidad, pero ella presidía las largas charlas en nuestra pequeña cocina en Atenas, donde discutíamos los principios y enseñanzas de la filosofía griega para ayudar a guiarnos a mi hermana, Agapi, y a mí, en nuestras decisiones y elecciones.

Nuestra noción actual del éxito, la que nos va a llevar a pique o a la tumba —en la que trabajar hasta el punto de la extenuación y el agotamiento se considera un símbolo de honor—, fue implementada por hombres, en una cultura del trabajo dominada por hombres. Pero es un modelo de éxito que no funciona para las mujeres, y la verdad es que tampoco para los hombres. Si vamos a redefinir lo que significa el éxito, si vamos a incluir una Tercera Métrica en el éxito, más allá del dinero y el poder, van a ser las mujeres las que lideren el camino, y los hombres —libres de la noción de que el único camino al éxito supone coger la autopista Ataque al Corazón hacia la Ciudad del Estrés— se unirán agradecidos tanto en el trabajo como en sus hogares.

Ésta es nuestra tercera revolución femenina. La primera fue liderada por las sufragistas hace más de cien años, cuando mujeres valientes como Susan B. Anthony, Emmeline Pankhurst y Elizabeth Cady Stanton lucharon para conseguir el derecho al voto femenino. La segunda fue liderada por Betty Friedan y Gloria Steinem, quienes lucharon —y Gloria continúa haciéndolo— por expandir el papel de las mujeres en nuestra sociedad y darles pleno acceso a las salas y pasillos de poder donde se toman decisiones.

Esta segunda revolución todavía está en curso, y debería seguir así. Pero nosotras sencillamente no podemos esperar más a que se lleve a cabo la tercera revolución.

Esto es así porque las mujeres están pagando un precio todavía más alto que los hombres por su participación en una cultura laboral alimentada por el estrés, la privación del sueño y el agotamiento. Esa es una de las razones por las que tantas mujeres de mucho talento, con licenciaturas impresionantes y trabajando en puestos de poder acaban abandonando sus carreras cuando pueden permitírselo. Déjame contarte por qué este precio es insostenible: tal y como mencioné en la introducción —pero es tan importante que vale la pena repetirlo—, las mujeres con trabajos de mucho estrés tienen 40 por ciento más de riesgo de padecer cardiopatías y ataques al corazón que sus compañeras con menos estrés, y 60 por ciento más de riesgo de padecer dos tipos de diabetes (algo que no se da en los hombres, por cierto). Las mujeres que sufren ataques al corazón tienen casi el doble de posibilidades de morir durante el año posterior al ataque, y las mujeres con trabajos con altos niveles de estrés tienen más probabilidades de volverse alcohólicas que las mujeres con trabajos con poco estrés. El estrés y la presión en carreras laborales de poder también puede ser un factor en la reaparición de desórdenes alimenticios en mujeres con edades comprendidas entre 35 y 60 años.

La mayoría de las veces el tema central de la discusión sobre los retos a que se enfrentan las mujeres en la cima laboral versa sobre la dificultad de compaginar la carrera profesional con los hijos: el «tenerlo todo». Es la hora de reconocer que, tal y como está estructurado actualmente el lugar de trabajo, muchas mujeres no desean llegar a la cima y quedarse ahí porque no quieren pagar el precio que eso conlleva, en términos de salud, bienestar y felicidad. Cuando las mujeres tienen trabajos muy importantes, el debate se ha centrado en gran medida en una elección: madre que se queda en casa o mujer independiente con una carrera profesional. Pero, de hecho, cuando las mujeres en la cima —o muy cerca de ella— deciden abandonar, no es sólo por sus hijos, aunque a veces eso sea lo que remplaza el trabajo que han dejado. Y todas las razones por las que lo dejan también tienen repercusiones en los hombres.

Caroline Turner, autora de *Difference Works: Improving Retention, Productivity, and Profitability Through Inclusion (La diferencia funciona: mejorar la retención, productividad y el rendimiento a través de la inclusión)*, era una de esas mujeres en la cima laboral. Después de subir con éxito la escalera empresarial, decidió bajar. Y no fue por sus hijos, que eran mayores. «Me faltaba la pasión que se necesita para continuar arriba —escribe. Una vez que se fue, se dio cuenta de que tenía alguno que otro colega nuevo—. Empecé a ser consciente de la cantidad de contactos que tenía como exejecutiva de éxito —añade—. Empecé a reflexionar sobre lo que de verdad hizo que me fuera».

Lo que descubrió fue que existen investigaciones que demuestran que, sí, el cuidado de los hijos y el de los ancianos son las razones que la mayoría de las veces arguyen las mujeres cuando dejan sus trabajos. Pero, detrás de eso, el motivo que se da con mayor frecuencia es la falta de motivación o diversión en el trabajo. Y, por supuesto, ninguna de las tres razones son exclusivas. «Si a una mujer no le gusta de verdad su trabajo, puede que esté menos dispuesta o no sea tan capaz de compaginar las responsabilidades laborales y las familiares —escribe Turner—. Si está completamente motivada en su trabajo, el acto de compatibilizarlos puede merecer la pena».

Por lo tanto, lo que desde fuera parece una elección sencilla, despedirse y cuidar de tus hijos, puede ser de hecho mucho más complicado. Los hijos son una opción formidable, el tiempo que se pasa con ellos es valioso y estimulante. Y si la alternativa de seguir con tu carrera deja de ser valiosa y estimulante, algunas mujeres que pueden permitírselo elegirán lo primero. De hecho, 43 por ciento de las mujeres que tienen hijos dejarán sus trabajos en algún punto. Alrededor de tres cuartas partes regresarán a él, pero solo 40 por ciento volverá a trabajar de tiempo completo. Tal y como escribe Turner: «Para que las mujeres estén motivadas en el lugar de trabajo necesitan sentirse valoradas». Y el modo en que están organizados muchos lugares de trabajo, las formas masculinas de triunfar —impulsadas por el estrés y el agotamiento— son por lo general las que más se valoran. Piensa por ejemplo en Wall Street, donde Roseann Palmieri trabajó durante veinticinco años, llegando a ser directora general de Merrill Lynch. De repente, en 2010, se dio cuenta de algo: «Estoy al frente. Lo he conseguido. He hecho muchos contactos. He peleado, he dicho "sí", he dicho "no". He dedicado todo este tiempo y esfuerzo y nada me ilusionaba. Lo que recibía a cambio, para mí no era aceptable».

No eres tu cuenta bancaria, ni tu ambición. Tampoco eres ese montón de arcilla fría con una gran panza que dejas atrás cuando mueres. Ni eres tu colección ambulante de desórdenes de personalidad. Tú eres espíritu, eres amor.

ANNE LAMOTT

Del mismo modo, después de acabar una maestría en educación en Harvard y un MBA en Wharton, Paulette Light tuvo una carrera de éxito en el campo de la consultoría de gestión. Diez semanas después de que naciera su hija volvió al trabajo. «Estaba agotada, desecha», escribe. Su empresa trató de ser flexible para mantenerla, y le dijeron: «Ten el trabajo listo y punto», independientemente de cómo lo hiciera. Pero «ese era el problema —escribe ella—. Tener el trabajo listo consistía en vivir sólo para el trabajo».

Por lo tanto, se despidió y tuvo tres hijos más. Pero dejar el mundo empresarial no significó abandonar el éxito y los logros profesionales. Todo lo contrario. Desde ese momento abrió una guardería, cofundó una sinagoga y lanzó una empresa por Internet, momstamp.com, que se centra en hacer que las vidas de las madres sean más fáciles. También ha estado analizando el panorama laboral en busca de que las puertas del mundo empresarial tengan dos direcciones y permitan poner en práctica los talentos y habilidades de quienes han elegido caminos profesionales alternativos. Una economía sana no consiste tan sólo en la asignación eficiente de capital, sino también en la del talento. Dado que cada vez más gente —tanto hombres como mujeres— empieza a elegir no trabajar hasta sufrir un colapso, es importante que se creen caminos más humanos para los trabajadores con el fin de que no se pierdan sus habilidades.

Una idea es expandir el mundo de los proyectos, donde las empresas simplemente le dan al trabajador cualificado un proyecto y una fecha de entrega. «Si quieres madres de vuelta al trabajo con los mejores resultados —escribe Light—, no nos des una oficina y una semana de trabajo llena de reuniones, danos algo que hacer y dinos para cuándo lo necesitas».

Y no sólo son las mujeres con niños las que buscan una alternativa. Después de graduarse en la universidad, Kate Sheehan se abrió paso rápidamente en el mundo de las comunicaciones, y cuando tenía 27 años era redactora de discursos para el director general de una gran empresa financiera. Pero después de doce años trabajando doce horas al día, empezó a replantearse a dónde se dirigía. No eran las respuestas las que estaban cambiando para ella, sino las preguntas. «No es "¿qué quiero hacer?" Es "¿qué tipo de vida quiero tener?"», dice. Su respuesta le hizo darse cuenta de que debía hacer ciertos cambios.

No trato de bailar mejor que nadie. Sólo intento bailar mejor que yo mismo.

MIKHAIL BARYSHNIKOV

Por lo tanto, se trasladó a Cape Cod y empezó en una empresa de consultoría de comunicaciones. «Estar en Cape Cod tenía algo, me sentía inspirada por la gente que me rodeaba, quienes estaban logrando sus metas en esa preciosa geografía —dice—. Empecé a pensar: "Podría conseguir una vida laboral más independiente para mí también". Me sentí inspirada por el entorno natural, por estar cerca del mar donde crecí. Emocional, mental y físicamente tenía más espacio para crear.

»Hay muchas mujeres haciendo lo que yo hago —dice—, pero lo hacen quince, veinte años más tarde. Yo no quiero ser alguien que, dentro de quince años, tenga terribles problemas de salud y no haya creado una vida que sienta totalmente plena».

Según una encuesta en *ForbesWoman,* un sorprendente 84 por ciento de las mujeres trabajadoras reconoce que quedarse en casa para criar a sus hijos es un lujo económico al que aspiran. Esto dice mucho de la realización que conseguimos en nuestros trabajos y del amor de nuestros, sin duda, adorables hijos.

Agotamiento: la enfermedad de nuestra civilización

El filósofo belga Pascal Chabot considera el agotamiento «la enfermedad de la sociedad avanzada». Es sin duda sintomático de nuestra edad moderna. «No es sólo un desorden individual que afecta a aquellos que no son compatibles con el sistema o están demasiado comprometidos, o a quienes no saben cómo poner límites en sus vidas profesionales —escribe—. Es un desorden que, como un espejo, refleja algunos valores excesivos de nuestra sociedad».

Marie Asberg, profesora en el Instituto Karolinska de Estocolmo, describe el agotamiento como un «embudo de cansancio» en el que nos dejamos caer cuando abandonamos cosas que no pensamos que son importantes. «Normalmente, las primeras cosas que abandonamos son aquellas que más nos llenan pero que parecen "opcionales" —escriben Mark Williams y Danny Penman en *Mindfulness. Guía práctica para encontrar la paz en un mundo frenético*—. El resultado es que cada vez más nos quedamos únicamente con trabajo u otros factores de estrés que suelen agotar nuestros recursos, y sin nada que los reponga o nos llene, por lo que el agotamiento es el resultado».

Si me pidieran que resumiera en unas palabras la esencia de todo lo que estaba tratando de decir como novelista y pastor sería algo parecido a: escucha a tu vida.

Mírala como el misterio insondable que es. Tanto en el aburrimiento y el dolor como en la emoción y la alegría: toca, saborea, huele tu camino hacia el corazón sagrado y oculto de la misma porque en el último análisis todos los momentos son momentos clave, y la vida misma es la gracia.

FREDERICK BUECHNER

Otra consecuencia de nuestra actual definición tóxica del éxito es una epidemia de adicciones. En Estados Unidos más de veintidós millones de personas consumen drogas ilegales, más de doce millones toman calmantes que requieren receta sin razones médicas existentes y casi nueve millones necesita pastillas para dormir con receta. Y el porcentaje de adultos que toma antidepresivos ha subido 400 por ciento desde 1988.

Agotamiento, estrés y depresión se han vuelto epidemias mundiales. Y tal como descubrimos cuando celebramos una conferencia de la Tercera Métrica en Londres en el verano de 2013, y luego una en Múnich en otoño, la necesidad de redefinir el éxito es una necesidad global. En Reino Unido las recetas para los antidepresivos han aumentado 495 por ciento desde 1991. En Europa, de 1995 a 2009, el uso de antidepresivos ascendió casi 20 por ciento al año. Y las consecuencias del estrés en la salud se documentan cada vez más por todo el mundo. De acuerdo con un estudio danés, las mujeres que describen la presión relacionada con el trabajo como «un poco demasiado alta», tienen 25 por ciento más riesgo de padecer una enfermedad cardiaca. Tal y como advirtió June Davison, una enfermera de la Fundación Cardiológica Británica: «Sentir presión en el trabajo significa que los trabajadores estresados pueden incorporar malos hábitos que se suman al riesgo de desarrollar cardiopatías».

En Alemania, más de 40 por ciento de los trabajadores dicen que sus trabajos se han vuelto más estresantes en los últimos dos años. Alemania perdió cincuenta y nueve millones de días de trabajo por trastornos psicológicos en 2011, más de 80 por ciento en quince años. Cuando era ministra de Trabajo, Ursula von der Leyen, actual ministra de Defensa de Alemania, estimó que el agotamiento le está costando al país más de diez mil millones de euros al año. «No hay nada más caro que jubilar a un buen trabajador en su cuarentena porque está agotado —dijo—. Estos casos ya no son la excepción. Es una tendencia sobre la que debemos hacer algo».

En China, de acuerdo con un estudio de 2012, 75 por ciento de los trabajadores chinos dijeron que sus niveles de estrés habían subido el año anterior (en comparación con una media mundial de 48 por ciento).

Según un estudio de la Facultad de Medicina de Harvard, un asombroso 96 por ciento de las personas con posiciones de liderazgo dijeron que se sentían agotadas. De hecho, una de las defensas legales que dio Steve Cohen, director ejecutivo de SAC Capital, el fondo de cobertura que fue denunciado en 2013 y al que pusieron una multa récord de 1 200 millones de dólares, fue que no vio un aviso sobre el uso de información privilegiada debido a los mil correos electrónicos que recibía cada día. Esa avalancha diaria tiene un precio. Después de menos de un año como director ejecutivo del grupo Lloyds Banking, António Horta-Osório pidió una baja de dos meses en 2011. El presidente de Lloyds, sir Winfried Bischoff, lo atribuyó al «exceso de trabajo y falta de sueño». Cuando se reincorporó, Horta-Osório dijo: «Ahora a posteriori veo que debería habérmelo tomado con más calma». Y en octubre de 2013 Hector Sants, director de cumplimiento de Barclays, tuvo una crisis. Un mes más tarde dejó el trabajo de forma definitiva, después de que le diagnosticaran agotamiento y estrés.

La palabra «estrés» fue utilizada por primera vez en su sentido moderno en 1936 por el médico Hans Selye. Se define como «la respuesta inespecífica del cuerpo a una demanda externa», tal y como afirmó la inmunóloga Esther Sternberg en su libro *Espacios de sanación:*

> Los romanos utilizaban una palabra con un significado similar: «*stringere*», «apretar», «raspar», «tocar» o «dañar». Cuando la palabra entró en la lengua inglesa en el siglo XIV, siguió refiriéndose a dificultades físicas del entorno. En el siglo XIX la palabra había empezado a adquirir un significado donde se combinaban los efectos físicos del entorno y las respuestas del cuerpo a ellos. Entonces, en 1934, el psicólogo Walter B. Cannon demostró que los animales producen adrenalina en respuesta a tales factores de estrés. Ésta fue de hecho la primera prueba de que el entorno físico podía desencadenar una respuesta corporal. Selye llevó la idea un paso más allá, demostrando que se producen muchas otras hormonas como respuesta al estrés, y que éstas podrían tener consecuencias físicas duraderas en el cuerpo.

Lo que produce estrés en nuestro cuerpo es muy subjetivo. Es como si el estrés estuviera siempre flotando alrededor buscando algo —o alguien— en donde posarse. Y por lo general se posa en cosas completamente insignificantes y triviales. Sólo nos damos cuenta de lo triviales e insignificantes que son —y no merecedoras de nuestra atención, y mucho menos de nuestro estrés— cuando algo verdaderamente significativo se inmiscuye en nuestra rutina: la pérdida de un ser querido, una enfermedad, una emergencia médica.

La mejor arma contra el estrés es nuestra capacidad de elección entre un pensamiento y otro.

William James

Recuerdo cuando nos acabábamos de trasladar a Washington. Estaba muy ocupada en decorar nuestra nueva casa, en arreglarlo todo para que nuestras dos niñas pequeñas fueran a sus nuevos colegios, en responder las consultas de mi editor sobre un manuscrito que acababa de mandar y en organizar una cena de cumpleaños. En mitad de todo esto cogí el coche para ir al hospital Georgetown para hacerme un chequeo médico rutinario. Cuando llegué al hospital me abstraje durante todo el chequeo, procesando en silencio mi lista de quehaceres mientras una enfermera me tomaba la presión. La doctora entró, luego salió, y volvió a entrar. En un momento determinado me di cuenta de que estaba hablando con una seriedad inusual. Creo que llamó mi atención cuando dijo «bulto». Es necesario «quitarlo lo antes posible».

Uno de los problemas de mi filosofía de asumir lo mejor hasta que me digan lo contrario es que cuando noté el bulto la primera vez en mi casa di por hecho que era un quiste inofensivo. Me había pasado antes. Ningún problema. Pero ahora la doctora estaba utilizando palabras como «biopsia» y «cirugía» y me estaba diciendo que el bulto no se «aspiraría», que no podía sacar fluido de él y quería quitarlo directamente. Sentí que empezaba a marearme, y pregunté si podía tumbarme en la camilla mientras me explicaba lo que eso significaba. Completamente confundida, oí a la doctora decir cuánto tiempo tardaría en «tener los resultados después de la cirugía» y que le gustaba que sus pacientes fueran a su consultorio para ver los resultados y hablar de las opciones personalmente. En ese instante las fechas de entrega desaparecieron y las prioridades cambiaron.

Una semana después de la cirugía obtuvimos los resultados. El bulto era benigno. Había sido una larga semana de «y si», una semana que me hizo darme cuenta de una gran verdad de la vida: la facilidad con la que las grandes crisis pueden acabar con aquellas pequeñas que momentos antes parecían tan críticas. Todas nuestras pequeñas preocupaciones se evaporan con el repentino entendimiento de lo que importa de verdad. Nos recuerda la inestabilidad de muchas de las cosas que asumimos que son para siempre y el valor de tantas otras que damos por sentadas.

Una y otra vez, en todo el mundo, suele ser un problema de salud lo que consigue acaparar nuestra atención. Ese momento llegó para el ex presidente de Google China, Lee Kai-Fu, el otoño de 2013 cuando le diagnosticaron cáncer. Lee dijo a sus cincuenta millones de seguidores de Sina Weibo (una red social china) que había decidido cambiar su vida: «Solía competir inocentemente con la gente para ver quién dormía menos. Hice de "luchar hasta morir" mi lema personal... Sólo ahora, cuando de repente me he enfrentado a la posibilidad de perder treinta años de vida, he sido capaz de tranquilizarme y reconsiderar las cosas. Ese tipo de perseverancia puede que haya sido un error». Su nuevo plan: «Dormir lo suficiente, tener una dieta equilibrada y empezar a hacer ejercicio de nuevo».

Y cada día el mundo te arrastrará de la mano, gritando: «¡Esto es importante! ¡Y esto! ¡Y esto!».
Y cada día es cosa tuya apartar tu mano con fuerza, ponerla en tu corazón y decir: «No. Esto es lo que es importante».

IAIN THOMAS

Trabajadores sanos, resultados sanos

Si echamos un vistazo a los lugares de trabajo de hoy día, vemos dos mundos muy diferentes y antagónicos. En uno observamos una clara manifestación del síndrome del agotamiento: una cultura empresarial muy obsesionada con los informes de resultados trimestrales, con maximizar los beneficios a largo plazo y superar las expectativas de crecimiento. En el otro vemos un creciente reconocimiento de los efectos que el estrés puede tener en el bienestar de los empleados y en los resultados finales de una empresa.

Cada vez hay más pruebas de que los resultados de una empresa a largo plazo y la salud de sus empleados están, de hecho, muy relacionados, y cuando los tratamos por separado, pagamos un precio muy alto, tanto a nivel individual como colectivo. A nivel individual, ponemos en peligro nuestra salud y felicidad. Para las empresas, los costos se traducen en pesos y centavos, retención de talento y menor productividad. Pero también sucede lo contrario, y lo que es bueno para nosotros como individuos también es bueno para las empresas y los países. Y la atención médica por enfermedad es mucho más cara que la prevención de la salud.

El Foro Económico Mundial, celebrado en Davos, Suiza, cada año y por lo general asociado con encontrar soluciones a los grandes problemas económicos a los que nos enfrentamos, es una especie de veleta de las ideas que están adoptando los líderes políticos y empresariales alrededor del mundo.

En 2013, y más todavía en 2014, quedó claro por las múltiples sesiones dedicadas al liderazgo consciente, a la meditación, a los descubrimientos neurocientíficos, e incluso a «repensar la vida», que la gente en el poder está empezando a aceptar la relación entre nuestra habilidad de lidiar con las crisis que nos rodean y el modo en que vivimos nuestras vidas y cuidamos cuerpo, mente y espíritu. La sesión plenaria que moderé en 2014 se tituló «Salud es riqueza», haciendo referencia a la salud de los individuos, empresas y países.

Los estudios muestran que las empresas estadounidenses gastan de 200 a 300 por ciento más en costos indirectos del cuidado de la salud, en forma de ausentismo, días de baja por enfermedad, y menor productividad, que en las cuotas sanitarias. En Reino Unido el estrés supone una pérdida de ciento cinco millones de días de trabajo al año. No es de extrañar que el profesor de la Escuela de Negocios de Harvard Michael Porter recomiende que las empresas «preparen un enfoque agresivo para el bienestar, prevención, revisión y gestión activa de los padecimientos crónicos». La voz de la razón se está haciendo cada vez más sonora en nuestro mundo de agotamiento, desafiando la vieja creencia de que en tiempos difíciles hay que prescindir de las prestaciones de asistencia médica de los empleados.

Howard Schultz, presidente de Starbucks, se encontró con tal presión por parte de los inversionistas de la compañía durante los años menos productivos de Starbucks. Pero no cedió. Cuando tenía 7 años, Schultz vio cómo despedían a su padre de su trabajo como conductor de una empresa de entrega de pañales después de resbalar sobre una capa de hielo, rompiéndose la cadera y el tobillo. A su padre lo mandaron a casa sin cobertura médica, indemnización laboral o por despido. Durante los primeros años de Starbucks, Schultz fue firme en ampliar la cobertura médica para incluir a los empleados de medio tiempo que sólo trabajaban veinte horas a la semana, algo insólito a finales de la década de 1980. Dos décadas después, durante el periodo más duro de la empresa, Schultz siguió firme, negándose a quitar esas prestaciones a pesar de la presión de los inversionistas. Schultz ve el plan de prestaciones «no como una prestación opcional y generosa sino como una estrategia central. Trata a la gente como a tu familia y serán leales y se entregarán por completo». Fue este principio el que llevó a la creación de BeanStock, el plan de opción de acciones de los empleados de la empresa, que convirtió a los trabajadores de Starbucks en socios.

Hay demasiadas empresas que todavía no se han dado cuenta de los beneficios de centrarse en el bienestar. «La falta de atención a las necesidades de los empleados explica por qué Estados Unidos gasta más en cobertura médica que otros países pero obtiene los peores resultados», dice Jeffrey Pfeffer, profesor de la Escuela de Posgrado de Negocios de Stanford. «No tenemos días de vacaciones o de ausencia por enfermedad, pero sí hay despidos constantes, exceso de trabajo y estrés. En muchas organizaciones trabajar es sencillamente peligroso para tu salud... Espero que las empresas despierten ante el hecho de que si no hacen bien las cosas con sus empleados, lo más probable es que las empresas no hagan las cosas bien, punto final».

Una empresa que sí consideró la importancia de la salud de los trabajadores fue Safeway. El ex director general de la cadena de supermercados, Steve Burd, cuenta que en 2005 la factura por gastos médicos de Safeway alcanzó mil millones de dólares y estaba ascendiendo cien millones al año. «Lo que descubrimos fue que 70 por ciento de los gastos de asistencia médica se generan por los hábitos de las personas

—dice—. Entonces, como empresario, pensé que si podíamos influir en los hábitos de nuestros doscientos mil trabajadores podríamos causar un efecto material en los costos de asistencia médica».

Por lo que Safeway ofreció incentivos a los trabajadores que perdieran peso y controlaran la tensión y los niveles de colesterol. Creó un seguro médico con descuentos basados en sus hábitos. Tal y como explicó Burd: «Si eres un no fumador consolidado, te hacemos un descuento. Si tienes controlado el colesterol, te hacemos un descuento. La tensión controlada, descuento. Y así los hábitos se vuelven una moneda de cambio para que la gente logre transformar su estilo de vida». Y fue un éxito enorme. «Permites y animas a tus empleados a que estén más sanos, se vuelvan más productivos, y tu empresa sea más competitiva —dice Burd—. No se me ocurre nada negativo en hacer esto. Ganar dinero y hacer las cosas bien en el mundo no se excluyen mutuamente».

Esther Sternberg explica que «curarse es un verbo; el cuerpo está reparándose a sí mismo de forma constante. Eso es la vida. Una roca, por ejemplo, tan sólo se queda ahí inerte y al final se cubre de arena, o de barro, o de cualquier cosa a medida que los elementos de la naturaleza la impactan. Pero un ser vivo está reparándose a sí mismo de forma constante frente a todos esos fenómenos a nivel molecular, celular y emocional. Por lo que la enfermedad sobreviene cuando el proceso de reparación no se iguala al de los daños».

En este momento en la mayoría de nuestras empresas y de nuestras vidas el proceso de reparación no se equipara al de daños. Pero hay muchos caminos diferentes hacia el bienestar, y en los siguientes apartados veremos algunos.

Meditación: ya no es sólo una vía para la iluminación

Uno de los mejores modos —y más accesibles— que tenemos para estar más sanos y felices es mediante la conciencia plena y la meditación. Cada aspecto del bienestar mejora con la práctica de la meditación y, de hecho, los estudios han demostrado que la conciencia plena y la meditación tienen un impacto positivo medible en los tres pilares de la Tercera Métrica: sabiduría, asombro y entrega.

Cuando oí por primera vez hablar de la conciencia plena, me resultó confuso. Mi mente ya estaba bastante llena, pensé. Necesitaba vaciarla, no concentrarme en ella. Mi concepción de la mente era como una especie de cajón de sastre: seguir abarrotándola de cosas con la esperanza de que no se atascara. Entonces leí los escritos de Jon Kabat-Zinn sobre la conciencia plena y todo cobró sentido. «En las lenguas asiáticas —escribió— la palabra para "conciencia" y la palabra para "corazón" son la misma. Por lo que cuando escuchamos las palabras "conciencia plena" también tenemos que escuchar en nuestro interior "corazón pleno" para entender el concepto y sobre todo para adoptarlo en nuestra vida como una manera de ser». En otras palabras, la conciencia plena no hace referencia sólo a nuestra mente sino a todo nuestro ser. Cuando somos todo mente, las cosas se pueden poner rígidas. Cuando somos todo corazón, las cosas pueden volverse caóticas. Ambos llevan al estrés. Pero cuando funcionan juntos —el corazón abre paso a la empatía, la mente nos guía centrada y con atención—, nos volvemos seres armoniosos. A través de la conciencia plena encontré una práctica que me ayudó a estar en el momento presente, incluso en las circunstancias más frenéticas.

¿Cuál fue tu mejor momento del día?... Normalmente es un momento en el que estás esperando a alguien, o estás conduciendo a alguna parte, o quizá sólo caminas en diagonal por un estacionamiento admirando las manchas de gasolina y las siluetas de los restos de alquitrán. Una vez fue cuando pasé con el coche por delante de una casa con una luz cegadora en sus listones blancos, y entonces me adentré entre las sombras de unos árboles que salpicaron y se extendieron sobre el parabrisas.

NICHOLSON BAKER

Mark Williams y Danny Penman dan una gran variedad de maneras fáciles y rápidas para practicar la conciencia plena, incluyendo lo que ellos llaman «ruptura de los hábitos». Cada día durante una semana eliges un hábito, como por ejemplo lavarte los dientes, beber el café de la mañana o el momento de bañarte, y sólo prestas atención a lo que está pasando mientras lo haces. En realidad no es tanto una ruptura del hábito sino deshacer el hábito: es elegir algo que hemos puesto en piloto automático y devolverlo a la lista de cosas a las que ponemos atención. «La idea —escriben— no es que te sientas diferente, sino permitir que haya más momentos del día en los que estás "despierto"... Si notas que tu mente está vagando mientras haces esto, sólo presta atención hacia dónde y entonces acompáñala cuidadosamente de vuelta al momento presente».

Me encanta la imagen de acompañar cuidadosamente a mi mente al momento presente, sin ningún juicio negativo por haberse ido vagando. Será, sin ninguna duda, un proceso que le resulte familiar a quien haya sido padre o haya cuidado de un bebé, lo que no es una mala comparación para nuestras mentes modernas multiatareadas. Y en cuanto a la meditación, ha sido una parte importante de mi vida desde hace mucho. Mi madre de hecho nos enseñó a mi hermana pequeña, Agapi, y a mí a meditar cuando yo tenía 13 años. Pero aunque conocía sus beneficios desde mi adolescencia, encontrar tiempo para la meditación siempre era un desafío porque tenía la impresión de que «tenía» que hacer meditación. Y no disponía de tiempo para cargar con más cosas que «hacer». Afortunadamente, un amigo un día señaló que no «hacemos» meditación, sino que la meditación «nos hace» a nosotros. Eso me abrió las puertas. Lo único que debemos «hacer en meditación» es no hacer nada. Incluso escribir que no «tengo» que hacer nada me relaja.

Vagas de una habitación a otra
buscando el collar de diamantes
que ya está alrededor de tu cuello.

RUMI

Me he dado cuenta de que se puede meditar en lapsos de tiempo muy pequeños, incluso en movimiento. Pensamos que respiramos, pero en realidad respiramos sin darnos cuenta. En cualquier momento que escojamos podemos tomarnos un rato para llevar nuestra atención al movimiento ascendente y descendente de nuestra respiración sin hacer una interferencia consciente. Yo sé cuándo he «conectado» conmigo misma porque suelo inhalar hondo espontáneamente o suspirar de forma profunda. Por lo tanto, en cierta manera, el motor de la conciencia plena está siempre en funcionamiento. Para ver sus beneficios, todo lo que tenemos que hacer es estar presente y poner atención.

Nuestra respiración también tiene algo sagrado. A veces cuando estoy dando una charla, lo primero que hago es pedir a todas las personas de la sala que se centren en el movimiento ascendente y descendente de su respiración durante diez segundos. Es increíble cómo la sala, que segundos antes estaba abarrotada de una energía caótica, de repente se llena de quietud, atención y sacralización. Es algo bastante palpable.

Hay muchas formas de meditación, pero independientemente de la que elijas, es importante recordar que sus beneficios están sólo a un respiro de nosotros. Y el único precio que pagamos es unos momentos de nuestra atención.

Mi hermana, Agapi, siempre ha tenido un talento natural en todos los aspectos espirituales, y ha sido mi guía a lo largo de nuestras vidas, recomendándome libros y personas, impulsando mi camino espiritual, despertándome en un hotel en Kalamazoo, Michigan, a las cinco de la mañana para meditar antes de empezar la extenuante promoción de mi libro.

En mi adolescencia la meditación se veía como una cura para casi todo. Mi madre nos había convencido de que si meditábamos seríamos capaces de hacer nuestros deberes más rápido y sacar mejores notas. Sabíamos que nos tranquilizaba y hacía que nos enfadáramos menos cuando las cosas no salían como queríamos, pero también nos dimos cuenta de que nos hacía más felices. Y ahora, la ciencia tiene pruebas que respaldan esto. En todo caso, mi madre se estaba quedando corta a la hora de promover los beneficios de la meditación. La ciencia está sumergida en una sabiduría antigua, y los resultados son abrumadores e inequívocos.

Lo que se demuestra estudio tras estudio es que la meditación y la conciencia plena afectan profundamente en cada aspecto de nuestras vidas: en nuestro cuerpo, en nuestra mente, en nuestra salud física, en nuestro bienestar espiritual y emocional. No es la fuente de la juventud, pero está muy cerca. Cuando piensas en todos sus beneficios —y se están hallando más cada día—, no es exagerado considerar a la meditación una panacea.

En primer lugar, echemos un vistazo a la salud física. Es difícil exagerar lo que la meditación puede hacer por nosotros en este aspecto, y se están empezando a explorar sus usos médicos. «La ciencia —la misma ciencia reduccionista que se usa para estudiar diversos procedimientos médicos y medicamentos—

ha demostrado que tu mente puede curar a tu cuerpo», escriben Herbert Benson y William Proctor en su libro *Revolución relajación*. De hecho, los autores recomiendan que la ciencia del cuerpo y la mente sea considerada como la tercera opción de tratamiento junto con la cirugía y los medicamentos. Escriben sobre los modos en los que la meditación puede ayudar cuando tienes náuseas, diabetes, asma, reacciones en la piel, úlceras, tos, insuficiencia cardiaca congestiva, mareo, inflamación postoperatoria y ansiedad: «Porque todos los estados de salud tienen algún componente de estrés —concluyen los autores—. No es exagerado decir que prácticamente todos los problemas de salud y enfermedades se pueden mejorar con un enfoque mente-cuerpo».

Es la navaja suiza de los instrumentos médicos, para afecciones tanto pequeñas como grandes. Un estudio financiado por los Institutos Nacionales de Salud demostró un descenso de 23 por ciento en la mortalidad de las personas que meditaban en comparación con aquellas que no, una baja de 30 por ciento en muertes debidas a problemas cardiovasculares y una significativa disminución en la mortalidad por cáncer. «Este resultado es equivalente a descubrir un nuevo tipo de medicinas (pero sin los inevitables efectos secundarios)», observan Mark Williams y Danny Penman. Otro estudio concluyó que la meditación aumentaba los niveles de anticuerpos en la vacuna de la gripe y que esta práctica disminuía la gravedad y duración de los resfriados, mientras que los investigadores de la Universidad de Wake Forest concluyeron que la meditación reducía la intensidad del dolor.

¿Cómo hace todo esto? No sólo nos distrae del dolor y el estrés; literalmente nos cambia en el nivel genético. Investigadores del Hospital General de Massachusetts, del Centro Médico Beth Israel Deaconess y de la Facultad de Medicina de Harvard descubrieron que la respuesta de la relajación —el estado de calma producido por la meditación, el yoga y los ejercicios de respiración—, de hecho, activó genes relacionados con aumentar nuestro sistema inmune, reducir la inflamación y combatir padecimientos, desde la artritis o la hipertensión hasta la diabetes. Por lo que con todos estos resultados, no es de sorprender que, de acuerdo con otro estudio, la meditación esté relacionada con la reducción de los costos médicos anuales.

También cambia físicamente nuestro cerebro. Un estudio concluyó que la meditación puede aumentar el grosor de la región prefrontal del cerebro y hacer lenta la disminución del grosor que se produce a medida que envejecemos, impactando las funciones cognitivas, como el procesamiento emocional y sensorial. El doctor Richard Davidson, profesor de Psiquiatría de la Universidad de Wisconsin y académico destacado especializado en el impacto de las prácticas contemplativas en el cerebro, utilizó máquinas de imágenes por resonancia magnética (IRM) para estudiar la actividad cerebral de los monjes tibetanos. Los estudios, tal y como Davidson señaló, han esclarecido por primera vez «el alcance de la transformación y plasticidad humana». Él llama a la meditación «entrenamiento mental»: «Lo que hemos descubierto es que la mente ejercitada, o cerebro, es físicamente diferente de una sin ejercitar». Y cuando nuestro cerebro cambia, también lo hace el modo en que experimentamos el mundo. «La meditación no es sólo estar en la gloria bajo un árbol de mango —dice el monje budista francés y genetista molecular Matthieu Ricard—. Cambia por completo tu cerebro, y por tanto cambia lo que eres».

Y esto modifica automáticamente cómo respondes a lo que está pasando en tu vida, tus niveles de estrés y habilidad de acceder a tu sabiduría cuando tomas decisiones. «No aprendes a navegar en mares embravecidos —dice Ricard—. Vas a un lugar apartado, no para evitar el mundo, sino para evitar cualquier distracción hasta que ganas fuerzas y puedes lidiar con todo. No vas a boxear contra Muhammad Ali el primer día».

Y desarrollar tu fuerza, ecuanimidad y sabiduría es de hecho algo muy tangible y medible, y fue así como Matthieu Ricard se ganó el apodo de «el hombre más feliz del mundo». Después de colocar más de doscientos cincuenta sensores en el cráneo de Ricard, Richard Davidson descubrió que mostraba niveles de onda gamma (ondas cerebrales de alta frecuencia) «nunca antes registradas en la literatura de la neurociencia», indicadores de una elevada y atípica capacidad de ser feliz y una reducida tendencia hacia los sentimientos y pensamientos negativos. Tal y como explica Ricard: «El placer depende mucho de las circunstancias... y también es algo que básicamente no se contagia a los demás... La felicidad es una forma de ser que te da los recursos para lidiar con los altibajos de la vida, que penetra en todos los estados emocionales, incluida la tristeza».

La gente busca retiros para ellos mismos, en el campo, junto a la costa, o en las montañas... No hay ningún sitio en donde una persona pueda encontrar un retiro más tranquilo y simple que en su propia mente... Por lo que date ese retiro y renuévate.

MARCO AURELIO

La meditación también puede tener un profundo efecto en un gran número de problemas psicológicos. Investigadores de UCLA concluyeron que la meditación y la conciencia plena ayudaron a reducir los sentimientos de soledad de los ancianos, mientras investigadores de la Universidad de Michigan documentaron que veteranos militares experimentaron niveles más bajos de trastorno de estrés postraumático después de ejercitar la conciencia plena. También se ha descubierto que la meditación reduce la depresión en mujeres embarazadas y adolescentes. Y no se trata únicamente de reducir las emociones negativas, sino de realzar también las positivas. Un estudio dirigido por la profesora de la Universidad de Carolina del Norte Barbara L. Fredrickson concluyó que la meditación aumentaba las «emociones positivas, incluyendo el amor, la alegría, la gratitud, el contento, la esperanza, el orgullo, el interés y la diversión»; también daba como resultado «aumentos en una gran variedad de recursos personales, incluyendo la atención consciente, la aceptación de uno mismo, las relaciones positivas con otros y una buena salud física». Un estudio de la Universidad de Cambridge con pacientes que contaban con un historial de depresión concluyó que la terapia basada en la conciencia plena redujo de 78 a 36 por ciento el riesgo de recaída en depresión de participantes que habían experimentado tres o más episodios.

La meditación puede ser una panacea, pero necesita practicarse de forma regular. Para conseguir todos sus beneficios necesitamos hacerla parte de nuestro día a día. La felicidad y el bienestar no son sólo estados mágicos que algunas personas tienen y otras no. Richard Davidson ha llegado a ver la «felicidad no como un estado, sino como una habilidad adquirida, como el tenis... Si quieres ser un buen jugador de tenis, no puedes agarrar la raqueta y punto, tienes que practicar —dijo—. Nosotros podemos de hecho practicar para mejorar nuestro bienestar. Las pruebas científicas apuntan en esa dirección. No difiere de aprender a tocar el violín o jugar al golf. Cuando practicas, mejoras». Y créeme, es mucho más fácil que dominar el violín o convertirse en un profesional del golf. Davidson encontró «resultados asombrosos con practicantes que hicieron cincuenta mil sesiones de meditación, pero también en aquellos que lo hicieron veinte minutos al día durante tres semanas, lo que por supuesto es más aplicable a nuestros tiempos modernos».

Aunque la meditación puede ser una actividad solitaria que implica cierta introspección, también aumenta nuestra habilidad de conectar con los demás, haciéndonos más compasivos. Científicos de Harvard y de la Universidad de Northeastern concluyeron que la meditación «hacía que las personas quisieran actuar de forma honesta —ayudar a alguien que sufría— incluso en situaciones donde la norma apuntaba a hacer lo contrario».

Y la meditación estimula nuestra creatividad. «Las ideas son como los peces —escribió el director y desde hace mucho meditador David Lynch en su libro *Atrapa el pez dorado*—. Si quieres atrapar un pez pequeño, puedes quedarte en aguas poco profundas. Pero si quieres atrapar el pez dorado, tienes que ir más hondo. En la parte más honda, los peces son más poderosos y más puros. Son enormes y abstractos. Y son preciosos».

Steve Jobs, un practicante de la meditación de toda la vida, afirmó que existía una relación entre la meditación y la creatividad: «Si te sientas y observas, verás lo inquieta que es tu mente. Si tratas de calmarla, sólo la empeoras, pero con el tiempo sí se calma, y cuando lo hace, hay sitio para ver cosas más sutiles; es entonces cuando tu intuición empieza a florecer y a ver cosas con más claridad y a estar más presente. Tu mente sencillamente se frena y ves que el momento se expande por completo. Ves mucho más de lo que podías ver antes».

La meditación nos puede ayudar no sólo a centrarnos, sino a volver a centrarnos después de distraernos, lo que es un peligro cada vez más común de nuestras vidas invadidas por la tecnología. Giuseppe Pagnoni, un neurocientífico de la Universidad de Emory, concluyó que, después de una pausa, los participantes que meditaban fueron capaces de volver a centrarse en lo que habían estado haciendo más rápido que los que no meditaban. «La práctica regular de la meditación puede aumentar la capacidad de limitar la influencia de los pensamientos que nos distraen», dijo. Eso es especialmente valioso para aquellos que sientan que sus días se han vuelto una pista de obstáculos ruidosa y parpadeante de pensamientos que les distraen.

No es de sorprender que la conciencia plena y la meditación se estén adoptando cada vez más en empresas e instituciones por todo el mundo. El Banco de Inglaterra ha ofrecido sesiones de meditación a su personal al igual que la opción de matricularse en un curso de meditación autofinanciado. Y en el Ejército, mientras que la Marina de los Estados Unidos está probando un programa de Mind Fitness Training (Entrenamiento de la mente), la Fundación David Lynch «Operation Warrior Wellness» ha ayudado a acercar la meditación a los veteranos y personal de servicios armados y sus familias, lo que ha supuesto una sustancial disminución en los síntomas de TEPT (trastorno de estrés postraumático) y depresión.

Ya no se ve la meditación como una especie de vía de escape de la Nueva Era. Cada vez se ve más como lo que es: una práctica que nos ayuda a vivir en el mundo de una forma más productiva, más comprometida, más sana y menos estresante. La lista de figuras públicas que están «saliendo a la luz» como meditadores está creciendo cada día. Entre ellos se incluyen el presidente de Ford Bill Ford el director general de LinkedIn, Jeff Weiner, el director general de Aetna, Mark Bertolini, el presidente general de Salesforce, Marc Benioff, el cofundador de Twitter, Evan Williams, el presentador de noticias de ABC, George Stephanopoulos, el columnista de *The New York Times* y presentador de CNBC, Andrew Ross Sorkin, Jerry Seinfeld, Kenneth Branagh, Oprah Winfrey, cuyo programa de veintiún días sobre meditación con Deepak Chopra ha tenido cerca de dos millones de participantes en más de doscientos países, y Rupert Murdoch, quien en abril de 2013 escribió: «Tratando de aprender meditación trascendental. ¡Todo el mundo la recomienda, no es tan fácil hacerlo, pero dicen que mejora todo!» Tal y como Bob Roth, el director ejecutivo de la Fundación David Lynch, que ha enseñado meditación a muchos líderes corporativos, me dijo hace poco: «Llevo cuarenta años haciendo esto y el año pasado hubo un cambio drástico en la percepción de la meditación».

Lena Dunham, la creadora y estrella de *Girls,* medita desde los 9 años, cuando le diagnosticaron un trastorno obsesivo compulsivo. Ella bromea diciendo que viene «de una dinastía de mujeres judías que necesita la meditación trascendental más que nadie», y describe lo mucho que la calma cuando parece que su mundo está «girando a toda prisa» alrededor de ella. «La meditación me prepara para el día y me hace sentir organizada, feliz y capaz de enfrentarme a los desafíos del mundo, tanto internos como externos».

Padmasree Warrior, directora de tecnología de Cisco, considera la meditación «un reinicio de tu cerebro y tu alma». Ella medita todas las noches y pasa sus sábados haciendo una desintoxicación digital. Warrior recurrió a la práctica de la meditación para dirigir a sus veintidós mil empleados en su anterior puesto como jefa de ingeniería en Cisco.

Me cuesta pensar en otra cosa que sea a la vez tan sencilla y tan poderosa. Es una herramienta vital no sólo para nosotros a nivel individual, sino colectivamente también. «Al deshacernos de las enfermedades infecciosas nos hemos quedado con las enfermedades crónicas del estilo de vida y el envejecimiento —dice Matthieu Ricard—, lo que abre la posibilidad de que la atención médica pueda centrarse en aumentar la prosperidad humana poniendo el bienestar de la persona (cuerpo, mente y espíritu) en el centro, fortaleciéndolos para una vida óptima». Para quienes siguen pensando que la meditación y la conciencia plena son importaciones exóticas, es importante reconocer que nuestras tradiciones occidentales de rezos y contemplación, y la filosofía estoica de los antiguos griegos y romanos, cumplen el mismo objetivo que la práctica oriental de la meditación. Según la filosofía taoísta: «Detenerse va antes que el movimiento, y la calma antes que la acción». Y todas las tradiciones cristianas incorporan alguna forma equivalente de la conciencia plena.

En el siglo VI, san Benito estableció la tradición de *lectio divina* («lectura divina»), una práctica de lectura que consta de cuatro partes: lectura, meditación, rezos y contemplación.

Los cuáqueros desarrollaron su sistema de creencias casi en su totalidad alrededor de lo que son, en efecto, los principios de la conciencia plena. Al creer que la luz de Dios está en todo el mundo, los cuáqueros estructuran sus servicios, llamados «reuniones», alrededor del silencio. No hay líder o ministro, y los miembros suelen colocarse por lo general en un círculo, mirándose los unos a los otros, para enfatizar el espíritu colectivo y la ausencia de jerarquía. Las reuniones, que están abiertas a todo el mundo de cualquier fe, empiezan en silencio hasta que alguien se siente motivado para hablar. Pero el silencio no es algo intercalado o un intermedio: es el elemento principal. Les permite a todos los presentes acceder a su luz interior y nutrirse del silencio colectivo del grupo.

«Si tuvieran que decir qué hacen en una de sus reuniones de adoración —escribió Richard Allen, profesor de la Universidad de Gales del Sur—, es probable que muchos cuáqueros dijeran que están esperando, esperando en lo más profundo de sus corazones el roce de algo más allá de su ser. Algunos lo llamarían "escuchar la suave voz de Dios", sin tratar de definir el término».

En la década de 1970 Basil Pennington, un monje trapense, desarrolló una práctica llamada «oración centrante». Comprende cuatro pasos:

1. Siéntate de forma cómoda con los ojos cerrados, relajado y en silencio. Ama y ten fe en Dios.
2. Elige la palabra sagrada que respalde mejor tu sincera intención de estar en presencia del Señor y ábrete a su acción divina (por ejemplo, «Jesús», «Señor», «Dios», «Salvador», «Abba», «Divino», «Shalom», «Espíritu», «Amor»).
3. Deja que esa palabra poco a poco se haga presente como símbolo de tu sincera intención para estar en presencia del Señor y abrirte a su acción divina.

4. Cuando seas consciente de algo (pensamientos, sentimientos, percepciones, imágenes, asociaciones), simplemente vuelve a tu palabra sagrada, tu ancla.

Es increíble lo similares que son los caminos que nos conectan con nosotros mismos: los símbolos y los mantras difieren, pero la esencia y la verdad perduran a través de los tiempos y a lo largo de muchos continentes, religiones y prácticas psicológicas diferentes.

El catolicismo incluye el rosario, un rezo consagrado a María, pero también una práctica para ahondar en la contemplación a través de la repetición ritualista. Las cuentas de la oración se usan como un método de liberar la mente al darle a los dedos un enfoque físico.

Las cuentas para la oración también se usan en muchas otras tradiciones, incluidos budismo, hinduismo e islam, donde se emplean para recitar los noventa y nueve nombres de Alá como parte de la oración del Tasbish de Fátima. Como el propio profeta Mahoma dijo: «Una hora de meditación sobre la obra del Creador es mejor que setenta años de oraciones».

El sufismo, una tradición mística del islam suní, enfatiza la iluminación interior y el amor como los caminos para la verdad última. También dio origen a los derviches giradores, que realizan una danza ritual como ofrenda, una meditación y una expresión del amor a lo divino.

El judaísmo también tiene una larga tradición mística que enfatiza la sabiduría interna y la iluminación. La cábala del siglo XII habla sobre usar las prácticas meditativas para «descender al fin del mundo», y así trascender nuestra parte externa e intensificar nuestro compromiso con lo divino.

La educadora de la Tora, Frumma Rosenberg-Gottlieb escribió sobre cuando dejó su rancho en las montañas de Colorado y se trasladó a Nueva York para estudiar la Tora (a la vez que demostraba que una mayor espiritualidad no siempre implica trasladarse de la gran ciudad a las montañas). «A medida que progresé en mi entendimiento de la Tora —escribe— me di cuenta de que la conciencia plena y un alma equilibrada y tranquila es de hecho un objetivo en la vida judía, y que las herramientas para conseguirlo están sutilmente entretejidas en el tapiz del conocimiento de la Tora. Yo aprendí por ejemplo que la palabra hebrea "shalom" significa no sólo paz, sino también culminación, perfección, totalidad. Nos bendecimos unos a otros con paz; nuestras oraciones diarias culminan en la búsqueda de la paz». Ella también apunta que la meditación en el judaísmo se remonta hasta el hijo de Abraham, Isaac, quien, tal y como nos cuenta el Génesis 24: «Salió a meditar al campo alrededor de la tarde» mientras esperaba a su futura esposa, Rebecca.

Por lo tanto, no importa la tradición que sigas —o si no sigues ninguna tradición—, siempre hay una forma de meditación y de conciencia plena que puedes integrar en tu vida.

Y si quieres disfrutar de los beneficios de la conciencia plena pero no quieres empezar con meditación, oraciones o contemplación, ve simplemente a pescar con mosca. De hecho, tengo amigos que me han dicho: «Mi meditación es correr, o hacer "paracaidismo" o "jardinería"». Pero ¿puedes llegar a ese estado de tu mente sin tener que ponerte unos tenis, abrir un paracaídas, sacar una pala de jardinería o lanzar la caña de pescar al agua? La idea es encontrar alguna actividad regular que entrene a tu mente a estar quieta, completamente presente y conectada contigo mismo. Hazlo de forma regular e integra los beneficios a tu vida diaria. Y por supuesto, devuelve el pez al agua: la conciencia plena no debería consistir en volver a casa con un trofeo para poner encima de la chimenea.

En su próximo libro, *Mindful London*, Tessa Watt, profesora y especialista en conciencia plena, escribe sobre incorporar recordatorios conscientes a nuestras vidas de ciudad. Aquí tengo tres de mis favoritos, que podemos adoptar estemos donde estemos, ya sea en una metrópolis frenética o en un pueblo idílico: «Utiliza la famosa cola inglesa —en la parada de autobús, oficina de correos o tienda— como una oportunidad de tranquilizarte y practicar la conciencia plena. En lugar de dejar que el ruido constante de las sirenas nos irrite, podemos usar el sonido para hacer una pausa y apreciar el momento. Ante un paso peatonal, en lugar de estar impaciente por que se detengan los autos, aprecia cómo su tránsito nos da la oportunidad de parar, respirar y mirar alrededor.

Ten paciencia con todas las cosas, pero sobre todo contigo mismo. No te desanimes por tus imperfecciones, más bien piensa cómo puedes remediarlas, todos los días con renovada intención.

Francisco de Sales

Por qué las gacelas son mi modelo

En *The Huffington Post,* dado que las noticias nunca paran, y existe la tentación de los editores, reporteros e ingenieros de tratar de equipararse al ciclo de noticias de veinticuatro horas al día, hacemos todo lo que podemos para prevenir el agotamiento. En primer lugar, dejamos muy claro que no se espera que nadie revise el correo electrónico del trabajo y responda después de su horario laboral o los fines de semana (a no ser, por supuesto, que sea su horario de trabajo). Todo el mundo tiene como mínimo tres semanas de vacaciones, y se les anima encarecidamente a que las tomen. Y yo les he suplicado a todos los reporteros del *HuffPost* —sin mucho éxito, debo admitir— que no coman en sus mesas de trabajo.

También tenemos dos habitaciones para tomar una siesta en nuestra redacción, que ahora están llenas la mayor parte del tiempo, incluso a pesar de que todo el mundo era escéptico y reacio cuando las pusimos en la primavera de 2011. Muchos temían que sus compañeros pudieran pensar que estaban eludiendo sus tareas al tomar una siesta. Hemos dejado muy claro, sin embargo, que ir de un lado para otro exhausto y consumido es lo que debería verse mal, no tomarse un respiro y recargar energías. En nuestras oficinas de Nueva York ofrecemos clases de meditación y yoga durante la semana, mientras en nuestras oficinas de D. C. tenemos salas para meditación, yoga y para acostarse un rato. Y dados los beneficios de estar de pie y caminar en comparación con estar sentado todo el día, cosa que describo más adelante, ofrecemos mesas para trabajar de pie a todos los que las pidan. También tenemos un gimnasio y participamos en el programa de bienestar Virgin Pulse, donde los empleados pueden ganar 500 dólares al año al participar en prácticas saludables. Y para facilitarlas tenemos refrigeradores llenos de *snacks* saludables, como yogur, humus, fruta y minizanahorias, aunque me he dado cuenta de que la bolsa de minizanahorias se queda sin tocar y a final de la semana tiene un aspecto desolador. Todo esto no es sólo bueno para quienes trabajan en el *HuffPost;* es bueno para el *HuffPost.*

La directora de operaciones, Sheryl Sandberg, ha dicho públicamente en Facebook que ella se va de la oficina a las 17.30 para cenar con sus dos hijos pequeños, y anima a los demás para que busquen un horario que se adapte a ellos para pasar el tiempo que necesiten con sus familias, o simplemente para ellos mismos.

La relación entre el exceso de trabajo y la pérdida de productividad es constante independientemente de la nacionalidad y la cultura. Según las cifras de 2013 de la Organización para la Cooperación y el Desarrollo Económico (OCDE), entre los países europeos, Grecia se situaba en el primer puesto en cuanto a horas de trabajo, Polonia en el segundo, y Hungría en el tercero. Sus niveles de productividad, sin embargo, los colocaban en los lugares dieciocho, veinticuatro y veinticinco (el último). Los que trabajaban menos horas eran los holandeses, alemanes y noruegos, que se encontraban en cuarto, séptimo y primer lugar en cuanto a productividad respectivamente.

Cada vez más, las empresas se dan cuenta de que la salud de sus empleados es uno de los indicadores más importantes para medir la salud de la empresa. En las conferencias telefónicas de suma importancia de Wall Street, los analistas empresariales, además de preguntar sobre informes de ventas, cuotas de mercado y ganancias, deberían preguntar a los directores generales sobre los niveles de estrés de los trabajadores.

Una de las clases más populares que ofrece Google a sus trabajadores se llama SIY, que es el acrónimo en inglés de «Busca en tu interior». La clase la empezó Chade-Meng Tan, el ingeniero y trabajador de Google número 107. Tan decidió escribir un libro sobre sus principios: *Busca en tu interior.* El curso está dividido en tres partes: entrenar la atención, conocerse a sí mismo y desarrollar hábitos mentales útiles. Richard Fernandez, el cofundador de Wisdom Labs que tomó el curso de Tan cuando estaba en Google, explicó su valor: «Definitivamente soy mucho más fuerte como líder... Es casi como una cuenta bancaria emocional y mental. Ahora tengo muchos más fondos ahí».

Pero la tendencia va mucho más allá de Silicon Valley. Janice Marturano empezó un programa sobre conciencia plena muy popular en General Mills cuando era la consejera general, con una sala para meditar en cada edificio del campus. Desde entonces ha fundado el Instituto del Liderazgo Consciente. «La conciencia plena consiste en entrenar nuestras mentes para que estén más centradas, para ver con claridad, para tener espacio para la creatividad y para sentirnos conectados —dice ella—. Esa compasión hacia nosotros mismos, hacia todo el mundo que nos rodea —nuestros compañeros, clientes—, es realmente el entrenamiento de la conciencia plena... No existe un equilibrio entre la vida y el trabajo. Sólo tenemos una vida. Lo más importante es que estés despierto para ella». Y funciona. El 80 por ciento de los altos ejecutivos de General Mills y otra docena de empresas de Fortune 500 que participaron en sus entrenamientos de liderazgo consciente dijeron que sintieron que su programa de conciencia plena había mejorado su habilidad para tomar mejores decisiones.

«El argumento comercial de la meditación es que si estás completamente presente en tu trabajo, serás más efectivo como líder —dice Bill George, profesor de la Escuela de Negocios de Harvard y ex director general de la empresa de dispositivos médicos Medtronic—. Tomarás mejores decisiones».

Uno de los impedimentos principales que hace que muchas empresas no adopten métricas del éxito más sanas y sostenibles es el terco —y peligrosamente erróneo— mito de que obtener un alto rendimiento en el trabajo y cuidar de nosotros mismos son dos cosas opuestas. Esto no puede ser menos cierto.

Y pronto, las empresas que todavía piensan así estarán en minoría. En este momento, alrededor de

35 por ciento de las empresas grandes y medianas de Estados Unidos, entre las que se incluyen Target, Apple, Nike y Procter & Gamble, ofrecen algún tipo de programa de reducción de estrés. Y las que lo hacen están empezando a ser reconocidas por sus esfuerzos, especialmente por sus trabajadores. Glassdoor.com, la comunidad profesional líder en la búsqueda de empleo, anuncia una lista anual con las veinticinco empresas donde se puede encontrar un equilibrio entre el trabajo y la vida personal: «Las empresas que hacen sinceros esfuerzos para respetar las vidas de los empleados fuera de la oficina —dijo Rusty Rueff de Glassdoor— suelen ver que su recompensa es contratar o conservar a gente de gran talento».

En 2013 algunas de las «cien mejores empresas en las que trabajar», de *Fortune,* destacaron por su compromiso con el bienestar. Salesforce.com, que ofrece yoga gratis, además de una prestación adicional de 100 dólares para el bienestar de su plantilla y cuarenta y ocho horas pagadas si se es voluntario, aparecía en el número diecinueve. En el número cuatro estaba Boston Consulting Group, que abre a los empleados que trabajan demasiado un «informe en zona roja» y permite que los trabajadores nuevos retrasen su incorporación seis meses y reciban 10 000 dólares si colaboran como voluntarios en una empresa sin ánimo de lucro.

En Promega, una empresa biotecnológica en Wisconsin, los empleados tienen acceso a clases de yoga en la empresa, gimnasio, comidas saludables, oficinas llenas de luz natural y «terceros espacios»: áreas comunes que no son ni un lugar de trabajo ni un hogar, como cafés y salones. «Creas una cultura de bienestar —dijo la directora médica de Promega, Ashley G. Anderson, Jr.—. Si creas una cultura en la que la vitalidad física es algo admirado, has conseguido mucho. Un lugar de trabajo sano es un lugar de trabajo productivo».

La agencia de empleo de Minneapolis, Salo, ha contratado al autor *bestseller* Dan Buettner para que les ayude. Buettner es un experto en «Zonas Azules», zonas del mundo con la mayor esperanza de vida, entre las que se incluyen Okinawa, Japón; Nicoya, Costa Rica; e Ikaria, Grecia, donde la gente tiene 1000 por ciento más de posibilidades de vivir hasta los 100 años que en Estados Unidos. Ahora Buettner está ayudando a convertir a Salo en la primera empresa con el certificado de Zona Azul. Con salas para meditación, mesas con la altura regulable, clases de cocina y «talleres sobre propósitos» para ayudar a los trabajadores a seguir sus pasiones no profesionales, el esfuerzo está dando resultados: para los trabajadores y la empresa. «Salo tiene una cultura y reputación cada vez mayor de ser un lugar que pone el bienestar de sus empleados y socios por delante de los meros beneficios —dijo Buettner—. Ya estamos viendo aumentar el bienestar y la esperanza de vida de nuestros empleados... Supone un mayor compromiso en el trabajo, menos costos médicos, mayor productividad y menor ausentismo».

En la cadena de supermercados de casi cien años Wegmans, Danny Wegman, nieto del fundador, ha reconocido los beneficios de animar a sus cuarenta y cinco mil empleados a estar más sanos. La empresa ofrece ahora clases de yoga y zumba en sus oficinas, asesoramiento nutricional y controles de la tensión arterial.

En Aetna, el director general del tercer proveedor de seguros médicos más grande de Estados Unidos, Mark Bertolini, descubrió en persona lo beneficioso de la meditación, el yoga y la acupuntura para la salud cuando se estaba recuperando de un grave accidente de esquí donde se rompió el cuello. Los puso a disponibilidad de sus cuarenta y nueve mil empleados y llamó a la Universidad de Duke para llevar a cabo un estudio sobre los ahorros conseguidos. ¿Los resultados? Una caída de 7 por ciento en los costos de salud en 2012 y sesenta y dos minutos adicionales de productividad a la semana para aquellos trabajadores que participaron en los programas de bienestar en Aetna. Y hacer yoga una hora a la semana reducía el estrés de los trabajadores en un tercio. Ray Dalio, el fundador de Bridgewater, uno de los fondos de cobertura más grandes del mundo, quien lleva más de treinta y cinco años meditando y considera que esa es «la única razón» de su éxito, paga la mitad de las clases de meditación de sus empleados y cubre todos los gastos si se comprometen a ir durante más de seis meses.

Hoy día nadie encuentra sorprendente que un hombre preste atención diaria a su cuerpo, pero la gente se indignaría si le prestase la misma atención a su alma.

Aleksandr Solzhenitsyn

El director general de LinkedIn, Jeff Weiner, acuñó el término «dirección compasiva». Escribió que el objetivo de «extender la compasión y sabiduría colectiva del mundo... ha influido cada aspecto de mi trabajo... La compasión puede y debería enseñarse no sólo en los programas curriculares de primaria y secundaria, sino en la educación superior y en los programas de desarrollo y aprendizaje corporativo». Dirigir de manera compasiva implica practicar y esperar que haya una comunicación transparente, y ponerse también en la piel de los demás:

> Cuando estás en completo desacuerdo con otra persona, la mayoría de nosotros tendemos a ver las cosas sólo a través de nuestra visión del mundo... En estas circunstancias, puede ser constructivo dedicar un minuto para entender por qué la otra persona ha llegado a esa conclusión. Por ejemplo, ¿qué parte de su bagaje le ha hecho tomar esa posición?... ¿Tiene acaso miedo de un resultado en particular que puede que no sea tan evidente a primera vista? Hacerte estas preguntas y, más importante, hacérselas a los demás puede transformar lo que de otro modo sería una situación difícil en un momento receptivo y en una experiencia de verdadero trabajo en equipo.

John Mackey, director general de Whole Foods, resumió su visión de dirección compasiva en la primera conferencia de la Tercera Métrica en el *Huff-Post* en el verano de 2013: «Debemos sacar amor del armario corporativo». Y las prácticas de bienestar de la Tercera Métrica van mucho más allá del yoga y la meditación. Farhad Chowdhury, director general de la empresa de desarrollo de software Fifth Tribe, se relaciona con sus colegas durante excursiones de senderismo de seis kilómetros. Tal y como Gregory Berns, autor de *Iconoclast: A Neuroscientist Reveals How to Think Differently (Iconoclasta: un neurocientífico revela cómo pensar de forma diferente),* escribe, el discernimiento y el descubrimiento son más accesibles a nosotros cuando rompemos nuestra rutina. «Sólo cuando el cerebro se enfrenta a estímulos que no ha tenido antes empieza a reorganizar la percepción. El modo más seguro de estimular la imaginación es, por tanto, buscar contextos que no hayas experimentado». El químico ganador del Premio Nobel Kary Mullis dice que llegó al principio de la reacción en cadena de la polimerasa, o RCP, no en un laboratorio sino en una autopista en el norte de California.

Lo que importa es que encontremos un modo —el que sea— para recargarnos y renovarnos. Mi fondo de pantalla es la foto de unas gacelas: son mis modelos. Salen corriendo y huyen cuando hay un peligro —si se acerca un león o un leopardo—, pero en cuanto el peligro pasa, paran y vuelven a pastar olvidándose del mundo. Sin embargo, los seres humanos no pueden distinguir entre los peligros reales y los imaginados. Tal y como explica Mark Williams: «Las señales de alarma del cerebro empiezan a activarse no sólo por el miedo actual, sino por amenazas pasadas y preocupaciones futuras... Por eso, cuando los humanos traemos a la mente otras amenazas y pérdidas, además de la situación actual, los sistemas de nuestros cuerpos de luchar o huir no se desconectan una vez pasado el peligro. A diferencia de las gacelas, nosotros no paramos de correr». Ése es el dilema del hombre moderno, perfectamente resumido por Montaigne: «Había muchas cosas terribles en mi vida, pero la mayoría de ellas nunca pasaron». Tenemos que liberarnos de la tiranía del mecanismo de huida y lucha. Y sin embargo, la mayor parte de nuestra vida se ha estructurado de manera que vivimos casi en un permanente estado de respuesta de lucha o huida: aquí tengo otra docena de correos que están pidiendo a gritos una respuesta; debo quedarme hasta tarde para acabar el proyecto; usaré estos cuatro minutos de descanso para devolver seis llamadas más. Bajo nuestra definición actual de éxito, un estado crónico de lucha o huida es una característica, no un virus.

Exceso de conectividad: la serpiente en nuestro jardín del Edén digital

Lamentablemente, el desarrollo cada vez mayor de la tecnología —en nuestras vidas, familias, habitaciones, en nuestros cerebros— hace que sea mucho más difícil renovarnos. El usuario medio de un teléfono inteligente comprueba su aparato cada seis minutos y medio. Eso es alrededor de ciento cincuenta veces al día. Nuestros cerebros están predispuestos de forma natural a conectarse, por lo que no es fácil rechazar estos estímulos.

Pero la conexión que viene de la tecnología suele ser una versión artificial e insatisfactoria de la verdadera. Su llamada de atención (pitido o parpadeo) puede acaparar el tiempo y energía que tenemos para la conexión humana real. O peor, hay pruebas que demuestran que puede empezar de hecho a rediseñar nuestros cerebros para hacernos menos capaces de conectar con las personas.

David Roberts, escritor de la revista online sobre medioambiente *Grist,* vio cómo esto pasaba en su propia vida. «Estoy quemado, hasta los mismí...», escribió en una carta de despedida de su trabajo y de Internet durante un año. Por lo que decidió hacer algo al respecto:

> Me gusta compartir noticias todo el día en Twitter; me gusta escribir por la noche largos mensajes. Pero ese estilo de vida tiene sus inconvenientes. No duermo lo suficiente, nunca. No tengo ningún pasatiempo. Siempre estoy trabajando... Nunca desconecto. Eso está afectando a mi cerebro. Ahora pienso en tuits. Mis manos empiezan a temblar si estoy alejado de mi teléfono más de treinta segundos. No puedo siquiera hacer pis sin «aburrirme». Sé que no soy la única persona que tuitea en el baño... El mundo (que me cuesta recordar) digital, el cual representa sólo una parte diminuta y no representativa de la opinión pública de Estados Unidos, se ha vuelto mi mundo. Paso más tiempo ahí que en el mundo real.

Él no es el único. Un estudio de 2012 del Instituto Global McKinsey concluyó que un trabajador medio de la economía del conocimiento pasa 28 por ciento de su tiempo con los correos electrónicos: más de once horas a la semana. Según SaneBox, que hace software para el filtrado de correo electrónico, nos lleva sesenta y siete segundos recuperarnos de cada correo que llega a nuestra bandeja de entrada. «Al mismo tiempo —dice Dmitri Leonov de SaneBox— tenemos que entender que este proceso nos está haciendo daño».

Nuestra relación con el correo electrónico se ha vuelto cada vez más unilateral. Tratamos de vaciar nuestras bandejas de entrada, achicándolas como si estuviésemos en un bote salvavidas que tiene una fuga, pero siguen entrando más y más. Cómo lidiamos con nuestro correo se ha vuelto una gran parte de nuestro estrés tecnológico. Y no se trata sólo del interminable aluvión de correos que no llegamos a responder —esa montaña cada vez más grande que se queda ahí, juzgándonos todo el día—, sino incluso los que sí contestamos, los correos que respondemos y pensamos que deberían hacernos sentir bien. Linda Stone trabajó en tecnologías emergentes tanto en Apple como en Microsoft en las décadas de 1980 y 1990. En

1997 acuñó el término «atención parcial continua» para describir el estado de estar siempre parcialmente conectado con todo y estar a la vez no conectado con nada por completo. Ahora esas tres palabras resultan una buena descripción de la vida moderna. Diez años después Stone notó que pasaba algo peculiar cuando leía su correo electrónico: aguantaba la respiración durante pequeños lapsos de tiempo. Por lo que lo llamó «e-mails en apnea». Ella también realizó un estudio para ver si otras personas experimentan lo mismo. ¿Los resultados? El 80 por ciento de aquellos a los que examinó resultaron tener periodos de «e-mails en apnea».

Puede sonar banal, pero no lo es. Interrumpir la respiración de tu cuerpo puede afectar al equilibrio de oxígeno, óxido nítrico y dióxido de carbono de tu cuerpo, lo que a su vez puede intervenir a la hora de exacerbar las enfermedades relacionadas con el estrés.

¿La herramienta más sencilla para evitar los e-mails en apnea? Observar tu respiración mientras tratas tus correos: quita el piloto automático. Y recuerda, como el columnista del *Financial Times* Tim Harford dijo: «El e-mail está a tu servicio. La gente de las oficinas ejecutivas tiene secretarias para evitar que la interrumpan... El e-mail también hará eso por ti». Su consejo: quita todas las notificaciones; deberías controlar cuándo quieres información, no al contrario.

El problema es que con los teléfonos inteligentes, el correo electrónico ya no se reduce a la oficina. Va con nosotros: al gimnasio, de cena, a la cama. Pero cada vez hay más modos ingeniosos de contraatacar. Como por ejemplo el juego de «amontonar los teléfonos» cuando un grupo de amigos se junta para cenar: ponen los teléfonos en una pila en mitad de la mesa y el primero que utilice su aparato antes de que llegue la cuenta tiene que pagarla. Kimberly Brooks, editora fundadora de arte del *HuffPost,* hace otro juego durante la cena: el de «no hacerle una foto a tu plato de comida». «A no ser que seas un médico de guardia o profesional culinario —dice—, sacar el móvil durante una comida con tu familia, compañeros de trabajo, amigos, y sobre todo niños, en casa o en un restaurante, acaba con el ritual de la hora de la comida, o como me gusta llamarlo, la cúpula ceremonial invisible bajo la cual la humanidad forja la civilización». Ella quiere que comprobar el teléfono se vuelva algo inapropiado y se añada a la lista estándar de las cosas que es inadmisible hacer: «De verdad deseo que llegue el día en el que la práctica generalizada de tener los teléfonos cerca de las comidas, eso sin hablar de sacar fotos, se vea como algo tan repugnante como hurgarse la nariz, rascarse la entrepierna o fumar sin parar en público».

El editor de la revista *Scene*, Peter Davis, contó que en una cena el anfitrión recogió los smartphones de los invitados y los dejó junto a la puerta. Quizá en las fiestas los smartphones deberían tratarse como los abrigos, que suelen llevarse a un cuarto o guardarse hasta que los invitados están listos para irse: una señal, al igual que la de quitarte el abrigo, de que estás feliz de estar ahí y de que te vas a quedar un rato.

Leslie Perlow, profesora de la Escuela de Negocios de Harvard, introdujo algo llamado «tiempo libre planeado» (PTO, según sus siglas en inglés), en donde te tomas una noche libre del e-mail, trabajo y smartphone. En una empresa que lo probó, Boston Consulting Group, la productividad subió, y ahora es un programa integral. Y cuando se dio cuenta de que los ingenieros de una empresa de software estaban cansados y agobiados porque trabajaban toda la noche y los fines de semana, a Perlow se le ocurrió la idea de «tiempo de tranquilidad», periodos concretos en donde los trabajadores aceptan trabajar sin interrumpirse los unos a los otros.

Dado que la mayor parte de nuestros días, si no de nuestra vida entera, realizamos varias tareas a la vez, el trabajo y la diversión sin interrupciones —unitarea— es algo que debemos programar.

Un estudio realizado por investigadores de la Universidad de California en Irvine y el Ejército de Estados Unidos concluyó que evitar la bandeja de entrada —tomarse unas «vacaciones del e-mail»— reduce el estrés y permite centrarse más. Puede incluso causar más efecto si una empresa entera decide tomarse unas vacaciones del e-mail. Esto es lo que Shayne Hughes, director general de Learning as Leadership, decidió hacer en 2013, mandando el comunicado de que «todos los e-mails internos están prohibidos durante la semana que viene». Los trabajadores se mostraron escépticos, pero dijo que los resultados fueron inequívocos. «Nuestra mentalidad de estar siempre encima de lo que sea que esté ocurriendo a través del e-mail desapareció —escribió en *Forbes*—. En su lugar experimentamos una energía más centrada y productiva... La disminución de estrés era palpable de un día para otro. Al igual que el incremento de la productividad». La experiencia, concluyó, «nos reconectó con el abandonado poder de la interacción humana». Volkswagen tiene una política especial para los trabajadores a los que se les da un smartphone y no son parte de la junta directiva: el teléfono está programado para desconectarse de los e-mails de trabajo automáticamente desde las 18.00 horas hasta las 07.00 de la mañana para que los trabajadores puedan cuidar de sí mismos y de sus familias sin sentirse obligados a permanecer conectados al trabajo. FullContact, una empresa de software de Denver, da un bono de 7500 dólares si los trabajadores siguen tres reglas: «1. Tienes que irte de vacaciones o no obtienes el dinero. 2. Tienes que desconectar. 3. No puedes trabajar en vacaciones».

Paradójicamente, uno de los sectores de mayor crecimiento que ofrece herramientas para ayudarnos a lidiar con la tecnología es... el de la tecnología. Las primeras fases de Internet se centraron en datos y más datos. Pero ahora tenemos muchos datos —de hecho, nos estamos ahogando en ellos— y más distracciones de las que podíamos esperar nunca. La tecnología es muy buena en darnos lo que queremos, pero no siempre lo que necesitamos. Por lo que ahora muchas personas del mundo tecnológico se han dado cuenta de que tienen la oportunidad de hacer aplicaciones y herramientas que nos ayuden a esclarecer y filtrar todos esos datos y distracciones.

He reunido algunas de mis favoritas en el Apéndice A al final del libro.

Las buenas noticias son que, tal y como explicó la inmunóloga Esther Sternberg, «no necesitas desconectar (es decir, desconectar tu cerebro) durante mucho tiempo para resetear las cosas... si sientes que suben tus niveles de estrés, tan sólo tienes que girarte, mirar los árboles, escuchar los pájaros y estar callado durante unos momentos. Puedes bajarlos».

Desconectar suele volverse cada vez más difícil a medida que avanzas en tu carrera profesional. El aumento de poder también trae consigo el peligro de perder las verdaderas cualidades que son esenciales para el liderazgo. Un estudio concluyó que el aumento de poder reduce la habilidad de empatizar de un ejecutivo. Otro estudio sobre liderazgo y perspectiva concluyó que el poder nos hace ser «propensos a descartar» o malinterpretar los puntos de vista de los demás. Y depender cada vez más de la comunicación electrónica, que no crea empatía, parece que solo exacerba estas tendencias. Por lo que cualquier herramienta que pueda aumentar nuestra autoconciencia y habilidad de escuchar y estar en el momento no tiene precio.

Primero asegura tu mascarilla

Puede que hace mucho tiempo la meditación, el yoga, la conciencia plena, dormir la siesta y respirar hondo se vieran como algo alternativo, de la Nueva Era, y parte de la contracultura. Pero en los últimos años hemos alcanzado un punto de inflexión, dado que cada vez más gente se da cuenta de que la reducción del estrés y la conciencia plena no consiste sólo en una convergencia armónica y amor universal: también se trata de aumentar el bienestar y mejorar el rendimiento.

Además no nada más es tener una vida plena y obtener un alto rendimiento, sino que el rendimiento de hecho mejora cuando nuestras vidas se vuelven más equilibradas. Tal y como Sheryl Sandberg me dijo: «Me di cuenta de que cuando reduje mi horario de forma drástica una vez que tuve hijos, no es que trabajara menos, sino que era más productiva. Tener hijos me obligó a tratar cada minuto de mi tiempo como si fuera algo preciado. ¿Realmente necesitaba esa reunión? ¿Era ese viaje fundamental? Y no sólo me volví yo más productiva, sino que todas las personas a mi alrededor también lo hicieron, dado que empecé a cancelar todas las reuniones que tampoco eran vitales para ellos».

En 2008 y de nuevo en 2012 *The Huffington Post* decidió demostrar que es posible una vida equilibrada incluso en los días más ajetreados y estresantes del calendario político. Durante la Convención Nacional Demócrata de 2008 ofrecimos a los asistentes más estresados de la convención —incluidos los delegados y los miembros de los medios— la oportunidad de desconectar y recargarse en el *HuffPost* Oasis, donde ofrecimos clases de yoga, masajes tailandeses, masajes de manos, minifaciales, snacks y refrescos saludables, música y asientos cómodos para relajarse y estirarse.

La respuesta fue apabullante. De hecho, muchos de los reporteros con más experiencia nos dijeron que les costó volver a la convención, y muchos otros también nos dijeron que tomarse tiempo para recargar fuerzas les permitió cubrir la convención con más energía y pasar la extenuante semana sin acabar completamente agotados. Por lo que en 2012 lo hicimos otra vez, en mayor escala, llevando nuestro Oasis a la convención republicana en Tampa y a la convención demócrata en Charlotte. La conexión entre ser capaz de desconectar para recargar energía y pensar de una forma más profunda y productiva sobre cuestiones críticas, como la pobreza, la educación, el medio ambiente y la crisis laboral, puede que no se vea como algo obvio de forma inmediata. Pero cuanto mejor se cuide la gente, más efectiva será a la hora de cuidar a los demás, incluyendo sus familias, compañeros de trabajo, comunidades y conciudadanos. Cuando estás en un avión te dicen «asegure su mascarilla antes de ayudar a los demás», incluso si se trata de tu propio hijo. Después de todo, no es fácil ayudar a alguien a respirar si tú te estás peleando por conseguir aire. Como Aleksandr Solzhenitsyn preguntó en su novela *El primer círculo:* «Si quisieras arreglar el mundo, ¿deberías empezar contigo o con los demás?»

Por supuesto, la idea de sacar tiempo de nuestras ajetreadas vidas para descansar se remonta a los Diez Mandamientos, cuando Dios mandó a los israelitas: «Recuerda el día del sábado para santificarlo. Seis días trabajarás y harás todas tus tareas, pero el día séptimo es día de descanso para el Señor, tu Dios... Porque en seis días el Señor hizo el cielo, la tierra, el mar y todo lo que hay en ellos, pero el séptimo día descansó. Por eso el Señor bendijo el día sábado y lo declaró santo». Para los judíos practicantes, el tiempo que va desde el atardecer del viernes al atardecer del sábado es un momento de introspección, de pasar tiempo con la familia y amigos, y de hacer cualquier cosa aparte de trabajar: un mandamiento bíblico para desconectar y recargar fuerzas. Y el sabbat termina con la ceremonia de Havdalá —separación—, en donde los participantes dan las gracias a Dios por diferenciar entre la «luz y la oscuridad» y «el séptimo día de descanso y los seis días de trabajo».

Para las mujeres con trabajos y carreras, cuidar de sí mismas se vuelve todavía más difícil si se convierten en madres. En nuestra cultura corporativa actual, tener hijos se suele ver como una gran barrera para el ascenso profesional. Por supuesto que se presentan desafíos a la hora de compatibilizar la familia y la carrera profesional, y hay muchas reformas laborales muy necesarias que harían que esos desafíos fuesen menores. Pero en mi caso, tener hijos fue el mejor antídoto posible a mi tendencia a estar «siempre conectada», a mi adicción al trabajo. Me dio perspectiva y la capacidad de despegarme más de los inevitables altibajos de la vida laboral. Por supuesto, no necesitas tener hijos para que tus prioridades cambien, pero a mí me lo puso más fácil. Saber que iba a ver a mis hijas al final del día daba otra perspectiva a mi jornada de trabajo. Incluso una mera llamada de una de ellas durante el día, me di cuenta, era un recordatorio de lo que es realmente importante en la vida. Y eso es así hasta hoy, que mis hijas son dos veinteañeras. Es mucho menos probable que me estrese por un contratiempo. A propósito, ¿has vivido algún día sin contratiempos? A lo mejor en el futuro a un científico brillante —uno que sin duda tenga una familia grande— se le ocurre un nombre para este hecho. Pero, sea lo que sea, ha tenido un gran impacto en cosas como mi confianza, humor o entusiasmo, que son herramientas fundamentales en el lugar de trabajo.

Aquí, también, la ciencia se ha puesto al día. De acuerdo con un estudio de 2009 de la Universidad Brigham Young, tener una familia tiene un impacto medible en nuestra salud, incluida nuestra tensión arterial. Pusieron monitores de presión arterial a casi doscientos maridos y esposas y los investigadores se dieron cuenta de que las parejas con hijos tenían la presión arterial significativamente más baja que los que no tenían hijos. El resultado era incluso más pronunciado entre las mujeres.

Esto no quiere decir que las empresas no necesiten urgentemente abordar los impedimentos estructurales que hacen mucho más difícil tener hijos y una carrera de éxito. Para muchas personas —mujeres en especial— hay muy poca ayuda para equilibrar la carrera con la familia, lo que es crucial si de verdad vamos a redefinir el éxito para todo el mundo. Si vamos a hacer nuestros lugares de trabajo verdaderamente sostenibles, necesitamos que los horarios flexibles, el trabajo a distancia, el trabajo por proyecto, y una cultura empresarial que no espera que los trabajadores estén conectados y receptivos las veinticuato horas del día los siete días por semana se vuelvan la norma.

Nuestra tóxica definición actual del éxito y nuestra adicción a los dispositivos electrónicos están teniendo un impacto especialmente negativo en la siguiente generación. La «Generación Y», también llamada la generación del milenio, podría recibir un tercer nombre más alarmante: «la generación del estrés». En un estudio encargado por la Asociación Psicológica Estadounidense se les hizo preguntas a los participantes para medir su nivel de estrés. Los miembros de la generación del milenio marchaban los primeros por el desfile del estrés.

Además, los resultados fueron lamentablemente consistentes en casi todas las preguntas. Casi 40 por ciento de los *millennials* dijo que su estrés había aumentado en el último año, en comparación con 33 por ciento de los de la generación del *baby boom* y 29 por ciento de los estadounidenses mayores. Alrededor de la mitad de los *millennials* dijo que el estrés que tenían los había mantenido despiertos por la noche el mes anterior, en comparación con 37 por ciento de los *baby boomers* y 25 por ciento de los mayores. Y solo 29 por ciento de los *millennials* dijo que duerme lo suficiente.

En Reino Unido, según un estudio del profesor de Oxford, Russell Foster, más de la mitad de los adolescentes británicos no duerme lo suficiente: «Aquí tenemos un clásico ejemplo de lo mucho que el sueño podría mejorar la calidad de vida y el rendimiento educativo de la gente joven. Sin embargo, no se les da ninguna instrucción sobre la importancia del sueño, y el sueño es víctima de todas las cosas que se exige de ellos».

Los niveles altos de estrés hacen que los *millennials* tengan un mayor riesgo de sufrir todo tipo de consecuencias destructivas. El estrés, como hemos visto, es un factor crucial en las enfermedades de corazón, diabetes y obesidad. Y ya, a 19 por ciento de los *millennials,* se les ha diagnosticado depresión, en comparación con 12 por ciento de los *baby boomers* y 11 por ciento de los estadounidenses de mayor de edad.

No es de extrañar que una de las mayores causas de estrés entre los jóvenes estadounidenses sea el trabajo. El 76 por ciento de los miembros de la generación del milenio declara que el trabajo es un factor de estrés significativo (en comparación con 62 por ciento de los *baby boomers* y 39 por ciento de los estadounidenses mayores). Entre los desafíos a los que se enfrentan los *millennials* está que un número cada vez mayor de ellos se gradúa de la universidad con una deuda estudiantil enorme y se ve entrando en un mercado laboral débil. Por lo que los *millennials* más que ninguna otra generación son víctimas del estrés de nuestra economía: ya sea por trabajar demasiado y estar enganchados a la tecnología, o por ser incapaces de encontrar trabajo y tener que luchar para pagar las facturas y sobrevivir.

Por supuesto, muchos de estos problemas requieren intervención política y reformas económicas. Pero independientemente de la posición que tengas al respecto, la conciencia plena, la meditación y ciertas herramientas y prácticas no sólo ayudan a fortalecer nuestra resistencia e ingenio de cara a la adversidad, sino a conseguir un mayor rendimiento en el espacio de trabajo. Y sí, me doy cuenta de que es paradójico usar la idea del aumento de rendimiento como un argumento de venta para llevar a cabo prácticas que nos ayudarían a redefinir el éxito. Pero después de todo, estamos hablando de lo que es de vital importancia en nuestras vidas. En otras palabras, la meditación, el yoga, dormir lo suficiente, renovarnos a nosotros mismos y dar nos hace ser mejores en nuestro trabajo al mismo tiempo que nos hace conscientes de que nuestro trabajo no define quién somos.

Sea cual sea tu punto de partida: aférrate a él. Puede que justo ahora quieras hacer mejor tu trabajo o ayudar a tu empresa a tener más éxito, y es la razón por la que empiezas a meditar, a practicar la conciencia plena o a dormir más. Pero en el camino es muy probable que también ganes alguna perspectiva añadida sobre lo que importa en tu vida. Cuando escribió en *The New York Times* sobre la conferencia de la Tercera Métrica que tuvimos en junio de 2013, Anand Giridharadas señaló que «hay un riesgo en este enfoque... Plantear el caso de prestar más atención al bienestar en términos de su impacto en el rendimiento laboral puede ser ganar la batalla y perder la guerra. El vencedor mantiene la idea de que lo que es bueno para el trabajo es bueno para nosotros».

Yo creo que podemos ganar la batalla y la guerra. Prestar más atención a nuestro bienestar —por la razón que sea— nos conecta con partes de nosotros mismos que ahora permanecen inactivas y hace que sea más posible que deje de haber ninguna divergencia entre tener éxito en el trabajo y prosperar en la vida.

Acostarse para llegar a la cima

El cambio más básico que podemos hacer para redefinir el éxito en nuestras vidas tiene que ver con nuestra tensa relación con el sueño. Tal y como el doctor Michael Roizen, director de bienestar de la Clínica Cleveland, dijo: «Dormir es el hábito de salud más menospreciado». La mayoría de nosotros no conseguimos hacer un buen uso de esa parte tan preciada de nuestras vidas. De hecho, hacemos de forma deliberada lo contrario. Pensamos, de manera errónea, que el éxito es el resultado de la cantidad de tiempo que empleamos en el trabajo, en lugar de la calidad del tiempo que empleamos. Dormir, o lo poco que lo necesitamos, se ha vuelto un símbolo de nuestra fortaleza. Tenemos fijación en no dormir suficiente, y presumimos de lo poco que dormimos. Una vez tuve una cena con un hombre que alardeaba de que sólo había dormido cuatro horas la noche anterior. Resistí la tentación de decirle que la cena habría sido mucho más interesante si hubiese dormido cinco.

No hay prácticamente nada en nuestras vidas que no se vea mejorado si se duerme lo suficiente. Y no hay ningún aspecto de nuestra vida que no se vea perjudicado por la falta de sueño. Incluyendo nuestras decisiones de liderazgo. Bill Clinton, que es sabido que sólo duerme cinco horas al día, admitió: «Todos los errores importantes que he cometido en mi vida se han debido a que estaba demasiado cansado». Y en 2013, cuando la Unión Europea estaba trabajando en un plan para rescatar a Chipre, se llegó a un acuerdo durante la madrugada que fue descrito por un comentarista como «increíblemente estúpido». El periodista de economía Felix Salmon describe la decisión como «nacida de una combinación extrema de procrastinación, chantaje y juego astuto por falta de sueño». El papel de la privación del sueño en las negociaciones internacionales sería un tema excelente para una tesis doctoral (eso sí, sin que eso signifique pasar las noches en vela para terminarla).

Nuestra creatividad, ingenio, confianza, liderazgo y toma de decisiones pueden mejorar durmiendo lo suficiente. «La falta de sueño impacta de forma negativa en nuestro humor, capacidad de centrarnos y en nuestra habilidad para acceder a funciones cognitivas superiores: la combinación de estos factores es lo que solemos llamar rendimiento mental», afirman las doctoras Stuart Quan y Russell Sanna de la División de Medicina del Sueño de la Facultad de Medicina de Harvard. En los últimos cinco años he sido una defensora tal del sueño que me pidieron que me uniera a su consejo ejecutivo, un puesto que me ha mantenido muy informada sobre los últimos estudios sobre sueño, y eso ha reforzado a su vez que siga siendo una defensora nata de él.

Un estudio de la Universidad de Duke ha concluido que dormir poco está asociado a mayores niveles de estrés y a un mayor riesgo de enfermedades cardiacas y de diabetes. También concluyó que estos riesgos son mayores en las mujeres que en los hombres. Till Roenneberg, profesor de la Universidad Ludwig-Maximilian de Múnich, que es un experto en ciclos de sueño, acuñó el término «*jet lag* social» para explicar la discrepancia entre lo que nuestro reloj corporal necesita y lo que nuestro reloj social pide.

Por supuesto, el *jet lag* tradicional también puede interferir en nuestro reloj corporal, por lo que, dado que soy una persona que viaja por múltiples zonas horarias, soy implacable a la hora de cumplir mis reglas anti *jet lag.* Cuando estoy en el aire, bebo toda el agua que puedo, evito de forma estricta el azúcar y el alcohol, me muevo por el avión todo lo que el espacio y las restricciones de seguridad me permiten, y sobre todo, duermo todo lo que puedo con la ayuda de mi lista de reproducción de música de meditación (y apartando los dispositivos electrónicos portátiles, incluso cuando están permitidos).

Como la meditación, nuestros patrones del sueño pueden tener un efecto físico en nuestro cerebro. Un estudio llevado a cabo en la Facultad de Medicina de Harvard concluyó que las personas que dormían más que el mínimo necesario vieron un aumento del volumen de materia gris en sus cerebros, lo que está relacionado con mejoras en la salud psicológica.

Un estudio de 2013 en ratones mostró que durante el sueño el cerebro elimina las proteínas dañinas que se desarrollan entre sus células: un proceso que puede reducir el riesgo de padecer alzhéimer. «Es como el lavavajillas», dijo Maiken Nedergaard, uno de los autores del estudio y profesor de neurocirugía de la Universidad de Rochester. El profesor Nedergaard hizo una analogía con una fiesta en una casa: «Puedes entretener a tus huéspedes o limpiar la casa, pero lo cierto es que no puedes hacer las dos cosas a la vez...». El cerebro tiene energía limitada disponible y parece que debe elegir entre dos estados funcionales diferentes: despierto y consciente o dormido y limpiando. Muchos de nosotros hemos estado entreteniéndonos demasiado y no limpiando lo suficiente.

Tal y como concluyó la Great British Sleep Survey (gran estudio sobre el sueño en Gran Bretaña), las personas que duermen poco son siete veces más propensas a sentirse desamparadas y cinco veces más propensas a sentirse solas. Estas consecuencias pueden afectarnos en todos los aspectos, desde nuestras relaciones y nuestra habilidad de centrarnos hasta nuestra salud. Nuestro déficit de sueño también tiene significativos costos económicos. Un estudio de la Facultad de Medicina de Harvard de 2011 concluyó que el insomnio estaba muy asociado con la pérdida de rendimiento profesional, y si se trasladara a todos los trabajadores de Estados Unidos, el estudio estima que la disminución del rendimiento debido al insomnio le cuesta a las empresas más de 63 000 millones de dólares al año.

Cada vez más estudios científicos hablan de los beneficios irrefutables del sueño. Un estudio publicado en *Science* hasta estimó que para quienes no duermen lo suficiente, una hora extra de sueño puede ayudar más en su felicidad diaria que un aumento de 60 000 dólares. De hecho, varios estudios no han conseguido encontrar una relación consistente entre ganar más dinero y ser más felices, dado que el gran incremento de los ingresos en el mundo desarrollado a lo largo del pasado medio siglo no se ha equiparado con un aumento en la felicidad reportada. El profesor de economía de la Universidad del Sur de California, Richard Easterlin, condujo un estudio para analizar la correlación entre los ingresos y el bienestar y concluyó que en Japón, los niveles de bienestar se mantuvieron constantes entre 1958 y 1987, ¡a pesar de que el aumento en los ingresos fue de un 500 por ciento!

Pero, ¿qué hacemos si, a pesar de nuestras mejores intenciones, no conseguimos las siete u ocho horas de sueño que necesitamos? Los investigadores han concluido que incluso pequeñas siestas nos pueden ayudar a funcionar mejor. A lo largo de la historia, entre los personajes famosos que dormían siesta se encuentran Leonardo da Vinci, Thomas

Edison, Eleanor Roosevelt, Winston Churchill y John F. Kennedy. Charlie Rose, famoso de hoy día por tomar siestas, me dijo que ahora duerme tres diariamente: «Me echo una siesta después de terminar nuestro programa matinal de la CBS, una antes de grabar mi propio programa y otra antes de salir por la tarde. ¡No me gusta sentir que me paso el día cansado!» Según David Randall, autor de *Dreamland: Adventures in the Strange Science of Sleep (Tierra de ensoñación: aventuras en la extraña ciencia del sueño),* una breve siesta «prepara nuestro cerebro para funcionar a un nivel superior, dejándonos tener mejores ideas, encontrar soluciones a los rompecabezas de forma más rápida, identificar patrones antes y recopilar información de forma más precisa».

Por supuesto, es más fácil decir que hay que dormir más que hacerlo, créeme, ¡lo sé! Esto es especialmente cierto en una cultura que está enchufada y conectada las veinticuatro horas al día, siete días a la semana. Y cada vez más la ciencia está demostrando que las pantallas brillantes y el sueño son nuestros enemigos naturales. Investigadores del Instituto Politécnico Rensselaer publicaron un estudio demostrando que la luz de la pantalla de la computadora obstruye la producción del organismo de melatonina, que ayuda a controlar nuestro reloj corporal y regula nuestro ciclo de sueño. La tecnología nos permite estar tan hiperconectados con el mundo de fuera que perdemos la conexión con nuestro mundo interior.

Necesitamos desesperadamente eliminar de nuestras vidas el veneno de lo que Anne-Marie Slaughter ha llamado «tiempo macho alfa». Ella lo describe como nuestra «competencia incesante de trabajar más, quedarnos hasta más tarde, pasar más noches sin dormir, viajar alrededor del mundo y facturar las horas extra que nos da la diferencia horaria».

En enero de 2010 convencí a Cindi Leive, editora jefe de la revista *Glamour,* para que se sumara a un propósito de Año Nuevo que creíamos que mejoraría las vidas de las mujeres en todas partes del mundo: dormir más. Para nosotras, dormir era una cuestión feminista. Ya has visto que de todos los estadounidenses que padecen falta de sueño, las mujeres son las que sufren más cansancio. Las madres trabajadoras son las que menos duermen, y 59 por ciento de las encuestadas en un sondeo nacional reportaron falta de sueño, y 50 por ciento dijo que dormía seis horas como mucho. Cindi admitió que entre su trabajo, sus dos hijos pequeños y su adicción a la televisión, estaba durmiendo en promedio cinco horas al día.

«Las mujeres sufren de forma más significativa la falta de sueño que los hombres —confirma el doctor Michael Breus, autor de *Buenas noches*—. Tienen demasiados compromisos, y dormir empieza a descender de su lista de prioridades. Puede que sepan que dormir debería ser una de ellas, pero entonces, ya sabes, lo dejan en último lugar. Y ahí es cuando todo empieza a empeorar». Engañar a tu cuerpo quitándole el tiempo de descanso y reposo que necesita te hace más propenso a caer enfermo, tener estrés, accidentes de tránsito y ganar peso. (¡El doctor Breus jura que dormir es más efectivo a la hora de perder peso que el ejercicio!).

Pero la falta de sueño va más allá de los problemas físicos. Si te robas horas de sueño, te darás cuenta de que no funcionarás a tu máximo potencial. Esto ocurre en las decisiones laborales, en tus relaciones o en cualquier situación que requiera buen juicio, equilibrio emocional, resolución de problemas y creatividad. «Todo lo que haces lo harás mejor tras una buena noche de sueño», dice el doctor Breus. Sin embargo, seguimos presionándonos para arreglárnoslas con menos horas de sueño hasta que por lo general dejamos de saber lo que es el «máximo rendimiento».

Hay motivos por los que la falta de sueño se clasifica como una forma de tortura, y es una estrategia común empleada por cultos religiosos. Obligan a los miembros potenciales a estar despiertos durante largos periodos para reducir su habilidad a la hora de tomar decisiones y hacerlos más propensos a la persuasión. Por lo tanto, la decisión es nuestra. ¿Queremos ser mujeres y hombres fortalecidos capaces de llevar el control de nuestras vidas? ¿O queremos arrastrarnos de un lado a otro como zombis?

Volviendo a nuestro propósito de Año Nuevo, durante un mes Cindi y yo nos comprometimos a dormir bien, en el caso de Cindi siete horas y media, y en el mío ocho (cifra a la que llegamos después de un ejercicio de ensayo y error para ver las horas que necesitamos cada una de nosotras para obtener el mayor grado de creatividad y eficacia).

Conseguir una buena dosis de sueño, por supuesto, es un propósito más fácil de empezar que de mantener. Tuvimos que desconectarnos de varias tentaciones: desde Jon Stewart a nuestras bandejas de entrada del correo electrónico. Y sobre todo, tuvimos que ignorar la máxima de los adictos al trabajo que dice que somos vagos por no seguir el ejemplo de los famosos y autoproclamados insomnes.

Por supuesto, la verdad es justo lo contrario: cada uno de nosotros tenemos muchas más probabilidades de destacar en nuestro trabajo si no nos quedamos dormidos en las esquinas. El problema es que las mujeres sienten muy a menudo que no «encajan» en la atmósfera masculina que todavía predomina en muchos trabajos. Por lo que tratan de compensarlo en exceso trabajando más duro y más horas que el hombre que tienen al lado. El trabajo duro ayuda a las mujeres a encajar y ganar seguridad. Y puede funcionar, al menos al principio. Por lo que empiezan a hacerlo más y más, de modo que trabajar muchas horas se convierte en su estilo de vida. Pero es una victoria pírrica: la adicción al trabajo lleva a una falta de sueño, lo que a su vez lleva a no dar lo mejor de uno mismo. A demasiados de nosotros nos mueve el miedo de que dormir lo suficiente signifique que no somos lo bastante apasionados en nuestro trabajo y nuestra vida.

Al dormir más nos volvemos de hecho más competentes y mantenemos el control de nuestras vidas. Da un nuevo significado a la vieja falacia de que las mujeres tienen que acostarse con alguien para llegar a la cima. Las mujeres ya han llegado muy alto en el congreso, la navegación espacial, los deportes, los negocios y los medios, por lo que imagina lo que podemos hacer cuando estamos completamente despiertas.

Tener un compañero desde luego hace que nuestros esfuerzos de dormir más sean mucho más fáciles y divertidos. Recuerdo el e-mail de Cindi el tercer día: «¡Ayer dormí siete horas y media, pero fue muy *estresante* irme a la cama a tiempo! ¡Iba de un lado para otro a toda prisa como si fuera a perder el tren!» Ella me ayudó a identificar ese mismo sentimiento en mí misma. Una noche, estaba discutiendo un posible titular del *HuffPost* con nuestro editor fundador Roy Sekoff a las 22:30 horas y empecé a ponerme nerviosa porque iba a perder el tren. Por lo que Roy y yo aceleramos nuestra lluvia de ideas para poner el nuevo titular en la web sin que me pasara de mi hora límite de irme a dormir (era como si estuviéramos desactivando una bomba en una película de acción). Lo más importante es que mientras colgábamos, fui capaz de reírme de mí misma, lo que siempre es un gran eliminador de tensiones.

Y descubrí una serie de elementos que ayudan a dormir: para empezar, el precioso pijama de seda rosa que me regaló Cindi. Nada más ponérmelo me sentí lista para ir a la cama, mucho más que las camisetas de algodón que suelo usar por la noche. Ese pijama era sin ninguna duda «ropa para irse a la cama», no confundir con la «ropa para ir al gimnasio». Demasiados de nosotros hemos ignorado la diferencia entre lo que nos ponemos durante el día y la noche. Dormir en pijama era una señal para mi cuerpo: ¡hora de desconectar!

Y otra señal todavía más importante de que es hora de desconectar es apagar nuestros aparatos: me aseguré de que tenía mi iPhone y mis BlackBerrys (sí, ¡tengo más de uno!) cargando lejos, muy lejos de mi cama, para ayudarme a evitar la tentación en mitad de la noche de revisar las últimas noticias o los últimos correos.

Y a Cindi se le ocurrió otro truco cuando tenía problemas para dormir: «Contar hacia atrás desde 300 de tres en tres; es mágico y nunca pasas de 250». En las contadas ocasiones que estoy demasiado activa para dormir, mi panacea es un baño caliente con mis sales favoritas.

El cuarto día de nuestra «rehabilitación de sueño» me desperté sin la ayuda del despertador. Miré alrededor nerviosa para ver qué pasaba, preguntándome qué emergencia había despertado a mi cuerpo. Me llevó un minuto darme cuenta de que la razón por la que estaba tan despierta era porque... no necesitaba dormir más. Imagina.

El profesor Roenneberg explica que aunque 80 por ciento del mundo usa una alarma para despertarse en los días de trabajo, descubrir cuánto sueño necesitamos es muy sencillo: «A veces comemos de más, pero por lo general no podemos dormir de más. Cuando nos despertamos de forma espontánea, sintiéndonos frescos, hemos dormido lo suficiente».

Y continúa: «Con el uso generalizado de la luz eléctrica nuestro reloj temporal se ha retrasado mientras que la jornada laboral ha permanecido prácticamente igual. Nos dormimos de acuerdo con nuestro (tardío) reloj corporal y nos levantamos pronto para ir a trabajar con el despertador. Por tanto, sufrimos una falta de sueño crónica». Es como si tuviéramos una deuda cada vez más grande de la que no salimos nunca.

Uno de los beneficios de dormir lo bastante era empezar el día sintiéndome como una de esas horribles personas «frescas y radiantes» a las que normalmente quieres estrangular cuando te encuentras entre la mayoría de gente que no duerme lo suficiente. Yo me levantaba motivada y sin la típica neblina mental matinal.

Muchos de nosotros sabemos que hacer ejercicio con regularidad nos ayuda a dormir mejor, pero lo que descubrí es que funciona en las dos direcciones: un horario regular de sueño también nos ayuda a hacer ejercicio mejor. Es una verdad que he sentido, literalmente, en mis huesos, y ha confirmado la ciencia. De acuerdo con un estudio reciente en el *Journal of Clinical Sleep Medicine* realizado por investigadores de Northwestern, después de una mala noche de sueño los participantes dijeron tener sesiones de ejercicio más cortas.

Cuando iba a la sala de máquinas de musculación como parte de mis ejercicios matinales levantaba más peso, apretaba con todas mis fuerzas el botón de la cinta para correr más rápido, y ponía más inclinación que de costumbre. Si alguien que conociera mi rutina habitual de ejercicios me viera en esos entrenamientos, lo más probable es que me pidiera someterme a un control antidoping. Pero mi único estimulante para mejorar el rendimiento eran un par de noches durmiendo ocho horas. Ésta es una de las razones por las que, como señala el doctor Breus, dormir más puede hacerte perder peso.

Y mi energía me duraba todo el día. Tengo un grupo de amigos con los que hago senderismo. Tenemos la tradición de que quien se sienta con más energía tiene que hablar mientras subimos la montaña. Los demás hablan al bajar. Digamos que me conocen de sobra por ser de las que hablan siempre al bajar. Pero la última vez no paré de hablar durante todo el camino de ascenso, sermoneando sobre todo a mis compañeros para que durmieran más.

También tomé otro consejo de Cindi, que ideó el plan de tratar la hora de irse a la cama como si fuese una reunión, con la misma urgencia e importancia que le damos a las reuniones de trabajo. Es, en efecto, una reunión que has programado para ti. Ella calcula a qué hora se tiene que levantar, le resta siete horas y media (es su objetivo) y el resultado se convierte en su hora de reunión. Si tienes inclinaciones del tipo A (¡culpable!) y sientes satisfacción cuando cumples con los plazos de entrega y puntualidad en las reuniones, es un modo brillante de usar tu obsesión de forma más productiva.

Demasiados de nosotros pensamos en nuestras horas de sueño como el punto más flexible de nuestra agenda y creemos que podemos moverlas sin parar para acomodar nuestra primera e inamovible prioridad: el trabajo. Pero como en un vuelo o en un viaje en tren, nuestras horas de sueño deberían considerarse como algo fijo en nuestro día, y todo lo demás debería girar en torno a eso.

Y para que le ayudara a cumplir su objetivo, Cindi utilizó la sugerencia del doctor Breus de poner una alarma —en el cuarto— cuando sea la hora de irse a la cama. «Te verás obligado a entrar en tu habitación para apagar la maldita cosa, lo que te hará estar en la habitación adecuada en el momento adecuado», me contó.

Hacer pública tu decisión de dormir más puede ser un modo de cumplir tu promesa. Estarás rodeado, tal y como yo descubrí, de amigos solidarios que han querido hacer lo mismo y quienes te ayudarán a cumplir tus metas de dormir. En mi caso, dado que escribí en el blog de *The Huffington Post* sobre mi compromiso de dormir más, empezaron a acercarse a mí desconocidos en las reuniones a las que acudía, mirando la hora y preguntándose cuánto tiempo tenía planeado quedarme y si iba a ser capaz de dormir mis ocho horas. Me sentía como una niña trasnochando un día de colegio, con docenas de niñeras nerviosas tratando de ayudarme a cumplir mi promesa.

Una consecuencia de dormir más —y mejor— ha sido un aumento en la intensidad de mis sueños. No estoy segura de si mis sueños son de hecho más intensos, vívidos e interesantes o si sólo lo parecen porque ya no me despierto con ganas de dormir más. Cualquiera que sea la razón, de repente veo en mi poder una vida de sueños profundos e interesantes.

Reconectar con mis sueños ha sido como volver a reunirme con un viejo amor. Siempre me han fascinado los sueños. En un viaje a Egipto visité los «aposentos de dormir» del templo de Luxor donde los sumos sacerdotes y sacerdotisas se retiraban después de haberse preparado, mediante rezos y meditación, para recibir en sus sueños guía divina e inspiración. En un marcado contraste con nuestro hábito moderno de tomarnos una pastilla que nos deje inconscientes, esperando «caer redondos» durante unas cuantas horas antes de enfrentarnos a otro frenético día, los antiguos egipcios se iban a la cama expectantes. Esta preparación espiritual para dormir les permitía traer a la memoria retazos de sus sueños y pinceladas de sus viajes nocturnos.

Incluso antes de mi viaje a Egipto, hacía mucho que estaba fascinada por el interés de Carl Jung en los sueños y arquetipos. Su autobiográfico *Recuerdos, sueños, pensamientos* es uno de mis libros favoritos. Me ayudó a explorar la posibilidad de que el mundo de los sueños, lejos de aislarnos de lo que consideramos «el mundo real», en realidad nos abre a otra realidad: un lugar atemporal que nos permite escuchar nuestras almas.

Después de ese viaje a Egipto, y durante muchos años, solía anotar mis sueños en un diario. Llené cuaderno tras cuaderno. Pero entonces la vida —en especial la maternidad— intervino. Y entre cuidar de un recién nacido, calmar a un bebé llorando o tener a un bebé con fiebre en tus brazos —eso sin mencionar seguir escribiendo libros y columnas de periódico—, el tiempo se evaporaba en la noche, y el sueño se convertía en una aspiración; era más una táctica de supervivencia que un modo de conectar con lo sagrado y lo divino.

La noche y el sueño enseguida se volvieron transiciones: caía rendida en la cama cuando me lo permitía la agenda. Me levantaba tarde, e iba a la carrera. La vida se convirtió en un ciclo de caer redonda y levantarme, caer redonda y levantarme. Era un ciclo al que al final acabé acostumbrándome. Parecía algo normal.

Entonces llegó mi «redespertar», mi reencuentro con el sueño, cuando convertí el sueño en una prioridad. Cuando hice eso, también me di permiso para recordar mis sueños. Y un efecto secundario positivo de recordarlos es que se trata de una gran oportunidad de conectar en un nivel más profundo con la gente más cercana a ti. Mi hija pequeña y yo ahora nos intercambiamos de forma regular nuestros sueños. Uno de sus sueños recurrentes es una gran metáfora de lo que nos podemos permitir hacer una noche en la que dormimos bien. Ella se imagina a sí misma como una señal viviente de «alto», obligando a la gente a detenerse por completo antes de seguir con sus vidas.

El doctor Breus explica por qué soñar es tan importante. «El sueño (sobre todo el sueño REM) ayuda a consolidar tus recuerdos. Así que ¿cómo puede afectarte esto? Empezarás a ver una mejora en tu memoria y en tu habilidad para organizar tus pensamientos, y quizá en dejar las cosas hechas».

Más allá de los beneficios prácticos de recordar tus sueños, hay razones más profundas y espirituales que Rumi sintetiza de esta manera: «Hay una cesta con pan recién hecho en nuestra cabeza, y sin embargo tú vas de puerta en puerta pidiendo trozos de pan. Llama a tu puerta interior. No a otra». Recuerda que nuestros sueños son una forma de llamar a nuestra puerta interior, encontrar visiones más profundas y ganar conciencia de uno mismo.

Los expertos del sueño a los que he consultado me dieron una serie de consejos adicionales para dormir mejor. Aquí pongo algunos de los que me parecieron más útiles:

- Compra una almohada nueva y una funda de almohada.
- Haz que tu habitación sea más oscura y mantenla fresca.
- Practica respiraciones profundas antes de irte a la cama.
- Date un baño caliente antes de dormir.
- Haz ejercicio o al menos camina todos los días.
- Deshazte de todas las pantallas LCD (computadoras, tablets, smartphones, televisiones) por la noche.
- Acaba con el café después de las dos de la tarde y evita el alcohol justo antes de irte a dormir para darle al cuerpo tiempo de metabolizarlo.

Y durante el día, para prevenir que se genere estrés —lo que hace que sea más difícil dormir por la noche—, tómate sesenta segundos cada dos o tres horas como tiempo de recuperación, del mismo modo que los mejores jugadores de tenis incorporan a su partido pequeños espacios de tiempo para recuperarse. Todo lo que tienes que hacer es dejar lo que estás haciendo y llevar tu conciencia a las palmas de tus manos o de tus pies, o a ambas. Quédate ahí durante un minuto, y siente toda la tensión que abandona tu cuerpo, alejándose de ti por tus manos y pies.

Cuatro años después de nuestro Desafío de Dormir, Cindi y yo lanzamos el Desafío de Desconectar, y en esta ocasión se unió Mika Brzezinski, quien, además de copresentar *Morning Joe,* es también la copresentadora de nuestra serie de conferencias de la Tercera Métrica. Durante la última semana de diciembre, nos comprometidos a dejar la televisión, las redes sociales y el e-mail para conectar de verdad con nuestros seres queridos y con nosotros mismos.

«Trata de desconectar —escribió Mika sobre su reacción inicial tras apagar todos sus aparatos— cuando durante la última década has comido, dormido, te has duchado y hecho ejercicio con tu iPhone en la mano. "Obsesionada" no es la palabra. "Adicta" tampoco lo resume. ¿"Atada"? ¿"Con una vía intravenosa telefónica permanente"? ¿"Conectada permanentemente"?, se acerca más». Su semana de desconexión la pasó de vacaciones con su familia, incluyendo a sus hijas adolescentes adictas al teléfono. Ella describió de forma muy viva cómo fueron los primeros momentos de dolor del teléfono fantasma: «Cuando dejé el teléfono me sentí rara, incompleta, como si no llevara sostén o algo parecido. Al principio de las vacaciones a veces sostenía de hecho el teléfono en la mano aunque estaba apagado. Era como una desintoxicación: era mi amuleto». Pero recibió una gran recompensa al hacerlo. «Conseguí muchas cosas gracias a desconectar —escribió—. Charlé mucho con mi madre y mi padre. Me di divertidos baños con mi sobrina. Corrí con Carlie. Corrí con Jim y Carlie. Caminé con Emilie. Conecté. Hasta vi la puesta de sol sin pararme a mirar mi amuleto». Su conclusión: «¡Una desconexión altamente recomendada! Para tu salud. Para tus relaciones. ¡Para tu vida!»

Y al igual que Cindi, ella también pasó por una delicada abstinencia, pero esa semana aprendió varias lecciones. Por ejemplo, tal y como escribió: «Cuando no estás al teléfono te das cuenta al instante: todo el mundo lo está. Literalmente todo el mundo. Volvimos de vacaciones un poco menos informados pero un poco más felices, y más propensos a permanecer en estado zen en situaciones molestas gracias a la pequeña desintoxicación digital». Ella también decidió usar estas lecciones en el futuro: «Me he prometido no tener el correo abierto la mayoría de mis tardes y llevar el teléfono en el bolso, no en la mano, más a menudo este año. ¿Alguien se apunta?» ¡Te animo a que te unas a ella!

Lecciones de la sección de deportes: la mejor medicina para potenciar el rendimiento

El error fundamental de nuestra equivocada definición del éxito es la creencia de que el exceso de trabajo nos lleva a un alto rendimiento y a resultados excepcionales. Una forma sencilla de ver que esta creencia es un disparate es echar un ojo al mundo de los deportes, donde el rendimiento se cuantifica y mide de forma objetiva. El mundo de los deportes, fuente de muchas metáforas del mundo de los negocios —«operación salida», «tanto seguro», «perder puntos», «jugador nato» o «jugársela», entre otras—, está de hecho muy por delante del mundo empresarial en su manera de pensar sobre la productividad y el agotamiento.

Para los atletas de élite lo único que importa son los resultados. Y dado que los deportes son extremadamente cuantificables, suele ser muy fácil medir lo que funciona o no funciona. El duro y agresivo mundo de los deportes de élite está incorporando cada vez más la meditación, el yoga, la conciencia plena, más horas de sueño y las siestas precisamente porque los atletas y entrenadores se dan cuenta de que funciona. Y para el cada vez menor número de escépticos, quizá no haya mejor forma de ver los efectos tangibles de las técnicas de reducción de estrés y de la conciencia plena en el rendimiento que el mundo de los deportes.

Uno de los estudios más interesantes —y muy citado— viene de Stanford. Hace unos diez años Cheri Mah, una investigadora de la Clínica de Trastornos del Sueño de Stanford, estaba estudiando el impacto del sueño en el cerebro. Algunos de los participantes de su estudio estaban en el equipo de natación. Ellos le revelaron a Mah que durante las partes de la prueba donde se les pidió que durmieran más nadaron mejor e hicieron mejores marcas. Por lo que Mah se propuso ver lo estrecha que era la relación entre un aumento del sueño y un aumento del rendimiento.

Algunos estudios anteriores —que utilizaron nadadores, jugadores de futbol y de tenis— habían señalado que existía una estrecha relación. Por lo que Cheri Mah llevó a cabo un estudio más grande que, como Peter Keating de ESPN escribe: «Asombró al mundo de las evaluaciones deportivas demostrando que puedes obtener la hormona del crecimiento humano (GH) apagando las luces».

Durante tres temporadas, Mah tuvo a once jugadores de baloncesto de Stanford manteniendo un horario normal durante unas cuantas semanas y luego, de cinco a siete semanas, les tuvo echándose siestas, cuidando su alimentación y tratando de dormir diez horas cada noche. Y los once jugadores mejoraron su rendimiento. Los encestes de tres puntos aumentaron 9.2 por ciento. Los tiros libres incrementaron 9 por ciento. No sólo mejoró el rendimiento en el campo de juego, sino que los jugadores dijeron que su buen humor aumentó y que por lo general se sentían menos fatigados. «Lo que sugieren estos resultados es que estos atletas estaban operando por debajo de su nivel óptimo —explicó Mah—. Habían acumulado una deuda de sueño... No es que no pudieran regir —lo estaban haciendo bien—, sino que tal vez no estuvieran utilizando su pleno potencial».

Y en el mundo de los deportes se están introduciendo nuevas prácticas:

- En 2005 el comité olímpico de Estados Unidos, en colaboración con el experto en sueño Mark Rosekind, mejoró las habitaciones del centro de entrenamiento en Colorado Springs. La renovación consistió en mejores colchones, cortinas tupidas y animar a los atletas a tratar de dormir nueve o diez horas al día. Y muchos se han tomado el consejo al pie de la letra. «Dormir es muy importante para mi deporte —dice el corredor de maratón olímpico Ryan Hall—. La recuperación es el factor limitante, no mi habilidad de correr duro. Suelo dormir alrededor de ocho o nueve horas por la noche, pero además me aseguro de programar "reuniones de negocios" —conocidas también como siestas— de noventa minutos para descansar al mediodía».
- Los Dallas Mavericks colaboraron con Fatigue Science de Vancouver para controlar el sueño de los jugadores y compararlo con su rendimiento en el campo de juego utilizando un dispositivo de muñeca. El fundador de

Fatigue Science, Pat Byrne, explicó la razón: «Si un jugador duerme seis horas una noche y dice: "Me siento bien", podemos de hecho decir: "Somos capaces de mejorar tu tiempo de reacción si duermes ocho horas". Te lo podemos demostrar».

— La superestrella de Los Angeles Lakers, Kobe Bryant, suele quedarse en el hotel del equipo antes de cada partido para dormir más. También ha hecho meditación: una práctica que introdujo el ex entrenador Phil Jackson. Jackson asimismo enseñó a sus jugadores el concepto de «una respiración, una cosa en mente» y les inculcaba ejercicios como pasar un día de silencio. «Lo abordé con conciencia plena —le dijo a Oprah—. Por mucho que hagamos pesas y corramos para ganar fuerza física necesitamos ganar fuerza mental... para poder centrarnos..., para poder ayudarnos unos a otros».

— Cuando Michael Jordan era la estrella de los Chicago Bulls, el equipo trabajó con el profesor de meditación George Mumford. «Cuando estamos en el momento y absortos en la actividad, damos lo mejor de no-

sotros —explicó Mumford—. Eso ocurre de vez en cuando, pero sucede más a menudo cuando aprendemos a ser más conscientes». Y el video de LeBron James, cuatro veces jugador más valioso de la NBA, meditando en un tiempo muerto se volvió un éxito en YouTube.

— El *exrunning back* de los Miami Dolphins, Ricky Williams, solía meditar antes de cada partido, y más tarde acabó dando clase de meditación en la Universidad Nova Southeastern de Florida. «Es mi pasión —dijo—. Creo que muchas personas están tan acostumbradas al estrés que no se dan cuenta de que lo padecen. Y yo era una de esas personas».
— El gran tenista Ivan Lendl hacía ejercicios mentales para aumentar su concentración. Solía programar pausas para relajarse y recargar energía, por lo general mediante siestas.

Desde que Lendl se convirtió en el entrenador de Andy Murray en 2012, el cuatro veces subcampeón del grand slam ganó el Abierto de Estados Unidos y Wimbledon en 2013. Charlie Rose, en una entrevista con Murray, describió cómo es verle jugar a él

y a otros grandes jugadores: profesionales: «Ves la bola salir de la raqueta... casi en cámara lenta».

Qué gran imagen: un jugador en la cima de su carrera: descansado, recargado y centrado; el tiempo se hace lento y la bola va en cámara lenta, lo que le permite tomar la mejor decisión y ejecutarla. He descubierto que las técnicas de la conciencia plena y de reducción de estrés hacen lo mismo para el resto de nosotros. En un estado de prisa, atropello o estrés lo que tenemos que hacer se puede convertir en un borrón confuso. Pero descansados y centrados, lo que viene a continuación parece ir lento, permitiéndonos controlarlo con calma y confianza.

Como dice Tony Schwartz, fundador de Energy Project: «Con respecto al ejercicio, es durante los descansos y los momentos de inactividad cuando el músculo crece. Para alcanzar la cima de la forma física, tenemos que dar el máximo de nosotros en cortos e intensos intervalos, y a continuación descansar y recuperarnos». Y así es exactamente como deberíamos vivir nuestras vidas para un bienestar y rendimiento total.

«El mismo movimiento rítmico nos ayuda durante todo el día, pero en su lugar vivimos vidas en su inmensa mayoría lineales y sedentarias —escribe

Schwartz—. Vamos de e-mail a e-mail, y de reunión a reunión, sin movernos casi nunca, y rara vez nos tomamos tiempo para recuperarnos mental y emocionalmente... El modo más efectivo de operar en el trabajo es como un velocista: trabajando con un solo objetivo en mente durante periodos de no más de noventa minutos y luego tomando un descanso. De esa forma cuando estás trabajando, trabajas de verdad, y cuando te estás recuperando, llenas el depósito de verdad».

Igual que los atletas de élite, quienes necesitan una preparación —tanto física como mental—, verás una diferencia tangible en tu rendimiento profesional. En un estudio del año pasado de la Universidad de Washington, el científico informático David Levy hizo que un grupo de directores de recursos humanos participara en un curso de meditación y conciencia plena de ocho semanas. A continuación les dio algunas tareas de oficina un tanto exigentes relacionadas con el e-mail, mensajes instantáneos y procesamiento de texto. Los miembros del grupo que habían hecho el curso podían concentrarse durante mayores lapsos de tiempo, estaban menos distraídos y, lo más importante, tenían menores niveles de estrés. «La meditación se parece mucho a las repeticiones que haces en el gimnasio —dijo Levy—. Fortalece tu músculo de la atención».

No tenemos que saltar dos metros para ser como Michael Jordan y para dar lo mejor de nosotros. Todo lo que necesitamos es comprometernos a dormir suficiente, tomarnos tiempo para recargar nuestras baterías mentales y emocionales, dejar a un lado nuestros teléfonos, portátiles y tablets de forma regular, y tratar de introducir algunas técnicas para reducir el estrés en nuestras vidas. La conciencia plena, el yoga, los rezos, la meditación y la contemplación no son sólo técnicas reservadas para retiros de largos fines de semana; son los mejores reforzadores diarios del rendimiento.

«Walk This Way»

Cuando estaba viviendo en Los Ángeles descubrí que se me ocurrían las mejores ideas cuando estaba haciendo senderismo. Y siempre que podía programaba excursiones, antes que reuniones convencionales, con mis amigos y editores del *HuffPost.*

La ejecutiva de Silicon Valley, Nilofer Merchant, lo llama el método de «caminar y hablar». Si tienes que hablar con alguien en persona, ¿por qué no hacerlo caminando? «Lo que me encanta cuando caminas al lado de alguien es que estás literalmente enfrentándote a tu problema junto a la otra persona —dijo ella—. Me encanta que la gente no pueda estar mirando el correo o Twitter durante las reuniones en que estamos caminando. Estás despierto a lo que pasa a tu alrededor, tus sentidos se agudizan y caminas con una sensación que raramente tienes en las reuniones de oficina: alegría».

¿Cuántas veces has experimentado una sensación de alegría en una sofocante sala de conferencias donde la mitad de la gente escucha una interminable presentación en PowerPoint? Nuestra mente o nuestras piernas van a irse vagando. Siéntate quieto y nuestras mentes querrán deambular. Levántate y empieza a caminar, y nuestras mentes podrán calmarse y centrarse más.

Una de mis frases favoritas es *solvitur ambulando* («Lo resolvemos mientras caminamos»). Hace referencia a la respuesta que dio el filósofo griego del siglo IV a. C. Diógenes cuando le preguntaron si el movimiento era real. Su respuesta fue levantarse y caminar. Como se ha demostrado, hay muchos problemas para los que caminar es la solución. En nuestra cultura de exceso de trabajo, agotamiento y extenuación, ¿cómo podemos acceder a nuestra creatividad, sabiduría o capacidad para asombrarnos? *Solvitur ambulando.*

Mucha de la preparación de *The Huffington Post* se hizo en excursiones de senderismo. Nuestra primera inversora, Laurie David, decidió apostar después de que le vendiera la idea en una caminata. Nuestra editora fundadora de arte, Kimberly Brooks, me vendió la idea de una sección de arte en una excursión. Caminar también fue muy importante en mi parto. De hecho, los médicos están descubriendo que tener a las mujeres tumbadas mientras están de parto es uno de los peores modos de facilitarle al bebé su nacimiento. Aunque yo tenía programado dar a luz en el Centro Médico de UCLA, me pasé la mayor parte del día con mi partera alrededor de las instalaciones del hotel en que estábamos alojados. Por alguna extraña coincidencia, era el día en que se había anunciado la venta del hotel a los nuevos dueños japoneses. Por lo que mis paseos —alrededor de las instalaciones, por el jardín, el césped y de vuelta al vestíbulo— estaban acompañados de las miradas de preocupación e incredulidad de los turistas, los fotógrafos japoneses y dos equipos de la televisión local, además de mis ocasionales contracciones agudas y consecuentes gritos ahogados y palabras de apoyo de mi partera.

Cuando ella estimó que faltaba una hora para el parto, nos subimos al coche —para entonces mi madre y mi hermana ya estaban con nosotros— y nos fuimos al hospital. Treinta minutos más tarde nació Christina.

Desde que tengo memoria, caminar me ha llevado a encontrar soluciones a cualquier cosa que me preocupara. Cuando estaba creciendo en Grecia, mi poema favorito era «Ítaca», del poeta griego Constantino Cavafis. Mi hermana Agapi y yo habíamos memorizado el poema mucho antes de que pudiéramos entender lo que significaba. Empieza así:

Cuando emprendas tu viaje a Ítaca
pide que el camino sea largo,
lleno de aventuras, lleno de experiencias.

Con el paso de los años me he dado cuenta de que un viaje lleno de aventuras y experiencias no tiene que implicar aviones, coches y pasaportes. Los beneficios de un viaje están disponibles simplemente caminando. Ahora que vivo en Manhattan, camino todo el tiempo, tanto para ir de un sitio a otro como para ponerme al día con mis amigos en lugar de sentarnos a desayunar o comer.

Se han hecho muchas referencias a lo largo de la historia a las virtudes de caminar. Thomas Jefferson declaró que el objetivo de caminar era vaciar la mente de pensamientos. «El propósito de caminar es relajar la mente —escribió—. Deberías por tanto no permitirte siquiera pensar mientras caminas. Sino desviar tu atención a los objetos que te rodean». Para Ernest Hemingway, caminar era un modo de desarrollar sus mejores pensamientos mientras reflexionaba sobre un problema. «Solía caminar a lo largo de los embarcaderos cuando había terminado el trabajo o cuando trataba de planear algo —escribió en *París era una fiesta*—. Era más fácil pensar si caminaba y hacía algo o si veía a la gente hacer cosas conscientes». Nietzsche fue más allá y proclamó que «sólo los pensamientos que se conciben mientras se camina tienen algún valor». Para Henry David Thoreau caminar no era nada más un medio para llegar a un fin, era el fin en sí mismo. «Pero el caminar al que me refiero nada tiene en común con, como suele decirse, hacer ejercicio... sino que es en sí mismo la empresa y la aventura del día».

Los estudios científicos demuestran cada vez más los beneficios psicológicos de caminar y de cualquier otro tipo de ejercicio. «Se ha demostrado que es una buena práctica, sobre todo para la depresión leve y moderada», dijo Jasper Smits, una psicóloga de la Universidad Metodista del Sur. Los resultados son tan claros que Smits y un colega suyo han escrito una guía para profesionales de la salud mental con consejos sobre cómo recetar ejercicio a sus pacientes. Y, sorpresa, no hay una enorme lista de peligrosos efectos secundarios. En Reino Unido, en una serie de estudios de la Universidad de Essex, los investigadores concluyeron que 94 por ciento de aquellos que participaron —caminando, corriendo, en bicicleta, haciendo jardinería— vieron los beneficios en su salud mental.

La psicóloga Laurel Lippert Fox ha llevado la idea un paso más allá y realiza sesiones caminando con sus pacientes. Tal y como dice ella: «Es mucho más dinámico que estar sentado en tu silla Eames».

Que caminar sirva como herramienta para tratar la depresión no es algo menor considerando que, de acuerdo con la Organización Mundial de la Salud, más de trescientos cincuenta millones de personas de todo el mundo sufren depresión.

Las investigaciones han demostrado que estar sencillamente al aire libre y rodeado de la naturaleza es igual de benéfico, lo que tiene «implicaciones para la planificación urbana y también para el diseño de interiores y la arquitectura», según Richard Ryan, del Centro Médico de la Universidad de Rochester. Él fue coautor de un estudio que concluyó que pasar tiempo en entornos naturales nos hace más generosos y más orientados a la comunidad. Otro estudio realizado por investigadores holandeses demostró que los que viven a un kilómetro de un parque o zona boscosa tienen niveles más bajos de depresión y de ansiedad que aquellos que no. Pero incluso si no vivimos rodeados de árboles y vegetación siempre podemos ir a dar un paseo por ellos.

«Dado que los costos médicos aumentan sin control es necesario que pensemos en nuestras zonas verdes en términos de prevención —dijo la doctora Kathryn Kotrla, del Colegio de Médicos de la Universidad de Texas A&M—. Esto demuestra claramente que nuestra noción occidental de la dualidad cuerpo-mente es completamente falsa. El estudio muestra que somos un organismo completo, y cuando estamos sanos significa que nuestro cuerpo y nuestra mente están sanos».

Por otra parte, resulta que sentarse es malo y caminar es bueno. De acuerdo con un estudio de la Sociedad Americana contra el Cáncer la gente que trabaja sentada es más propensa a desarrollar enfermedades cardiovasculares que aquella que trabaja de pie. Esto no es un descubrimiento nuevo. Un estudio de 1950 con personas que trabajaban en el mismo campo mostró que los conductores de autobús de Londres tenían mayor incidencia de muerte por enfermedades cardiovasculares que los vendedores de billetes de autobús, y que los funcionarios públicos tenían una mayor incidencia que los trabajadores de correos.

Los beneficios de levantarse y caminar —de moverse— van más allá de nuestro cuerpo. Un estudio dirigido por investigadores de la Universidad de Illinois demuestra que caminar tres veces a la semana durante cuarenta minutos a un ritmo natural ayuda a combatir los efectos del envejecimiento y aumenta la conectividad cerebral y el rendimiento cognitivo. Por lo que no es sólo nuestro pensamiento rumiante o creativo lo que mejora al caminar; el pensamiento del tipo céntrate y deja las cosas hechas también se ve mejorado. Quizá deberíamos considerar, además de tener reuniones caminando, crear clases que se den caminando.

Aunque Henry David Thoreau no podía contar con la ciencia para respaldar sus creencias sobre los beneficios de caminar, creía en esta verdad hace mucho tiempo. «Me parece que en el momento que mis piernas empiezan a moverse, mis pensamientos empiezan a fluir», escribió. En su libro *Wanderlust (Espíritu viajero)* Rebecca Solnit observó la conexión entre el acto de caminar y cómo experimentamos el mundo. «Caminar combina con hacer y trabajar ese elemento crucial de la interacción del cuerpo y la mente con el mundo —escribió—, de conocer el mundo a través del cuerpo y el cuerpo a través del mundo».

Esto hace referencia a un concepto crítico en la estética japonesa, incluyendo la tradicional ceremonia del té: el concepto de Ma, que se puede traducir aproximadamente como el espacio esencial, o intervalo, o espacio entre cosas, y la importancia de crear y experimentar por completo tales espacios. Por lo que ya estemos «dando un paseo» sin querer ir a ningún sitio en particular, o caminando hacia un destino fijo, caminar para conectar dos lugares, el espacio, el intervalo entre ellos, puede ser importante. Puede, de hecho, ser el punto en sí mismo.

Excepto por el punto, el punto quieto,
no habría danza,
y sólo hay danza.

T. S. ELIOT

«El espacio es sustancia —tal y como dijo el diseñador gráfico Alan Fletcher—. Cézanne pintó y modeló el espacio. Giacometti esculpió "quitándole la grasa al espacio". Mallarmé concebía sus poemas como ausencias además de palabras. Ralph Richardson afirmó que actuar consiste en las pausas... Isaac Stern describió la música como "ese pequeño espacio entre cada nota, silencios que dan forma"».

Caminar es una de las formas de movernos en nuestro mundo; el lenguaje y la escritura son cómo articulamos esa experiencia. «Las palabras se inscriben en un texto de la misma manera que caminar se inscribe en el espacio —escribe el autor británico Geoff Nicholson—. Escribir es un modo de hacer el mundo nuestro, y... caminar es otro».

Para experimentar por completo el mundo que nos rodea, primero tenemos que ser capaces de liberarnos de las distracciones que reclaman en todo momento nuestra atención. Incluso el extremadamente centrado Thoreau tenía dificultades para permanecer en el momento: «Me alarmo cuando ocurre que he caminado físicamente un kilómetro hacia los bosques sin estar yendo hacia ellos en espíritu. En el paseo de la tarde me gustaría olvidar todas mis tareas matutinas y mis obligaciones con la sociedad. Pero a veces no puedo desprenderme fácilmente del pueblo. Me viene a la cabeza el recuerdo de alguna ocupación, y ya no estoy donde mi cuerpo, sino fuera de mí. Querría retornar a mí mismo en mis paseos. ¿Qué pinto en los bosques si estoy pensando en otras cosas?»

«Desprenderme del pueblo», qué manera más perfecta de expresar una necesidad humana universal de vital importancia. Desde la época de Thoreau, el pueblo se ha vuelto exponencialmente más grande, más indiscreto y en apariencia más cercano: dándonos la imagen de conexión humana sin ninguno de los beneficios reales de esa conexión. La tecnología ha permitido que el pueblo se vuelva excepcionalmente bueno a la hora de no permitirnos desprendernos de él. Con la llegada de los teléfonos inteligentes, escapar de él ya no es tan fácil como levantarte e irte caminando. Cada vez más, ni siquiera tratamos de desprendernos del pueblo. Nos rendimos a una vida de distracciones, y vivimos, como dijo Thoreau, gran parte de nuestras vidas sin nuestros sentidos.

Caminamos por la ciudad mandando mensajes de texto y hablando y escuchando música en nuestros smartphones, desconectados de aquellos que nos rodean y de nosotros mismos. El periodista Wayne Curtis llama a estas personas hiperconectadas «muertos digitales, arrastrándose lentamente, con los ojos fijos en una pequeña pantalla en sus manos». Él cita un estudio de la Universidad de Washington que se limita únicamente a un crucero en Seattle. El estudio concluyó que uno de cada tres peatones estaba distraído mientras cruzaba la calle, y en la gran mayoría de los casos, estaban distraídos porque o estaban escuchando música o tecleando o hablando por teléfono. Y, no es de extrañar, que a aquellos que mandaban mensajes de texto les llevó casi 20 por ciento más cruzar la calle. Otro estudio concluyó que aquellos que estaban enviando mensajes de texto eran 33 por ciento más lentos a la hora de llegar a un destino planeado.

Tal y como escribió el columnista de *The Guardian* Oliver Burkeman: «Los smartphones han estado omnipresentes durante años, por supuesto, pero ha sido recientemente cuando parece que ha habido un cambio en las normas sociales. Para mucha gente, las reglas no escritas de caminar por la acera incluyen lo siguiente: si estoy leyendo o viendo algo en mi teléfono que es lo bastante interesante, es cosa tuya apartarte de mi camino, exactamente igual que si yo fuera muy débil, o un niño de 3 años, o ciego. O un farol». Esto puede ser un hábito peligroso. En diciembre de 2013 una turista en Melbourne se cayó del muelle y acabó en el mar mientras comprobaba Facebook en su teléfono. Cuando la rescataron seguía teniéndolo en la mano. Y ella fue una de las afortunadas. De acuerdo con un estudio de la Universidad del estado de Ohio, en 2010 más de mil quinientos peatones acabaron en urgencias como resultado de accidentes que implicaban teléfonos y otros dispositivos móviles.

Para tratar de aligerar el peso de la tecnología en nuestras vidas necesitamos toda la ayuda que podamos obtener. Algunos de nosotros somos capaces de apagar y encender nuestros dispositivos, hacer terapia de choque durante algunos periodos de tiempo o hacer dietas digitales periódicas. Pero no todos tenemos ese poder de voluntad. Caminar —sin nuestros dispositivos o con ellos apagados— es un comienzo.

«Sospecho que los mejores beneficios mentales de caminar se explican no por lo que caminar hace en sí mismo, sino por lo que no hace —escribe Burkeman—. Cuando sales interrumpes lo que estás haciendo, y dejar de conseguir algo suele ser la clave para conseguirlo».

Obligar a nuestro cerebro a procesar las cosas en un ambiente nuevo nos puede ayudar a comprometernos más. Gregory Berns, autor de *Iconoclast: A Neuroscientist Reveals How to Think Differently (Iconoclasta: un neurocientífico revela cómo pensar de forma diferente),* escribe que nuestro cerebro gana «nuevas percepciones de la gente y ambientes nuevos, de cualquier circunstancia en la que el cerebro tenga dificultades para predecir lo que viene a continuación».

Por lo que, por favor, camina. Nos hace más sanos, mejora el rendimiento cognitivo, desde la creatividad y la planificación hasta la organización, y nos ayuda a reconectar con nuestro entorno, con nosotros mismos y con la gente que nos rodea.

Amigos (peludos) con beneficios (diferentes)

Hay muchas maneras diferentes de incorporar los valores de la Tercera Métrica en nuestras vidas. La meditación, los largos paseos, el ejercicio, el yoga, volver a conectar con tu familia y amigos, y asegurarte de desconectar, recargar fuerzas y dormir suficiente, todo ello mejorará algún aspecto de tu bienestar y sentido de realización. Otro modo es teniendo animales cerca. Uno de los objetivos de la vida es ampliar los límites de nuestro amor, agrandar el círculo de nuestras preocupaciones, abrirnos en lugar de cerrarnos, y expandir en lugar de contraer. Cada semana que pasa vemos más historias y estudios científicos sobre las asombrosas formas en las que las mascotas pueden abrir nuestros corazones y mejorar nuestras vidas. Allen McConnell, profesor de psicología en la Universidad de Miami, escribe en *Psychology Today* que es bien sabido que nuestra red social es muy importante para nuestro bienestar emocional. Pero esa red no se limita a las personas. De acuerdo con un estudio del laboratorio de McConnell, los dueños de mascotas tienen mayor autoestima, menos sentimientos de soledad, están más en forma y son más extrovertidos que las personas sin mascotas.

En otro estudio donde participaban noventa y siete dueños de mascotas, a algunos se les hizo sentir rechazados socialmente (suena a volver al colegio). Después, a algunos de los participantes del estudio se les pidió que escribieran sobre sus mejores amigos, mientras que otros escribieron sobre sus mascotas. Lo que descubrieron los investigadores fue que pensar en una mascota proporcionaba el mismo poder de recuperación ante los sentimientos negativos de rechazo que pensar en el mejor amigo.

Curiosamente, los estudios no encontraron ninguna prueba que respaldara la idea de que la gente socialmente aislada recurre a las mascotas como una especie de sustituto humano, una idea que ha conducido al eslogan de la «mujer loca de los gatos». Al contrario, McConnell escribe: «Los dueños de mascotas también trasladan sus competencias sociales humanas a sus mascotas». En otras palabras, aquellos con relaciones humanas profundas obtienen los mejores beneficios de tener una mascota.

Como las parejas y amigos íntimos, las mascotas pueden ser «incluidos en nuestro ser», en el centro de nuestro ser que configura nuestros puntos de vista. Tal y como McConnell afirmó: «Las mascotas se vuelven parte de nuestro ser igual que muchos miembros de nuestra familia», y acaban teniendo un impacto fuerte en nuestra salud y felicidad.

Pero los beneficios de las mascotas van más allá del día a día. «Las mascotas ofrecen un amor incondicional que puede ser muy útil para gente que padezca depresión», dijo Ian Cook, psiquiatra y director del Programa Clínico e Investigación sobre la Depresión de UCLA. También dan un sentido de la responsabilidad, ejercicio regular, una rutina fija, y una compañía incondicional, lo que puede ser una fuente inestimable de salud.

Los estudios también han concluido que los dueños de mascotas tienen la presión arterial más baja, menos riesgo de padecer una cardiopatía y cuentan con niveles más bajos de estrés. Todo sin efectos secundarios, aparte de la ocasional pata de la mesa mordisqueada. Las mascotas también pueden ser un plus en el lugar de trabajo. Un estudio de 2012 publicado en *International Journal of Workplace Health Management* concluyó que en el transcurso de la jornada laboral los niveles de estrés disminuyeron en los trabajadores que se llevaron a sus perros. «Las diferencias en el estrés percibido los días que el perro estaba presente y los que estaba ausente fueron significativas —dijo Randolph Barker, profesor de la Universidad Virginia Commonwealth—. Los trabajadores estaban más satisfechos en el trabajo de lo que es normal en el sector». Barker también descubrió que las sensaciones positivas no se daban sólo en los dueños de las mascotas. Los trabajadores que no tenían un perro solían pedirles a los que sí sacarlo en un descanso. Tener un perro en la oficina tuvo un efecto positivo en el ambiente general, contrarrestando el estrés y haciendo que todo el mundo estuviera más feliz. «La presencia de una mascota puede ser una medida para el bienestar laboral de bajo costo muy accesible para muchas organizaciones», concluyó Barker.

Hoy día solo 17 por ciento de las empresas estadounidenses permite a sus trabajadores llevarse a sus mascotas a la oficina. Pero ese 17 por ciento incluye algunas de las empresas más innovadoras, como Amazon, Zynga, Tumblr y Google, entre otras. Google lo toma tan en serio que la política de mascotas está inscrita en su Código de Conducta: «Política de perros: el cariño de Google hacia nuestros amigos caninos es un aspecto integral de nuestra cultura empresarial».

El papel de los animales, y sobre todo de los perros, como embajadores itinerantes de buena voluntad se puede ver con total claridad en su función como perros para terapia. Después de la trágica masacre de Newtown, Connecticut, en diciembre de 2012, llevaron a la ciudad a los perros para terapia de todo el país para ayudar a la comunidad, y en especial a los niños de la escuela primaria Sandy Hook. Seis meses después Newtown celebró un «Día de agradecimiento» para mostrar su gratitud. Cincuenta perros (y muchos más dueños y residentes) participaron en el encuentro. Un padre explicó que su hija había estado muy mal después del tiroteo. «Pero cuando hablaba sobre los perros que veía cada día en la escuela su cara se iluminaba».

Otra niña creó un vínculo muy conmovedor con un perro para terapia. En una fiesta de Navidad que se celebró para los niños de Sandy Hook justo después del tiroteo, Emma Wishneski, una niña de 9 años, se topó con un perro para terapia llamado *Jeffrey,* rescatado de un refugio de Nueva York y apodado «Pit Bull *el Pacífico*». Cuando Emma conoció a *Jeffrey* fue amor a primera vista, y los dos se volvieron inseparables durante toda la fiesta. Y desde entonces se juntan de modo regular para jugar. «Fue un tiempo realmente delicado para ella, y sin embargo se sentaba junto a *Jeffrey* muy cómoda —dijo la madre de Emma—. Él es fuerte y creo que ella se siente segura». Desde entonces Emma ha empezado a entrenar al perro de su familia, *Jedi* (también un perro rescatado), para convertirlo en perro para terapia. «Emma tiene una sonrisa que podría iluminar el mundo, y siento que solíamos ver esa sonrisa mucho más, pero no cabe duda de que sigue estando ahí —dijo su madre—. Cuando está con *Jeffrey* no para de sonreír».

Los animales nos ayudan a ser mejores personas. A menudo, nos muestran cómo dar lo mejor de nosotros mismos. Siempre en el momento presente, metiendo las narices en todo (literalmente), ven un mundo que nosotros damos por sentado, uno por el que solemos pasar a toda prisa en nuestro camino hacia vidas idílicas que casi nunca obtenemos.

En su libro *On Looking: Eleven Walks with Expert Eyes (Sobre observar: once paseos con ojos expertos)* la científica cognitiva Alexandra Horowitz escribe sobre ver el mundo a través de varios ojos. Unos ojos son los de su perro, que la inspira para «ver el espectáculo de lo ordinario».

Mientras que el término «dueño de mascotas» implica una jerarquía, con los humanos en la cima, en realidad, tal y como dijo John Grogan, autor de *Marley & Me (Marley y yo):* «Una persona puede aprender mucho de un perro, incluso de uno chiflado como el nuestro. *Marley* me enseñó a vivir cada día con alegría y brío desenfrenado, a aprovechar el momento y seguir a mi corazón. Me enseñó a apreciar las cosas sencillas como un paseo por un bosque, una nevada, una siesta bajo la luz invernal. Y a medida que se hizo mayor y empezó a tener achaques, me enseñó sobre optimismo frente a la adversidad. Sobre todo, me enseñó sobre amistad y generosidad y, por encima de todo lo demás, una lealtad inquebrantable».

El novelista Jonathan Carroll lo dijo de esta manera:

> Los perros son ángeles menores, y no lo digo en broma. Aman de manera incondicional, perdonan de inmediato, son los mejores amigos, están encantados de hacer cualquier cosa que nos haga felices, etcétera. Si atribuyésemos algunas de estas cualidades a una persona diríamos que es especial. Si tuviera TODAS, le llamaríamos angelical. Pero como «sólo» son perros, los despachamos con los adjetivos

de dulces o divertidos, pero poco más. Sin embargo, cuando piensas sobre eso, ¿qué cosas son las que más nos gustan en otro ser humano? Muchas veces esas cualidades las vemos en nuestros perros todos los días, pero estamos tan acostumbrados a ellas que no les prestamos atención.

Las mascotas son maestros sin igual a la hora de dar. El placer que sienten al entregarse a nosotros es quizá la mayor lección que nos enseñan. Nosotros, al igual que nuestros animales, estamos diseñados para conectar, contactar, para amar. Pero a diferencia de ellos, en nuestro camino se interponen otras cosas: celos, inseguridad, irritación, enfado. Las mascotas nos ayudan constantemente a volver a lo que nos hace ser humanos. Son la versión peluda de nuestro mejor yo.

Más allá de los indicadores económicos: un verdadero índice de la felicidad

Aunque puede ser difícil de medir, la idea de que la felicidad debería ser parte de nuestro objetivo y diálogo nacional no es algo nuevo. Como he mencionado en la introducción, la «búsqueda de la felicidad» es un punto consagrado en la Declaración de Independencia como uno de los derechos inalienables que nos ha dado nuestro Creador. Los esfuerzos en varios países, incluidos Francia, Reino Unido y Estados Unidos, de medir el bienestar real de sus ciudadanos fue el tema de un artículo de Peter Whoriskey de *The Washington Post*.

Tal y como él mencionó, la idea de medir el éxito de un país más allá de los indicadores económicos la expresó a la perfección Robert F. Kennedy en 1968:

> Demasiado y durante demasiado tiempo, parecía que habíamos cambiado la excelencia personal y los valores de la comunidad por la mera acumulación de cosas materiales. Nuestro producto nacional bruto... si juzgamos a Estados Unidos por ello... cuenta la contaminación del aire y la publicidad de los cigarrillos, y las ambulancias que borran la carnicería de nuestras carreteras... A pesar de ello, el producto nacional bruto no permite medir la salud de nuestros hijos, la calidad de su educación o la alegría de su juego. No incluye la belleza de nuestra poesía o la fortaleza de nuestros matrimonios, la inteligen-

> cia de nuestro debate público o la integridad de nuestros funcionarios públicos. Tampoco mide nuestra inteligencia ni nuestro valor, nuestra sabiduría ni nuestro aprendizaje, nuestra compasión ni nuestra devoción a nuestro país, en definitiva mide todo, salvo lo que hace que la vida valga la pena.

En Francia en 2008 el entonces presidente Nicolas Sarkozy lanzó una iniciativa liderada por los economistas y Premios Nobel Joseph Stiglitz y Amartya Sen «para pasar de medir la producción económica a medir el bienestar de la gente».

David Cameron, ahora primer ministro de Reino Unido, dijo lo mismo en la conferencia Zeitgeist Europe 2006 organizada por Google. «Es hora de que admitamos que en la vida hay algo más que dinero, y es hora de que nos centremos no sólo en el PIB, sino en el BEG: el bienestar general. El bienestar no se puede medir en dinero o comercializar en los mercados. Consiste en la belleza de nuestros alrededores, la calidad de nuestra cultura y, por encima de todo, la solidez de nuestras relaciones». Cuatro años más tarde él anunció que la Oficina Nacional de Estadística iba a hacer un sondeo nacional sobre el bienestar. «Para aquellos que dicen que todo esto parece una distracción de las cuestiones serias del gobierno —dijo—, yo digo que dar con lo que de verdad mejora la vida de las personas y tomar medidas al respecto es la cuestión más seria del gobierno».

La idea de medir nuestro bienestar está ganando terreno. La Unión Europea dirige un estudio sobre «La calidad de vida europea». La Organización para el Desarrollo y Cooperación Económica (OCDE) con sede en París tiene un «Índice para una vida mejor»; éste declaró a Australia el país industrializado más feliz del mundo en 2011, 2012 y 2013. Y las Naciones Unidas se encargaron de un «Informe de la felicidad mundial», que concluyó que los países escandinavos eran los más felices, y los países menos felices estaban en África. El director del Instituto de la Tierra de la Universidad de Columbia, Jeffrey Sachs, que edita el informe de la ONU, dijo: «Hoy día hay una creciente demanda mundial de que la política esté más vinculada con lo que de verdad le importa a la gente dado que son conscientes de su bienestar». Y en 2011 las Academias Nacionales convocaron un comité, que cuenta con el Premio Nobel Daniel Kahneman, para que pensara una manera de medir el «bienestar subjetivo».

De hecho, la idea de medir nuestro bienestar está tan extendida que el año pasado *The Economist* declaró que «el sector de la felicidad» era «uno de los sectores que más había despegado durante la recesión económica».

Yo apoyo por completo cualquier esfuerzo que demuestre que somos más que nuestra contribución marginal a nuestras cuentas bancarias, el balance de nuestros trabajadores o el producto nacional bruto de nuestros países. Pero para medir de verdad nuestro estado de felicidad y bienestar es importante analizar el panorama completo.

En Reino Unido, por ejemplo, la Oficina Nacional de Estadística basó sus conclusiones en un sondeo en el que preguntaron a unas ciento sesenta y cinco mil personas mayores de 16 años lo satisfechas que estaban con sus vidas en una escala del 0 al 10 (siendo 0 «nada en absoluto» y 10 «completamente»). Basándose en esta metodología, la Oficina Nacional de Estadística concluyó que la felicidad en Reino Unido había subido de 7.41 en abril de 2012 a 7.45 en marzo de 2013. Pero ¿es un aumento de 0.04 una diferencia realmente significativa —lo bastante sólida para concluir que la felicidad en Reino Unido está en alza— como proclamaron algunos periódicos?

Además, si no eres feliz, puede que contestar preguntas de un sondeo sobre lo satisfecho que estás con tu vida no esté al principio de tu lista de quehaceres y, de hecho, la mitad de la gente a la que se le pidió que participara se negó. Este es sólo un ejemplo del peligro de llegar a demasiadas conclusiones con datos demasiado escasos.

Es muy fácil encontrar datos reales en Reino Unido que contradicen por completo los resultados del índice de felicidad. En 2011 se recetaron más de cuarenta y cinco millones de antidepresivos, 9 por ciento más que el año anterior, y el Servicio Nacional de Salud se gastó más de 270 millones de libras en antidepresivos, un aumento de 23 por ciento desde 2010.

Por lo que aunque la idea de realizar un sondeo sobre la felicidad es útil, debería ampliarse para incluir todos los datos posibles. Un índice más detallado sobre la felicidad debería incluir no sólo datos como el consumo de antidepresivos y pastillas para dormir, sino también tasas de alcoholismo y suicidio; la incidencia de enfermedades relacionadas con el estrés, incluidas diabetes e hipertensión; los gastos en servicios médicos relacionados con el estrés; el porcentaje de empresas que ofrecen programas de bienestar y horarios flexibles de trabajo; y el número de días laborables que se pierden debido al estrés.

No obstante, es significativo que muchas personas al mando por fin reconocen que el bienestar de los ciudadanos no sólo depende del mero índice de crecimiento trimestral (con lo importante que es eso), sobre todo si eso conduce a cambios políticos —desde la creación de empleo a licencias por cuestiones familiares— que reducen el estrés y mejoran el bienestar.

A nivel personal, hay tres pasos fáciles que podemos realizar y pueden tener efectos drásticos en nuestro bienestar:

1. A no ser que seas una de las pocas personas sabias que ya descansa todo lo que necesita, tienes una oportunidad de mejorar de forma inmediata tu salud, creatividad, productividad y sentido de bienestar. Empieza sencillamente durmiendo treinta minutos más de lo que duermes ahora. La forma más sencilla es yéndote a la cama antes, pero también puedes echarte una pequeña siesta durante el día, o combinar ambas cosas.
2. Mueve el cuerpo: camina, corre, estira, haz yoga, baila. Simplemente, muévete. A cualquier hora.

3. Incorpora cinco minutos de meditación en tu día. A la larga puedes aumentar a quince o veinte minutos al día (o más), pero con unos minutos abrirás las puertas a un hábito nuevo, y a todos los beneficios que se ha demostrado trae consigo.

Y aquí tienes algunos pasos sencillos para empezar a meditar:

1. Elige un lugar que sea razonablemente silencioso para comenzar tu práctica y elige una hora en la que no te interrumpan.
2. Relaja tu cuerpo. Si deseas cerrar los ojos, hazlo. Permítete respirar hondo y de forma cómoda, notando el suave ritmo de tu inhalación y exhalación.
3. Respira hondo y lleva tu atención al aire que entra en tus fosas nasales, llenando tu abdomen, y luego liberándose. Con suavidad y sin esfuerzo, observa tu respiración mientras inhalas y exhalas.
4. Cuando vengan pensamientos, sólo obsérvalos y poco a poco devuelve tu atención a la respiración. La meditación no consiste en detener los pensamientos, sino en reconocer que somos más que nuestros pensamientos y sentimientos. Puedes imaginar que los pensamientos son nubes que pasan

por el cielo. Si te encuentras a ti mismo juzgando tus pensamientos y sentimientos, sencillamente vuelve a ser consciente de tu respiración.

5. Algunas personas encuentran útil tener una palabra o frase especial o sagrada para llevar su conciencia de vuelta a su respiración. Algunos ejemplos son «om», «hu», «paz», «gracias», «amor» o «calma». Puedes pensar en esa palabra cada vez que inhalas, o usarla como recordatorio si tu mente empieza a divagar.
6. Es muy importante que tu práctica de meditación no se convierta en una cosa más que te estresa. De hecho, *reducir* el estrés es uno de los mayores beneficios de la meditación además de aumentar la intuición, creatividad, compasión y paz.

Para mayor apoyo y orientación, he incluido muchas herramientas de meditación en el Apéndice B para ayudarte a empezar a profundizar en tu práctica.

Sabiduría

El incesante ciclo de idea y acción, la interminable invención, el interminable experimento, trae el conocimiento del movimiento pero no de la quietud; conocimiento del habla pero no del silencio; conocimiento de las palabras, e ignorancia de la Palabra...
¿Dónde está la vida que hemos perdido viviendo?
¿Dónde está la sabiduría que hemos perdido en el conocimiento?
¿Dónde está el conocimiento que hemos perdido en la información?

T. S. Eliot

La vida como un aula

Al crecer en Atenas, fui educada en los clásicos y la mitología griega. Me fueron inculcados no como historia antigua, como los aprendieron mis hijas en el colegio norteamericano, sino como mis raíces personales y la fuente de mi identidad. Atenea fue la diosa de la sabiduría y para mí la idea de sabiduría está siempre identificada con ella, uniendo fuerza y vulnerabilidad, creatividad y educación, pasión y disciplina, pragmatismo e intuición, intelecto e imaginación, reclamando todo lo masculino y lo femenino como parte de nuestra esencia y expresión.

Hoy en día necesitamos la sabiduría de Atenea más que nunca. Ella inspira al alma y da compasión —justo lo que se ha perdido— al mundo tradicionalmente masculino del trabajo y el éxito. Su surgimiento, completamente armada e independiente, de la cabeza de Zeus, y su facilidad para entrar en el mundo práctico de los hombres, ya sea en el campo de batalla o en los acontecimientos de la ciudad; su creatividad inventiva; su pasión por la ley, la justicia y la política, todo sirve como recordatorio de que la creación y la acción son inherentes a las mujeres del mismo modo que a los hombres. Las mujeres no necesitan dejar atrás lo más profundo de su ser para desarrollarse dentro de un mundo dominado por hombres. De hecho, las mujeres —y los hombres también— necesitan reclamar estas fuerzas distintivas si quieren llegar a la sabiduría interior y a redefinir el éxito.

Sabiduría es precisamente lo que se pierde cuando —como las ratas en el famoso experimento de B. F. Skinner hace más de cincuenta años— apretamos la palanca una y otra vez incluso aunque no haya una verdadera recompensa. Trayendo una conciencia profunda a nuestra vida diaria, la sabiduría nos libera de la estrecha realidad en la que estamos atrapados, una realidad consumida por las dos bases fundamentales del éxito, dinero y poder, incluso cuando nos han dejado de satisfacer. Desde luego, continuamos pulsando las palancas no sólo tras quedarnos exhaustos, sino incluso después de darnos cuenta de que nos están causando dolor en términos de salud, en nuestra paz mental y en nuestras relaciones. La sabiduría trata de reconocer lo que realmente estamos buscando: conexión y amor. Pero, para encontrarlos, tenemos que dejar nuestra interminable persecución de éxito tal y como la sociedad lo define por algo más genuino, más significativo y más satisfactorio.

Ícaro, la figura mitológica griega que voló demasiado cerca del sol hasta que la cera de sus alas se derritió, es una buena síntesis de la tragedia del hombre moderno. Ignorando todos los avisos hasta que es demasiado tarde, cae hacia su muerte en el océano bajo él. Como Christopher Booker, autor de *Los siete argumentos básicos,* comenta: «Henchido por su poder para volar, cae en un estado de arrogancia. El orgullo cósmico, que es la esencia del egocentrismo. La arrogancia desafía la ley suprema del equilibrio y la proporción que gobierna todo en el universo, y la interrelación de todas sus partes». Ícaro desafía las leyes físicas y la cera de sus alas se quema como resultado de ello, al igual que nosotros hemos estado retando a nuestra naturaleza verdadera y hemos terminado agotados.

Cuando examinamos lo que realmente queremos, nos damos cuenta de que todo lo que ocurre en nuestras vidas —cada desgracia, cada desaire, cada pérdida, y también cada alegría, cada sorpresa, cada incidente feliz— es un maestro y la vida es un aula gigante. Ese es el fundamento de la sabiduría al que los profesores espirituales, poetas y filósofos a lo largo de la historia han intentado dar expresión, desde la cita bíblica: «Ni un solo gorrión puede caer al suelo sin que Dios lo sepa», a la frase de Rilke: «Tal vez todos los dragones de nuestra vida sean princesas que tan sólo están esperando que les veamos bellos y valientes». Mi expresión favorita de sabiduría —una que tengo plastificada en mi cartera— es de Marco Aurelio:

> El verdadero entendimiento es ver los acontecimientos de la vida de este modo: «Estás aquí para mi beneficio, aunque la gente lo vea de otro modo». Y todo se pone del lado de uno cuando recibe una situación así: eres lo que estaba buscando. En verdad todo lo que emerge en nuestra vida es el material adecuado para llevar la fortaleza a tu existencia y a la de aquellos que te rodean. Esto, en una palabra, es arte, y ese

arte llamado «vida» es una práctica apta para hombres y dioses. Todo contiene un propósito especial y una bendición oculta; ¿qué podría parecernos extraño o arduo cuando todo en la vida está aquí para darte la bienvenida como un viejo y fiel amigo?

Tuve un sueño hace años que resumía este pensamiento de otro modo, uno que se ha convertido en una importante metáfora para mí. Estoy en un tren de regreso a Dios. (¡Ten paciencia conmigo!). Es un largo viaje, y todo lo que ocurre en mi vida forma parte del paisaje. A veces es bonito; quiero detenerme y contemplarlo durante un rato, tal vez retenerlo o incluso llevarlo conmigo. Otras partes del viaje transcurren en un paisaje feo y estéril. Sea como sea, el tren continúa adelante. Y el dolor me atraviesa cada vez que llego a un escenario distinto, ya sea bonito o feo, en lugar de aceptar que todos esos escenarios son agua para el molino, que contienen, como nos dijo Marco Aurelio, un propósito especial y una bendición oculta.

Mi familia, por supuesto, va a bordo conmigo. Más allá de nuestras familias, nosotros elegimos quiénes nos acompañan en el viaje. Las personas a las que invitamos al tren son aquellas con las que estamos preparados para sentirnos vulnerables y reales, con las que no existen máscaras ni juegos. Ellas nos fortalecen cuando flaqueamos y nos recuerdan el propósito del viaje cuando nos distraemos por culpa del paisaje. Y nosotros hacemos lo mismo por ellas. Nunca dejes que los Yagos de la vida —aduladores e intrigantes— se suban a tu tren. Siempre recibimos avisos de nuestro corazón y de nuestra intuición cuando aparecen, pero a menudo estamos demasiado ocupados para verlo. Cuando nos demos cuenta de que han subido a bordo, asegúrate de echarlos del tren; y tan pronto como puedas, perdónalos y olvídalos. No existe nada más agotador que guardar rencor.

El divorcio, especialmente si tienes hijos, es una de las lecciones más duras de la vida y puede ser una de las mayores fuentes de estrés en nuestra existencia personal. Michael, mi ex marido, y yo estuvimos casados durante once años y hemos estado divorciados durante dieciséis. Y aunque ya no existe un matrimonio que nos una, nos queda algo aún más poderoso y permanente: nuestras hijas. Y, guiados por nuestra mutua devoción hacia ellas, hemos hecho un gran esfuerzo para arreglar todas nuestras dificultades y ser amigos. Esto ha incluido pasar cada año el día de Navidad y el cumpleaños de nuestras chicas en familia. Y poquito a poco, con mucho trabajo duro, nos hemos hecho cada vez más amigos. Recuerdo la primera vez que fuimos de vacaciones de verano en familia tras nuestro divorcio, y lo reparador que fue dejar a un lado nuestros rencores y centrarnos en cambio en el hecho de que teníamos dos hijas, un vínculo que trasciende cualquier problema que hubiésemos alimentado con los años. Pasamos mucho tiempo durante esas vacaciones, y durante muchas otras, recordando momentos pasados con nuestras niñas o imaginando el futuro (pasamos gran parte de una noche discutiendo las ventajas y las desventajas de las bodas vespertinas y debatiendo nombres de hijos y —gracias a Dios, aún por concebir— nietos).

Nuestro matrimonio podía haber acabado, pero nuestra relación no. Y no lo ha hecho. Y, como cualquier relación, requiere trabajo, cuidado y atención. La señal definitiva de que mi ex y yo habíamos llegado a mejor puerto fue la voluntad por ambas partes de no dejar que nuestras rencillas se interpusieran en nuestra determinación por pasarlo bien. Incluso en los matrimonios más felices, hay pequeñas cosas que cada miembro de la pareja hace que de forma inevitable molestan al otro. Estas molestias se magnifican cuando ya no se es pareja, razón por la cual hacer el esfuerzo de evitarlas es uno de los secretos para un buen divorcio.

Por ejemplo, Michael fue un pionero a la hora de insistir en que no debíamos tener dispositivos digitales durante nuestras vacaciones en familia. Así que he mantenido la prohibición sobre el uso del BlackBerry durante el tiempo que pasamos juntos.

Por lo que a mí respecta, siempre me molestó la manera en que él se enfurecía si yo llegaba un segundo tarde a alguna cita, incluso en vacaciones (siempre pensé que no tener que seguir un estricto horario era una de las características principales de las vacaciones). Pero gradualmente eso cambió. Cuando yo llegaba unos minutos tarde a cenar, ya no se enfadaba.

Si bien no pudimos sobrevivir como pareja, al menos hemos sobrevivido como los padres de nuestras hijas, y los hijos son a menudo una de las razones principales para un divorcio.

«Dios —dijo una vez Isabella durante una de nuestras recientes vacaciones—, es difícil recordar que están divorciados». Por alguna razón, eso me hizo muy, muy feliz. Sentí como si hubiese llegado al final de un largo y arduo viaje. Y éramos mejores ahora que lo habíamos conseguido. Por la salud de nuestra paz interior y felicidad, al igual que por la salud de los muchos niños cuyos padres se divorcian cada año, éste es un viaje que merece la pena.

El rencor es como beber veneno y esperar a que la otra persona muera.

CARRIE FISHER

No hay nada que necesitemos más hoy que dar proporción a la desproporción, y separar nuestras preocupaciones diarias de lo que realmente importa. Una increíble variedad de personas y actividades aparentemente incompatibles pueden coexistir en nuestras vidas con armonía y sentido del orden cuando encontramos el ambiguo centro que existe en nosotros mismos.

Pude sentirlo la primera vez que fui a India a los 17 años. Fui a la Universidad Visva-Bharati, fundada en Shantiniketan por Rabindranath Tagore, para estudiar religiones comparadas. Como parte de mi curso, visité el santuario sagrado de Benarés, donde los cadáveres flotaban en el Ganges como parte del ritual hindú de la transición espiritual, y demacrados sacerdotes se arrodillaban para rezar entre cabras y palomas. Peregrinos, la mayoría vestidos con harapos, pero uno con un sari dorado, escuchaban el zumbido interminable de los gurús y los vendedores ambulantes. Era caótico, para ser sinceros, y aun así, en medio de ese caos, sentí una inconmensurable paz. Sabía que mi vida nunca transcurriría en la serenidad de la cumbre de una montaña, pero también supe que era posible encontrar paz y sabiduría en medio de un bullicioso mercado, que podemos encontrar esa elusiva combinación entre silencio y fluir del mundo, que podemos estar en el mundo pero no pertenecer a él.

El matemático y filósofo francés del siglo XVII Blaise Pascal dijo: «Todos los problemas de la humanidad nacen de la incapacidad del hombre para sentarse solo en silencio en una habitación». Cuando aprendemos a sentarnos en silencio y solos en una habitación, podemos mantener esa conexión interior que permite a la vida fluir de dentro hacia fuera, ya estemos solos o entre la multitud ruidosa. Y podemos permanecer en este estado sin importar lo que estemos haciendo. Parece tan simple, y cuando llego a ese estado me pregunto por qué lo abandoné alguna vez. Pero me exige un tremendo compromiso y dedicación mantenerlo y regresar a él cuando me escapo, una y otra vez sin censurarme.

En el *HuffPost* hemos desarrollado una aplicación gratuita para el celular llamada GPS para el alma. Nos ofrece herramientas para ayudarnos a volver a un estado de calma y equilibrio. Sé que resulta un poco paradójico mirar una aplicación móvil para ayudarnos a reconectar con nosotros mismos, pero no hay razón para no utilizar la tecnología que siempre llevamos en nuestros bolsillos o bolsos para ayudarnos a liberarnos de ella. Piensa en esto como en las rueditas laterales para aprender a montar en bici. GPS para el alma nos conecta a una guía personalizada, con música, poesía, ejercicios de respiración y fotos de nuestros seres queridos, para ayudarnos a desestresarnos y reenfocarnos. También tienes acceso a las guías de expertos, de otros usuarios o de tus amigos.

Siempre me maravilla lo rápido que soy capaz de volver a ese lugar de armonía, y lo fácil que es cuando el camino de regreso se hace más y más familiar. Todos tenemos una habilidad interior para ir de la dificultad a la gracia, sea cual sea el reto con el que nos encontremos. Cuando estoy en esa «burbuja de gracia», no es que las cosas que normalmente me molestan, irritan y enfadan desaparezcan; no lo hacen, pero ya no tienen el poder de molestarme, irritarme o enfadarme. Y cuando lo realmente duro se cruza en nuestro camino —como la muerte, la enfermedad, la pérdida—, somos capaces de manejarlo en lugar de sentirnos abrumados por ello.

El 4 de marzo de 2012 tuve que enfrentarme a una de esas difíciles pruebas. Ese día tuve una de esas llamadas que los padres temen más que nada en el mundo: «Mamá, no puedo respirar». Era Christina, mi hija mayor, en su último año en Yale, a dos meses de graduarse.

Recordando ese día de marzo cuando tuve que conducir de Nueva York a las salas de urgencias de New Haven, y más tarde cuando dejamos urgencias con mi hija sedada llorando entre mis brazos, y después durante las duras semanas que siguieron, me centré en todo lo que me hacía sentir agradecida: que mi hija estuviera viva, que tuviera una maravillosa familia a su alrededor, que quisiera ponerse bien. Christina ya había tenido problemas con las drogas antes, pero pensamos que lo había dejado atrás. Y nunca antes había llegado hasta este punto.

El resto de cosas que parecían importantes en mi vida desaparecieron. Durante el año siguiente, hasta que Christina decidió hacer pública su adicción, sólo nuestra familia, sus amigos íntimos y las madrinas de mis hijas lo sabían. Sentía que era su historia y su vida, y, por tanto, era su decisión si lo contaba o cuándo decidía contarlo. Me sentí orgullosa cuando, trece meses después, decidió escribir acerca de su lucha.

> Escribir este blog hace un año habría sido imposible, por la vergüenza y la profunda culpa que sentía por tener una adicción. Nunca han abusado de mí ni me han maltratado. No crecí en un hogar con alcohólicos. He sido bendecida con un amor incondicional de mi familia y me han dado todas las oportunidades para desarrollarme. ¿Por qué entonces? ¿Por qué causar a las personas que tanto me quieren tanto dolor? ¿Por qué arrojar todo eso por la borda?
>
> La respuesta honesta es: No lo sé. Lo que sí sé —y llego a esta conclusión tras trece meses— es que la adicción es una enfermedad. Es progresiva, puede ser fatal y le puede tocar a cualquiera.
>
> Mi vida tal y como es hoy era impensable hace trece meses. Sí, me refiero al ámbito personal —tengo un trabajo estable, y relaciones saludables y afectivas—, pero sobre todo a que haya aprendido a ser vulnerable. He aprendido a disculparme y a perdonar. He aprendido que se necesita mucha fuerza para de-

jar a un lado las cosas. Si escribir esto ayuda a alguien a sentirse menos solo, si anima a una persona a pedir ayuda, si le permite a alguien saber que no importa lo desesperanzado que se sienta ahora mismo, que las cosas mejorarán, entonces ha merecido la pena.

«Esto es lo que nadie te cuenta acerca de estar sobrio —dice Christina—. Dejar las drogas es fácil comparado con enfrentarse a las emociones de las que las drogas te protegen». Aprender a ser vulnerable sin vergüenza y a aceptar nuestras emociones sin juzgar es más fácil cuando nos damos cuenta de que somos más que nuestras emociones, pensamientos, miedos, y que nuestras personalidades. Y cuanto más fuerte es esa concientización, más fácil es pasar de la dificultad a la gracia.

Cuanto más fuerte presionemos una cuerda de violín, menos la sentiremos. Cuanto más alto toquemos, menos oiremos... Si «intento» tocar, fracaso; si corro, tropiezo. El único camino hacia la fortaleza es la vulnerabilidad.

STEPHEN NACHMANOVITCH

El paso de la dificultad a la gracia resume, también, la experiencia del parto, ir de un cuerpo destrozado por el dolor al milagro de la vida en un par de horas (si tienes suerte). Por culpa de los avances médicos, ese milagro ha sido empequeñecido a lo largo del milenio. La asombrosa realidad de que nosotros, meros mortales, podamos llevar a cabo la creación de vida nos cambia para siempre. Es un milagro que honramos con una celebración anual hasta el día que morimos.

Tras desear durante años tener hijos, estaba al borde del declive cuando, a los 38, finalmente me convertí en madre. Unas horas después del nacimiento de Christina tuve otra experiencia llena de gracia que, como descubrí más tarde, otras mujeres han tenido. Y como señalan diarios privados de generaciones anteriores, no es un fenómeno moderno.

Estuve en la cama acunando a Christina durante horas. Cuando por fin empecé a sentir sueño, colocamos a la niña en una cuna a mi lado. Unos momentos más tarde, después de que todos hubiesen dejado la habitación, empecé a temblar de forma convulsiva. Intenté calmarme con las mismas palabras que utilizaba con mi bebé: «Está bien..., está bien».

Entonces dejé de temblar, había dejado mi cuerpo y de pronto me estaba mirando desde arriba, a mí, a Christina, a los nardos en la mesilla de noche, a la habitación entera, no tenía miedo en absoluto; sabía que regresaría. Y me sentí bañada por una enorme sensación de bienestar y fuerza. Era como si una cortina se hubiese descubierto para que vislumbrara la plenitud del nacimiento, la vida y la muerte. Verlo todo al mismo tiempo me permitió aceptarlo. Durante no sé cuánto tiempo, floté en ese estado de paz casi palpable. Entonces vi a una enfermera entrar en la habitación; al tocarme, me llevó de vuelta a la realidad del hospital. Regresé con una sensación de seguridad y alegría. La ansiedad de llevar a Christina a casa había desaparecido. Supe que estaríamos bien.

En nuestra rutina diaria, ir de la dificultad a la gracia requiere práctica y compromiso. Pero está en nuestras manos. He llegado a creer que vivir en un estado de gratitud es el camino hacia la gracia. La gratitud ha sido siempre para mí una de las emociones más poderosas. Gracia y gratitud vienen de la misma raíz latina *gratus.* Siempre que nos encontremos en un estado de «paren el mundo, quiero bajarme» podemos recordar que hay otro camino y abrirnos a la gracia. Y a menudo comienza con tomarnos un momento para sentirnos agradecidos por ese día, por estar vivos, y por cualquier cosa. Christina sintió un tremendo alivio durante su recuperación haciendo una lista cada noche con todas las cosas por las que se sentía agradecida ese día y compartiéndola con tres amigos, quienes, como respuesta, le enviaban sus listas de gratitud. Y ha mantenido esa práctica hasta el día de hoy. El psicólogo clínico de Oxford Mark Williams sugiere el ejercicio «diez dedos de gratitud», en el que una vez al día haces una lista de diez cosas por las que te sientes agradecido y las cuentas con tus dedos. A veces no será fácil, pero de eso se trata, de traer a la «conciencia de forma intencionada los pequeños elementos del día que antes pasabas por alto».

Se ha probado que los ejercicios de gratitud tienen beneficios claros. De acuerdo con un estudio llevado a cabo por investigadores de la Universidad de Minnesota y de la Universidad de Florida, tener a participantes anotando los sucesos positivos al final del día —y el porqué de que esos sucesos los hicieron felices— disminuyó sus niveles de estrés y les ofreció una sensación de calma a lo largo de la noche.

He descubierto que no sólo estoy agradecida por todas las bendiciones en mi vida, también me siento agradecida por todo lo que no ha pasado: por todos esos acercamientos al «desastre», por todas esas cosas malas que casi llegaron a ocurrir, pero no ocurrieron. El espacio que hay entre que ocurran o no ocurran es la gracia.

Y luego existen desastres que *sí* ocurrieron, que nos dejaron rotos y llenos de dolor. Para mí, ese momento fue perder a mi primer bebé. Tenía 36 años y me sentía eufórica por la idea de convertirme en madre. Pero noche tras noche, tenía sueños horribles. Noche tras noche, pude ver que el bebé —un niño— crecía dentro de mí pero no abría los ojos. Los días se convirtieron en semanas, y las semanas en meses. Una mañana temprano, apenas recién levantada, pregunté en voz alta: «¿Por qué no se abren?» Supe entonces lo que más tarde confirmaron los doctores. Los ojos del bebé no se abrirían; murió en mi útero antes de dar a luz.

Las mujeres sabemos que no llevamos sólo a nuestros bebés en el útero. Los llevamos en nuestros sueños y nuestras almas y en cada una de nuestras células. Perder un bebé nos despierta muchos miedos: ¿Seré capaz alguna vez de tener un bebé? ¿Seré capaz alguna vez de convertirme en madre? Todo se rompe en nuestro interior. Despierta, durante las muchas noches de insomnio que siguieron, comencé a darle vueltas en mi cabeza, esperando descubrir las razones de la pérdida de mi bebé.

Tambaleándome sobre un campo minado de preguntas y respuestas parciales comencé a curarme. Los sueños acerca de mi bebé desaparecieron gradualmente, pero durante un tiempo parecía que la pena no se iría nunca. Mi madre una vez me dio una cita de Esquilo que parecía referirse directamente a esos momentos: «E incluso en nuestro sueño, ese dolor que no puede olvidarse cae gota a gota en tu corazón, y en nuestra propia desesperación, en contra de nuestra voluntad, recibimos la sabiduría a través de la terrible gracia de Dios». Llegado el momento, acepté el dolor que caía gota a gota y recé porque llegara esa sabiduría.

Conocí el dolor antes. Relaciones rotas, enfermedad, muerte de seres queridos. Pero nunca conocí un dolor así. Lo que aprendí de él es que no estamos en este mundo para acumular victorias, trofeos, experiencias, o incluso para evitar fracasos, sino para tallar y lijar hasta que el resultado sea lo que realmente somos. Es el único modo en que podemos encontrar un propósito al dolor y la pérdida, y el único modo en que podremos volver a la gratitud y la gracia.

Me gusta dar gracias —incluso en silencio— antes de las comidas y cuando viajo alrededor del mundo, observo distintas tradiciones. Cuando estuve en Tokio en 2013 para el lanzamiento del *HuffPost Japón* me encantó aprender a decir *itadakimasu* antes de cada comida. Significa simplemente «recibo». Cuando estuve en Dharamsala, India, cada comida se empezaba con un simple rezo.

Creciendo en Grecia, estuve acostumbrada a una simple bendición antes de cada comida, a menudo silenciosa, incluso sin haber crecido en un ambiente familiar particularmente religioso. «La gracia no es algo que buscas, sino algo que te permites», escribió John-Roger, el fundador del Movimiento por la conciencia espiritual interior. «Sin embargo, puede que no sepas que la gracia está presente, porque tú has condicionado el modo en que quieres que llegue, por ejemplo, como trueno o rayo, con el drama, el estruendo, y la pretensión. De hecho, la gracia llega de manera muy natural, como el respirar».

En un día en el que el viento es perfecto, sólo se necesita abrir la vela y el mundo está lleno de belleza. Hoy es ese día.

RUMI

Tanto monjes como científicos han afirmado la importancia de la gratitud en nuestras vidas. «Es un destino glorioso ser miembro de la raza humana —escribió Thomas Merton, monje trapense de Kentucky—, aunque es una carrera dedicada a muchas absurdidades y una en la que se cometen terribles errores: aun así, con todo ello, Dios se convirtió en miembro de la raza humana. ¡Un miembro de la raza humana! Y pensar que tal realización debería verse como la noticia de que alguien posee el billete ganador en la lotería cósmica».

Lo que los investigadores en el campo de la gratitud, Robert Emmons, de la Universidad de California, Davis y Michael McCullough, de la Universidad de Miami, han establecido es que «una vida orientada alrededor de la gratitud es la panacea para los deseos insaciables y las desgracias de la vida... En la piedra angular de la gratitud está la noción del mérito inmerecido. La persona agradecida reconoce que él o ella no hizo nada para merecer ese regalo o beneficio; fue concedido de forma gratuita». La gratitud es un maravilloso antídoto contra las emociones negativas. Es como los glóbulos blancos del alma, nos protegen del cinismo, del enfado y la resignación. Se resume en una cita que adoro (atribuida al imán Al-Shafi'i, un jurista musulmán del siglo VIII): «Mi corazón se calma sabiendo que lo que está destinado para mí nunca pasará de largo, y que lo que me pasó de largo no estaba destinado para mí».

El poder de la intuición: cuando tu voz interior habla, cállate y escucha

Un importante indicador de la ausencia de sabiduría es nuestra incompetencia a la hora de prestar atención a las señales de aviso. La historia está llena de ejemplos. Las consecuencias de ignorar estos avisos las descubrí hace un par de años cuando visité Pompeya. Caminar por la antigua ciudad me recordó cómo su gente fue aniquilada por una erupción volcánica en el 79 d. C.

Hubo muchas señales de aviso, incluido un fuerte terremoto en el año 62 d. C., temblores en los años que siguieron, arroyos y pozos que se secaron, perros que huían y pájaros que ya no cantaban. Y después, la señal de aviso más obvia: columnas de humo saliendo del Vesubio antes de que el volcán reventara su cumbre enterrando a la ciudad y a sus habitantes bajo cinco metros de ceniza y roca volcánica.

Los temblores de aviso fueron minimizados y considerados como «algo no particularmente alarmante». Las señales de catástrofes inminentes nos rodean día a día, señalando el espacio entre lo que sabemos que deberíamos hacer —respecto al cambio climático, la desigualdad económica creciente, nuestro fracaso contra las drogas— y lo que decidimos hacer. Y la fuente de esa brecha es la ausencia de sabiduría.

Una gran fuente de sabiduría es la intuición, nuestro conocimiento interior. Todos lo hemos experimentado alguna vez: una premonición, un pálpito, nuestra voz interior diciéndonos que hagamos algo o no lo hagamos. Oímos el mensaje, y nos parece normal, incluso sin poder explicar el porqué. O para aquellos que somos más visuales, vemos algo. Una percepción parpadeante, que a veces perdemos si no aprendemos a prestar atención, la sonrisa de un niño vista desde la ventana de nuestro tren que pasa por un patio de recreo. Incluso si no estamos en una bifurcación del camino, preguntándonos qué hacer e intentando escuchar nuestra voz interior, nuestra intuición siempre está ahí, estudiando la situación, intentándonos guiar por el camino correcto. Pero, ¿podemos escucharla? ¿Estamos prestando atención? ¿Vivimos una vida que mantiene bloqueado el camino hacia nuestra intuición? Alimentar y cuidar nuestra intuición, y vivir una vida en la que podemos utilizar su sabiduría, es un modo esencial para desarrollarse, en el trabajo y en la vida.

La intuición y no el intelecto es el «ábrete sésamo» a tu interior.

ALBERT EINSTEIN

Hay algunos para los que la palabra «intuición» despierta la idea del pensamiento ingenuo de la Nueva Era, o algo que tiene que ver con lo paranormal. Pero, de hecho, desde el comienzo de la historia, se ha reconocido un tipo de sabiduría que no es producto de la lógica y la razón. La cultura occidental es un monumento a la razón. Nos dio la Ilustración y la Revolución industrial y la era de la información, y todo lo que siguió. Pero no sólo la razón nos dio esos triunfos, ni sólo la razón nos guía a lo largo de nuestro día.

El filósofo del siglo III Plotino escribió que había tres clases de conocimiento: «opinión, ciencia, iluminación. Los caminos o instrumentos del primero son el sentido común; del segundo, la dialéctica; y del tercero, la intuición». Internet ha hecho muy fácil llegar al conocimiento de los dos primeros, pero nos ha alejado de la iluminación, o sabiduría, que es esencial para vivir una vida plena.

La ciencia ha confirmado lo importante que es la intuición en el modo de tomar decisiones. «Hace tiempo que nos dimos cuenta —escribieron los psicólogos Martin Seligman y Michael Kahana— de que muchas decisiones importantes no son tomadas a partir del razonamiento, sino de la intuición».

Continúan describiendo la decisión basada en la intuición como: «a) rápida, b) no consciente, c) usada en decisiones que involucran múltiples dimensiones, d) basada en el almacenamiento de experiencias anteriores, e) característica de expertos, f) difícil de explicar después de tomada y g) a menudo tomada con mucha seguridad».

Hay una razón por la que sentimos que nuestra intuición viene de muy dentro, que es el motivo por el que a veces nos referimos a ella como «instinto visceral» o una «sensación que nos viene de dentro». Es porque forma parte del núcleo de nuestro cableado interior. En su libro *Inteligencia intuitiva,* Malcolm Gladwell describe cómo ese núcleo, el inconsciente adaptativo, funciona como «una enorme computadora que rápidamente y en silencio procesa un montón de datos que necesitamos para funcionar como seres humanos».

Efectivamente, el propósito de *Inteligencia intuitiva* se centraba en cómo la lectura de una situación por nuestro inconsciente adaptativo, o intuición, puede ser más exacta que nuestra conciencia y nuestra reflexión. Gladwell cuenta la historia de un kuros, una estatua de la antigua Grecia, adquirido por el museo J. Paul Getty de Los Ángeles. Un equipo de científicos, tras muchas pruebas, aseguró su autenticidad. Pero un par de historiadores de arte, incluido Thomas Hoving, antiguo director del Museo Metropolitano de Arte, al instante pensaron lo contrario;

Hoving sintió una «repulsión intuitiva» por la pieza. «A los dos segundos de mirarla, con un simple vistazo —escribe Gladwell— fueron capaces de saber más de la esencia de la estatua que el equipo del Getty tras catorce meses». «¿Podían explicar por qué lo sabían?», preguntó Gladwell. «En absoluto, pero lo sabían». Y resultó que tenían razón. Era falso.

En su libro *Sources of Power: How People Make Decisions (Fuentes de poder: cómo tomar mejores decisiones),* Gary Klein cuenta la historia de un grupo de bomberos en el incendio de una casa, mientras disparaban agua a las llamas de la cocina: «El teniente sintió que algo no iba bien. No sabía qué, pero no se sentía bien en esa casa, así que ordenó a sus hombres salir del edificio: un edificio perfectamente normal sin nada fuera de lo ordinario». El jefe más tarde dijo que no podía explicar lo que le había llevado a dar la voz de alarma, y lo atribuyó a un «sexto sentido». Tomó una buena decisión al hacerlo porque justo después de que los hombres siguieron su orden y salieron, el suelo sobre el que habían estado se derrumbó. El fuego, como más tarde se comprobó, había comenzado justo bajo ellos, en el sótano, algo que no podían esperar.

Klein también cuenta la historia de unas enfermeras en la unidad de cuidados intensivos neonatal que podían decir cuándo un bebé prematuro tenía una sepsis a pesar de no sufrir los síntomas: algo crucial, ya que una infección podía ser fatal si no era tratada de inmediato. A menudo las enfermeras lo sabían antes incluso de que las pruebas fueran positivas. Cuando les preguntó cómo lo sabían, contestaron: «intuición». «Miraban —escribe Klein—. Lo sabían. Fin de la historia». Su intuición finalmente resultó estar basada en sutiles pistas que ni ellas mismas eran capaces de explicar. Pero llegaban a la conclusión correcta al instante.

Todos nosotros sabemos que tenemos acceso a la intuición si la alimentamos y escuchamos. Todos sabemos que nuestra intuición puede ser más fiable que resolver un problema con la fría y dura lógica. Y sabemos que las consecuencias de escucharla —o no escucharla— pueden ser literalmente un asunto de vida o muerte. Así que ¿por qué ignoramos tan a menudo o no respetamos nuestra voz interior?

Desde luego yo no estoy libre de pecado. Pienso en lo a menudo que he ignorado en mi vida esos susurros, qué fácil es quitarles importancia, hacerlos a un lado o estar tan ocupados que sencillamente no nos tomamos el tiempo necesario para escucharlos. Y a menudo es porque no tengo una explicación racional sobre por qué estoy sintiendo eso. Pero, por supuesto, es la razón por la que deberíamos prestar atención. De eso trata la sabiduría frente a la lógica o los datos empíricos.

Digamos que caminas un día de vuelta a casa. Llegas a un callejón oscuro y te sientes incómodo, una versión de lo que el jefe de los bomberos llamó «sexto sentido». Tu voz interior, tu subconsciente adaptativo, dice: «No vayas por ese callejón». Pero tienes prisa, así que lo haces, nervioso. Si tu intuición es correcta, las consecuencias pueden ser terribles.

O digamos que haces entrevistas para cubrir una vacante. Desconfías de uno de los candidatos potenciales, pero tienes prisa y las calificaciones parecen buenas sobre el papel. El puesto lleva vacío mucho tiempo y necesita ser cubierto, así que descartas tu intuición y contratas a la persona. Por eso se cometen tantos errores en la contratación. O estás hablando con tu hijo y, distraído por otros pensamientos o por una noticia que acabas de recibir, ignoras algo de lo que ha dicho, o de lo que no ha dicho.

A veces tu respuesta intuitiva es que necesitas más información. Pero nuestro mundo moderno, hiperconectado, no hace más que bloquearnos el camino entre nuestra persona y nuestra intuición. Puede perderse bajo un montón de e-mails, con el constante tintineo de nuestros celulares, o dirigiéndote a toda prisa de reunión en reunión, estresado y agotado. Si nuestra intuición tuviera la misma señal que nuestros celulares, veríamos que a menudo no tenemos cobertura en nuestra sabiduría.

«Cuanto más esperemos para defender nuestra intuición, menos tendremos que defender —escribe Gary Klein—. Somos algo más que la suma de nuestros programas y métodos analíticos, más que la base de datos a la que podemos acceder, más que los procedimientos que nos exigen memorizar. La elección está entre hundirnos en estos artefactos o ir más allá de ellos».

Para mí, la manera más fácil de perder contacto con mi intuición es dormir poco. Como ya vimos en la sección Bienestar, la falta de sueño disminuye no sólo nuestra atención, memoria o capacidad de centrarnos, también afecta a nuestra inteligencia emocional, autoestima y empatía hacia otros. Y cuando nos falta sueño es más probable que crucemos las fronteras de lo ético, porque la falta de sueño disminuye nuestro autocontrol. Nuestro comportamiento y nuestra personalidad no están grabados en piedra, pueden verse afectados por cómo estemos de descansados y centrados.

La meditación, el yoga y la conciencia plena pueden ayudarnos a acallar el ruido del mundo para escuchar nuestra voz interior. Durante mis embarazos de Christina e Isabella, practiqué yoga cada día. Una disciplina que heredé de mi madre, que podía permanecer sobre su cabeza durante lo que parecían horas cuando vivíamos en Atenas. Así que era una especie de tradición familiar, aunque al principio me rebelara contra ella antes de practicarla. En la concentración y la relajación, la postura exterior y la disciplina interior, me siento alineada, un equilibrio que se mantiene conmigo mucho después de enrollar mi tapete.

Una de las personas que ayudaron a popularizar la meditación y el yoga en Occidente fue Paramahansa Yogananda. Aquí dejo su comentario sobre la necesidad de cuidar nuestra intuición interior en su *Autobiografía de un yogi* de 1946: «La intuición es el guía del alma, aparece naturalmente en el hombre durante esos instantes en los que su mente está en calma. Prácticamente todo el mundo ha experimentado esa inexplicable premonición o ha transferido sus pensamientos hacia otra persona. La mente humana, libre de agitaciones, puede hacer a través de la sintonización de la intuición todas las funciones del mecanismo de un radio a la hora de enviar y recibir pensamientos, y evitar aquellos no deseados».

Éste fue el libro que Steve Jobs pidió se leyera en su funeral. Jobs había pasado un tiempo en India y estaba particularmente interesado en el rol que la intuición tenía en nuestras vidas. «La gente de campo en India no utiliza su intelecto como nosotros, utiliza su intuición, y su intuición está más desarrollada que en el resto del mundo —dijo Jobs—. La intuición es algo muy poderoso, más poderoso que el intelecto, en mi opinión. Ha tenido un enorme impacto en mi trabajo».

La intuición tiene que ver con las conexiones, pero conexiones que no son obvias y no pueden ser razonadas. Nuestra intuición nos conecta con nuestro yo interior y con algo más grande más allá de nosotros mismos y de nuestras vidas. Pero es increíblemente fácil desconectarse de ella. Y con la presión y el ritmo de la vida moderna, sin un esfuerzo reflexivo, es más probable que permanezcamos desconectados. Nuestra intuición es como un diapasón que nos mantiene afinados, si aprendemos a escuchar nos ayuda a vivir desde ese centro en nuestro interior que Marco Aurelio llamó nuestra «ciudadela interior».

Lo que está más allá de cualquier duda es que pasamos la mayor parte de nuestras vidas fuera de esa ciudadela. La clave es corregirnos. La habilidad para hacerlo, y reconocer que tenemos que hacerlo, podemos aprenderla y mejorarla sencillamente con la práctica. Desde luego, podemos aprender a corregirnos más y más rápido, y llevarnos de vuelta a ese lugar de tranquilidad, imperturbabilidad, y amor, hasta que se convierta en algo natural regresar rápidamente a la que es nuestra verdadera naturaleza.

Aprendes a hablar hablando, a estudiar estudiando, a correr corriendo, a trabajar trabajando; y del mismo modo aprendes a amar amando.

FRANCISCO DE SALES

En ese centro tranquilo hay perspectiva y equilibrio y el reconocimiento de lo que realmente importa. Descubrí esto de mala manera, en los setenta, cuando mi padre comenzó a perder visión hasta que —y esto, según dijo, fue lo que más lamentaba— no pudo distinguir a sus nietas. Había sobrevivido a un campo de concentración alemán, a años de problemas económicos, a un divorcio y a una infinidad de desilusiones. Tenía una mente brillante y el alma de un poeta, pero también un temperamento errático y una atracción hacia el juego y el alcohol. Cuando su diabetes supuso una degeneración macular y fue incapaz de leer o escribir, se sintió devastado. Ésas eran las pasiones que pensó que ocuparían sus últimos años. En lugar de eso se vio obligado a dar un giro. Y, como dijo mi hermana: «Dentro de él había un jardín descuidado que no había sido regado ni segado durante mucho, mucho tiempo, con una puerta a su corazón firmemente cerrada. Si pudiéramos leer el cartel en esa puerta probablemente diría: "no entrar, almacenamiento de explosivos"». Había breves momentos en los que bajaba la guardia y dejaba que la puerta se abriera un poquito, pero de pronto se cerraba de golpe. Hizo falta algo tan trágico como la pérdida de su visión para que comenzara a cuidar su jardín interior.

iParadoja: tu teléfono celular no te está haciendo más sabio

Algo que hace cada vez más difícil conectar con nuestra sabiduría es nuestra creciente dependencia de la tecnología. Nuestra hiperconectividad es la serpiente que acecha en nuestro jardín del Edén digital.

«La gente tiene una relación patológica con sus aparatos eléctricos —dice Kelly McGonigal, una psicóloga que estudia la ciencia del autocontrol en la Facultad de Medicina de Stanford—. La gente se siente no sólo adicta, sino atrapada». Cada vez encontramos más y más difícil desconectar y renovarnos.

El profesor Mark Williams resume el daño que nos estamos causando:

> Lo que sabemos de la neurociencia —observando escáneres cerebrales de personas que están siempre ocupadas, que nunca saborean su comida, que van de una tarea a otra sin saber realmente lo que están haciendo— es que la parte emocional del cerebro está en alerta máxima todo el tiempo... Así que, cuando la gente piensa «tengo que darme prisa para dejar todo hecho», es casi como si, biológicamente, corriese como

si escapara de un predador. Es la parte del cerebro que está activa. Pero nadie puede correr lo bastante rápido para escapar de sus propias preocupaciones.

La conciencia plena, por otro lado, «cultiva nuestra habilidad de hacer cosas sabiendo que las estamos haciendo». En otras palabras, somos conscientes de que somos conscientes. Es una herramienta increíblemente importante y se puede extender a la tecnología. Agunos piensan que el incremento de poder de los datos (utilizando potentes computadoras para escudriñar y encontrar patrones en una cantidad de información masiva) va a rivalizar con la conciencia humana en algún momento. Pero también hay un creciente escepticismo acerca de lo efectiva que es una base de datos para resolver problemas.

Como Nassim Taleb, autor de *The Black Swan: The Impact of the Highly Improbable (El cisne negro: el impacto de lo altamente improbable)*, escribe: «Las bases de datos pueden significar muchísima información, pero también mucha información falsa». E incluso cuando la información no es falsa, el problema es que «la aguja está en un enorme pajar».

«Hay muchas cosas para las que las bases de datos resultan mediocres —escribe David Brooks—.

Cuando se trata de tomar decisiones acerca de relaciones sociales, es ridículo cambiar la increíble máquina en tu cabeza por la vulgar máquina de tu escritorio». La conquista del conocimiento puede ser alcanzada más rápido con las herramientas de hoy, pero la sabiduría no está más al alcance que hace tres mil años en la corte del rey Salomón. De hecho, nuestra generación está atiborrada de información y hambrienta de sabiduría.

En el Festival de Ideas de Aspen de 2013, uno de los mejores discursos que escuché fue el de Nancy Koehn, profesora de la Escuela de Negocios de Harvard. «Lo que necesitamos —dijo Koehn— es sabiduría, porque la información... no es igual al conocimiento, y el conocimiento no es igual al entendimiento, y el entendimiento no es igual a la sabiduría... ¿Acaso no buscamos como peregrinos holgazanes a través de un desierto el aquí y ahora?»

En el *HuffPost* comenzamos una sección titulada «Screen Sense», dirigida a nuestra adicción a nuestros aparatos, publicando los últimos estudios científicos, investigaciones y experimentos sobre cómo la tecnología impacta en nuestras vidas, nuestra salud y nuestras relaciones sociales. El precio por esta adicción es alto. Más de tres mil muertes y cuatrocientos mil heridos en nuestro país son causados por la distracción al volante y especialmente escribiendo mensajes, lo que la Organización Nacional de Seguridad en Carretera ha llamado: «De lejos la distracción más alarmante».

En su artículo llamado «La dieta digital de mamá», Lori Leibovich escribió acerca de las vacaciones familiares que se tomó recientemente y que incluían un descanso de su celular. Le dijo a sus hijos: «Si me ven haciendo algo con mi iPhone más allá de tomar fotografías, quítenmelo». Como todas las dietas, no siempre era fácil de seguir. Pero tuvo sus recompensas. «Sí —escribe—, hubo momentos en los que me sentí existencialmente perdida sin el timbre del iPhone avisándome que tenía un nuevo mensaje o tuit. Pero también resultó excitante utilizar mis manos para cavar túneles en la arena de la playa y pasar páginas de una novela en lugar de golpear una pantalla. Por primera vez en no sé cuánto tiempo, estaba realmente viendo a mis hijos. Y ellos estaban encantados de ser observados».

La desconexión es una calle de doble sentido. Caroline Knorr, de Common Sense Media, escribió acerca de un estudio dirigido por su organización sin ánimo de lucro que descubrió que 72 por ciento de los niños menores de 8 años y 38 por ciento de los niños menores de 2 ya han comenzado a utilizar teléfonos celulares.

De acuerdo con Stephanie Donaldson-Pressman, directora clínica del Centro de Psicología pediátrica de Nueva Inglaterra: «Clínicamente, estamos observando un aumento en los síntomas típicamente asociados con la ansiedad y la depresión». Éstos incluyen «problemas de memoria a corto plazo, problemas de atención, falta de sueño, excesivos cambios de humor e insatisfacción general».

Mientras «entre los 8 y los 10 años el promedio de tiempo que pasan al día con distintos medios de comunicación es de cerca de ocho horas, y niños mayores y adolescentes más de once horas al día», la Academia Estadounidense de Pediatría recomienda que niños y adolescentes no pasen más de una a dos horas al día frente a una pantalla. Y la exposición de un niño de menos de 2 años a una pantalla no es recomendable. La clave de estas indicaciones es que los padres den modelo de comportamiento saludable y no adictivo.

Louis C. K. ha puesto un espejo cómico delante de nosotros y nuestras adicciones a la pantalla. En una de sus rutinas capta lo absurdo de ciertos acontecimientos de la vida de los niños en los que ninguno de los padres está realmente viendo el partido de futbol o la obra de teatro o la graduación de la guardería porque intentan grabarlo en video con sus aparatos, bloqueando «la visión de su hijo real». Estamos tan obsesionados con grabar los momentos claves de la vida de nuestros hijos que nos los perdemos. «La resolución del niño es increíble si la miras —bromea—. Es totalmente alta definición».

Archívalo en *ten cuidado con lo que deseas*. Las bases de datos, la abrumadora información, la habilidad de estar en continuo contacto y nuestra creciente dependencia hacia la tecnología están conspirando para crear una saturación entre nosotros y nuestro lugar de conocimiento y de paz. Llámalo una iParadoja: nuestros celulares están en realidad bloqueando nuestro camino hacia la sabiduría.

El mal de las prisas y el hambre de tiempo

En el verano de 2013 una publicación de *The Huffington Post* se convirtió en una inesperada sensación de la noche a la mañana, con más de siete millones de visitas y casi 1.2 millones de me gusta en Facebook. Se titulaba «El día que dejé de decir "Date prisa"», y estaba escrito por Rachel Macy Stafford, una profesora de educación especial y madre de una niña de 6 años. La vida de Rachel, como ella escribe, estaba «controlada por notificaciones electrónicas, tonos de llamada y agendas repletas». Pero un día se dio cuenta de manera dolorosa del impacto que eso estaba teniendo en su hija: «Una niña tranquila, sin preocupaciones, que se para a oler las rosas. Yo era una matona que empujaba y presionaba a una niña que tan sólo quería disfrutar de la vida». La razón por la que el artículo tuvo tanto éxito, más allá de nuestra culpa por el modo en que criamos a nuestros hijos, tuvo que ver con que muchos reconocieron el daño que le estamos haciendo no sólo a nuestros hijos, sino a nosotros mismos diciendo «date prisa». Los niños están mucho más conectados al momento y menos conectados —sometidos de hecho— a nuestra concepción artificial del tiempo que nos imponemos (y en la que utilizamos nuestros aparatos electrónicos como rígidos recordatorios). La historia de Rachel fue un aviso de lo mucho que debemos aprender de nuestros niños cuando se trata de la importancia de vivir el momento.

Mi corazón brinca cuando veo
el arcoíris en el cielo:
así era cuando empezó mi vida;
así es ahora que soy un hombre;
sea así cuando envejezca,
¡o deja que muera antes!
El Hijo es padre del Hombre;
y desearía que mis días estuvieran
unidos por una devoción natural.

WILLIAM WORDSWORTH

Resulta que, y no es de extrañar, dominar el arte de tomarse las cosas con calma no es algo rápido. Aprender la sabiduría de la calma, de vivir realmente, es en sí mismo un viaje. Pero también es una receta para una salud mejor. Un estudio dirigido por Lijing L. Yan en la Universidad de Northwestern descubrió que los adultos jóvenes que mostraban más impaciencia y prisas tenían más riesgo de desarrollar hipertensión. Las prisas nos pueden hacer ganar peso cuando llevamos nuestras prisas a la mesa. Como la experta en nutrición, Kathleen M. Zelman, dice: «A nuestro cerebro le lleva aproximadamente veinte minutos desde el momento en que empezamos a comer hasta que envía señales de estar satisfecho. Disfrutar comiendo nos permite activar las señales cerebrales que indican que estamos llenos. Y sentirnos llenos se traduce en comer menos». Los estudios han confirmado que comer más despacio nos lleva a disminuir el consumo de calorías. Incluso el sexo es mejor cuando lo haces más despacio, ya que las prisas inhiben la producción de dopamina, un químico que afecta la libido.

Un estudio publicado en *Harvard Business Review* muestra que las prisas afectan la creatividad y el trabajo: «Cuando la creatividad está sometida a las prisas, a menudo se acaba con ella... Los procesos cognitivos complejos llevan su tiempo, y, sin un tiempo razonable para su procesamiento, la creatividad es casi imposible».

Nuestra cultura está obsesionada con el tiempo. Es nuestra crisis personal. Siempre pensamos que estamos ahorrando tiempo, y aun así nunca tenemos suficiente.

Con el fin de manejar el tiempo —o lo que entendemos por manejar el tiempo— nos marcamos rígidos horarios, yendo a toda prisa de reunión en reunión, de suceso en suceso, intentando constantemente salvar un poco de tiempo aquí, un poco allá. Nos bajamos aplicaciones de productividad y cliqueamos con ansia sobre artículos con trucos para ahorrar tiempo. Intentamos siempre robar un par de segundos a nuestra rutina diaria, con la esperanza de hacer hueco para otra reunión o cita que nos ayudará a subir en la escalera del éxito. Como las líneas aéreas, a menudo tenemos *overbooking* con nosotros mismos, temerosos de no hacer suficiente, seguros de que podemos llevar a cabo todo. Tememos que si no abarcamos lo suficiente en nuestro día, podamos perdernos algo fabuloso, importante, especial, o que nos ayude a avanzar en nuestra carrera. Pero no existe un premio de minutos en la vida. No hay manera de recuperar todo ese tiempo que hemos «ahorrado». En realidad es un modo muy costoso de vivir.

Sufrimos de una epidemia de lo que el libro de James Gleick, *Faster: The Acceleration of Just About Everything (Más rápido: la aceleración en casi todo),* llama «el mal de las prisas»: «Nuestras computadoras, nuestras películas, nuestras vidas sexuales, nuestras oraciones, todas ellas van más rápido ahora que nunca. Y cuanto más llenamos nuestra vida de aparatos que nos ahorran tiempo y de estrategias para ahorrarlo, más prisa sentimos».

La profesora de Harvard Leslie Perlow ha dado nombre a este sentimiento: «hambre de tiempo». Sentir que experimentas hambruna de tiempo tiene consecuencias muy reales, desde aumentar el estrés a disminuir la sensación de satisfacción en tu vida. Por un lado, a la sensación de tener demasiado tiempo, o incluso tiempo de más, se le llama «abundancia de tiempo». Y aunque parezca mentira es fácil de conseguir.

Su corazón se sentó en silencio en el ruido y las mareas de la calle. No había prisa en sus manos, ninguna prisa en sus pies.

CHRISTINA ROSSETTI

Algunas personas son ricas de tiempo de manera natural. Mi madre, por ejemplo. De hecho, en lo que a tiempo se refiere, era extraordinariamente rica. Se movía a través de los días como lo hace un niño, viviendo el presente, parándose literalmente a oler las rosas. Un viaje al mercado de frutas y verduras podía convertirse en un quehacer de un día entero sin pensar mucho en todo lo que debía hacer. Aún pienso en el consejo que nos daba a mi hermana y a mí cuando nos enfrentábamos a una decisión difícil: «Cariño, déjalo marinar». En otras palabras, date tiempo para pensar y vivir con las consecuencias de tu decisión.

Ella era un ejemplo de los beneficios de tomarse las cosas con calma. Hasta su muerte en el año 2000 ella y yo tuvimos un acuerdo tácito: ella tenía el ritmo de un mundo sin horarios, el ritmo de un niño; el mío era el ritmo del mundo moderno. Mientras que yo tenía la sensación de que cada vez que miraba el reloj era más tarde de lo que pensaba, ella vivía en un mundo en el que no había encuentros impersonales, ni existía la necesidad de correr. Ella creía que las prisas en la vida eran una manera segura de perderte los regalos que llegan cuando das el cien por ciento de ti mismo en una actividad, una conversación, una cena, una relación, un momento. Por eso odiaba hacer varias cosas a la vez.

Como se ha comprobado, es el suntuoso sentido del tiempo de mi madre, y no mi lucha contra la perpetua hambre de tiempo, el que está más cercano a la realidad científica. Como el físico Paul Davies escribió en *Scientific American,* aunque la mayoría de nosotros pensamos que el tiempo es algo que fluye

—siempre acercándose a nosotros y después huyendo—, eso no es realmente lo que ocurre: «Los físicos prefieren pensar en el tiempo como algo desplegable —un cronopaisaje análogo al paisaje— con el pasado y el futuro juntos. Es una noción a la que frecuentemente nos referimos como bloque de tiempo». Me encanta porque «bloque de tiempo» me ayuda a ver la imagen completa, donde existe literalmente nada de tiempo y todo el tiempo del mundo.

Por desgracia, soy una prueba andante de que la riqueza de tiempo no es algo que se herede. Pero si no has nacido rico de tiempo, hay cosas que puedes hacer para convertir tu hambre en un banquete. Los estudios han demostrado que como Keith O'Brien escribió en *The Boston Globe:* «Los pequeños actos, simples emociones como el asombro, e incluso medidas contradictorias como pasar tiempo haciendo algo para otra persona; en esencia donando tu tiempo» pueden hacernos sentir más ricos de tiempo. «No es sólo que la gente se sintiera menos impaciente —dice Jennifer Aaker, profesora de negocios de Stanford y coautora de un estudio sobre la percepción del tiempo en las personas— sino... que declararon niveles más altos de bienestar subjetivo... De hecho, se sentían mejores en sus vidas».

Al igual que el dinero no puede comprar la felicidad, tampoco puede comprar el tiempo. De acuerdo con una encuesta de Gallup de 2011, cuanto más dinero tienes, más probable es que sufras de necesidad de tiempo. El estudio concluía que «aquellos con mayores ingresos están entre los que más probabilidades tienen de ser pobres de tiempo».

No sorprende entonces que cuando nos referimos a ganar la guerra contra el hambre de tiempo, nosotros seamos nuestros peores enemigos. Para ganar la guerra, primero debemos reconocer que queremos cambiar. De acuerdo con un estudio de Pew de 2008, cuando preguntaron qué era lo más importante, 68 por ciento de los estadounidenses contestó tener tiempo libre, que estaba por encima incluso de tener niños, que alcanzaba 62 por ciento, y una carrera de éxito, con 59 por ciento. Aun así la manera en la que muchos de nosotros decidimos vivir no refleja esas prioridades. Mientras que el éxito sea definido por quién trabaja más horas, quién pasa más tiempo sin vacaciones, quién duerme menos, quién responde a un correo a media noche o a las cinco de la mañana —resumiendo, quién sufre el mayor hambre de tiempo—, nunca seremos capaces de disfrutar de los beneficios de ser ricos de tiempo.

Y mientras que la riqueza de tiempo no se hereda, está claro que se nos da muy bien pasar nuestras relaciones autodestructivas con el tiempo a nuestros hijos. No dormir lo suficiente definitivamente te lleva por el camino a la hambruna de tiempo. Vatsal Thakkar, profesor de psiquiatría de la Facultad de Medicina de la Universidad de Nueva York, ha sugerido que muchos de los casos de déficit de atención e hiperactividad en niños son, de hecho, desórdenes de sueño. De acuerdo con el centro de control y prevención de enfermedades, un increíble 11 por ciento de los niños en edad escolar han sido diagnosticados con déficit de atención e hiperactividad. «Aquellos niños con falta de sueño —escribe Thakkar— se convierten en hiperactivos y son incapaces de centrarse». En uno de los estudios que cita, el desorden de sueño fue común en los treinta y cuatro niños diagnosticados con TDAH (Trastorno por déficit de atención e hiperactividad). «El sueño, comenta, es especialmente crucial para los niños, que necesitan un tipo de sueño profundo y lento llamado "sueño delta"». Comparados con los de hace cien años, los niños de hoy duermen una hora menos por noche. Y la respuesta no es tan simple como irse a dormir más temprano. Se trata de cambiar el modo en que sobrecargamos los días de nuestros hijos para que puedan comenzar sus noches antes.

Los protegemos como no hacíamos antes, en los asientos del coche, guardando sus comidas en recipientes libres de bisfenol A, comprando comida orgánica. Pero cuidamos y prestamos menos atención a las dietas de tiempo de nuestros hijos, aunque los beneficios de la riqueza de tiempo sean mayores que esos partidos de futbol o las clases de violín. En el libro de William Faulkner *El ruido y la furia,* el padre de Quentin Compson le da un reloj. «Te lo doy no para que recuerdes qué hora es, sino para que la olvides de vez en cuando y no gastes todas tus energías en conquistar el tiempo».

Así que ¿qué podemos hacer para combatir el mal de las prisas? Puedes caminar —no correr— para unirte al movimiento de tomárselo con calma. Como Carl Honoré, autor de *La lentitud como método,* señala: «La velocidad puede ser divertida, productiva y poderosa, y podemos ser más pobres sin ella. Lo que necesita el mundo y lo que la lentitud ofrece, a un camino alternativo, es una receta para unir la *dolce vita* con el dinamismo de la era de la información. El secreto es el equilibrio: en lugar de hacer todo más rápido, haz todo a la velocidad correcta.

A veces rápido. A veces lento. A veces a medio camino entre ambos».

Para Honoré, el punto de inflexión que le llevó a convertirse en padrino del creciente movimiento lento ocurrió hace diez años. Estaba en un aeropuerto en Roma, esperando su vuelo a casa y hablando con su editor por el celular. Como muchos de nosotros, dice, en ese momento estaba conectado y agobiado, un: «Scrooge con un cronómetro obsesionado con ahorrar tiempo, un minuto aquí, un par de segundos allí».

En línea y al teléfono, para hacer su tiempo más «productivo», echó una ojeada a un periódico cuando un titular le llamo la atención: «El cuento de un minuto». El artículo hablaba de un libro en el que cuentos clásicos eran condensados en sesenta segundos. Eureka, pensó. Como padre de un niño de 2 años, vio el libro como una forma genial de ahorrar tiempo por la noche. Hizo una nota mental para reservar el libro tan pronto como llegara casa. De repente, pensó: «¿Me he vuelto completamente loco?»

El movimiento por la comida lenta fue lanzado en Italia en 1989 con un manifiesto en contra de la comida rápida, centrándose en la comida local, en la sostenibilidad y en comer como un acto social de unión. Los italianos tienen otras tradiciones geniales para evitar agotarse: el *riposo,* un tiempo para descansar durante la tarde; y el paseo vespertino, la *passeggiata,* un momento para desconectarse de las presiones del día.

Y ahora el movimiento por tomarse las cosas con calma se ha expandido e incluye viajar con calma, vivir con calma, practicar el sexo con calma, criar a tus hijos con calma, investigar en el campo de la ciencia con calma, cuidar el jardín con calma, ciudades en calma y, ahora, pensar con calma. «Pensar con calma es intuitivo, confuso y creativo —escribió Carl Honoré—. Es lo que hacemos cuando no existe presión y hay tiempo suficiente para dejar las ideas hervir a fuego lento. Nos otorga percepciones más ricas y matizadas y a veces descubrimientos sorprendentes... El futuro pertenecerá a aquellos que puedan innovar, y la innovación viene de saber cuándo frenar un poco».

No vamos a eliminar relojes, citas y fechas límites, aunque merece la pena recordar que el término *«deadline»,* «fecha límite» en inglés, tiene su origen en los campos de prisioneros de la guerra civil norteamericana: en las que en lugar de haber un perímetro físico, existía a menudo una línea imaginaria límite que los prisioneros no podían cruzar. Nuestro uso actual de esta palabra no se aleja tanto de su origen. Hoy a menudo utilizamos las fechas límites —reales e imaginarias— para encerrarnos a nosotros mismos.

Todo cambió el día que descubrió que había tiempo suficiente para las cosas importantes en su vida.

BRIAN ANDREAS

Ganar la sensación de riqueza de tiempo puede ayudarnos a conseguir un mayor bienestar y una sabiduría más profunda, así que merece la pena ponerlas al principio de nuestra siempre creciente lista de quehaceres. Pero para hacerlo tendremos que abordar la relación entre el sentido del tiempo y la tecnología. Nuestros aparatos digitales reflejan y a la vez amplifican nuestro mal de la prisa. Utilizamos la tecnología para ahorrar tiempo (o eso pensamos), pero también imponemos nuestro sentido distorsionado del tiempo en nuestra tecnología y en el uso que hacemos de los medios de comunicación.

Hay infinidad de ejemplos de cómo las redes sociales han sido un acto positivo. Pueden acelerar nuestra conciencia sobre temas y llevar a la gente a la acción. Desde la plaza de Tahrir a Trípoli o Teherán o Tucson, las redes sociales han hecho más fácil organizarse, compartir información y protestar contra las injusticias. Durante desastres naturales han servido como salvavidas con información vital y como Eric Schmidt y Jared Cohen señalan en su libro *The New Digital Age (La nueva era digital):* «Refuerzan las conexiones de cultura, lenguaje y perspectiva» entre comunidades dispersas y sus países de origen. Ya sea CollegeHumor en colaboración con Malaria No More recaudando 750 000 dólares para luchar contra la malaria, o decenas de miles de personas contribuyendo a los videos de «It Gets Better» (mejora), una campaña para prevenir los suicidios, el colectivo LGBT o las concentraciones de personas para recaudar dinero a través de GoFundMe para Glen James, un hombre sin hogar de Boston que devolvió una mochila perdida con 40 000 dólares, las redes sociales han hecho más fácil reforzar nuestro poder colectivo para el bien.

Pero convertirse en viral se ha vuelto viral, y se toma como una señal de éxito independientemente del valor de aquello que se ha hecho viral. No importa la idea, mientras sea viral. ¡Y social! Desde luego, en el mundo de las comunicaciones, la fetichización de las redes sociales ha llegado a proporciones de idolatría. Las agendas de conferencias están llenas de carteles devotos de las redes sociales y de cómo utilizar las herramientas sociales para amplificar la cobertura. Pero raramente escuchas a alguien discutir sobre el valor de una historia que desean ardientemente que se haga viral.

Nuestra cultura de la comunicación está encerrada en el Ahora Perpetuo, persiguiendo constantemente la exclusiva efímera que dura unos segundos y a menudo no tiene importancia ni tiene ningún impacto, ni siquiera en esos breves momentos en los que es una «exclusiva». Michael Calderone, reportero de comunicación del *HuffPost,* escribe: «Nada es demasiado inconsecuente para hacerlo consecuente». La urgencia artificial ha desbancado a lo realmente importante.

«Tenemos mucha prisa —escribió Thoreau en 1854— por construir un telégrafo de Maine a Texas; pero Maine y Texas, tal vez, no tengan nada importante que comunicar». Hoy tenemos prisa por celebrar algo que se ha hecho viral, pero no importa si esa cosa que se hizo viral añade una pizca de algo bueno o valioso —incluido el simple entretenimiento— a nuestras vidas. Consideramos lo viral como algo bueno en sí mismo que se mueve por el movimiento.

«Eh —alguien podía preguntar—. ¿Dónde vas?»

«No lo sé, pero ¡me muevo realmente rápido!» No es lo más efectivo para llegar a un lugar mejor.

Por supuesto, nuestro equipo del *HuffPost* es tan agresivo como cualquier otro medio de comunicación al usar las redes sociales. Pero, tal vez por haber estado haciendo un bien social durante tanto tiempo, espero que seamos mejores y nos inclinemos más a verlo como lo que es: una herramienta, no un hito mágico.

¿Cuántas veces justificamos la discusión sobre el tema por el hecho de «estar de moda en Twitter»? ¿Significa realmente algo que «la opinión en Twitter» sea 80 contra 1 respecto a esto y a esto otro? ¿Es más importante por tener tres mil me gusta en Facebook?

De hecho, ser tema de moda en Twitter puede no significar absolutamente nada, excepto una indicación de que una conversación es la más importante en un momento en particular. (Se escribieron 24.1 millones de tuits durante el Super Bowl de 2013, por ejemplo, y diez mil novecientos un tuits por segundo cuando Adele ganó el Grammy al mejor disco del año). Pero como Rachael Horwitz de Twitter me escribió: «El algoritmo de Twitter favorece la novedad por encima de la popularidad».

La conclusión es que puedes utilizar Twitter para hablar obsesivamente del baile de Miley Cyrus en los Video Music Awards (se escribió la desorbitada cifra de trescientos seis mil tuits por minuto). O puedes utilizar Twitter como lo hacen webs como Kickstarter y DonorsChoose: para marcar la diferencia usando el poder de las redes sociales para patrocinar proyectos creativos o ayudar a profesores en sus necesidades en el aula.

A medida que adoptamos maneras nuevas y mejores de ayudar a la comunidad, es importante preguntarse qué es lo que está siendo comunicado y cuál es el costo oportuno de lo que *no* está siendo comunicado mientras estamos encerrados en la persecución perpetua de lo que es un tema de moda.

La redes sociales son un medio, no un fin. El conseguir que algo sea viral no es una «misión conseguida».

Fetichizar lo «social» se ha convertido en una distracción importante. Y nos encanta estar distraídos.

Creo que nuestro trabajo en los medios de comunicación es utilizar las herramientas sociales a nuestra disposición para contar historias que importan —del mismo modo que historias que entretienen— y para seguir recordándonos que la herramienta no es la historia. Cuando nos obsesionamos demasiado con nuestro cerrado y circular ecosistema de Twitter o Facebook, podemos olvidar fácilmente que la pobreza está en aumento, o que la movilidad social descendente está creciendo, o que millones de personas en Estados Unidos e incluso más en Europa y alrededor del mundo están en una situación de desempleo crónico. Y que cuatrocientos millones de niños en todo el mundo viven en extrema pobreza. Por otro lado, a menudo ignoramos el gran ejemplo que son la compasión, el ingenio y la innovación mostrados por personas que están cambiando vidas y comunidades al intentar abordar estos problemas.

Nuestro tiempo exige una respuesta mejor. Estas nuevas herramientas sociales pueden ayudarnos a ser testigos más poderosos, o contribuir a hacernos distraídos de modo más obsesivo.

Todos tenemos una relación con la tecnología. La pregunta es: ¿Cómo va a ser de saludable esa relación? Es una pregunta importante, porque afecta a cómo va a ser de saludable para nosotros esta relación y lo sabios que seremos.

Nuestra atención es el carburante que alimenta nuestras vidas o como Viral Mehta, cofundador de ServiceSpace, señala: «La arcilla con la que moldeamos nuestros días». No importa lo que la gente dice que valora, lo que importa es a qué prestan su atención. Cuando la tecnología devora nuestra atención, devora nuestra vida. Y cuando acumulamos proyectos en nuestra lista de quehaceres, devoran nuestra atención incluso de forma inconsciente e incluso si nunca los comenzamos.

Hice una importante «auditoría de vida» cuando cumplí los 40, y me di cuenta de cuántos proyectos había acumulado en mi cabeza: como aprender alemán, convertirme en una buena esquiadora y aprender a cocinar. La mayoría no llegué a completarlos, y muchos de ellos ni siquiera los empecé. Sin embargo, estos proyectos incompletos me robaban la energía y dispersaban mi atención. Tan pronto como pensaba en ellos, me robaban una parte de mí. Me sentí muy liberada cuando me di cuenta de que podía «completar» un proyecto simplemente dejándolo. Eliminándolo de mi lista de quehaceres. ¿Por qué voy a tener que cargar con este equipaje innecesario? Así es como conseguí aprender alemán, me convertí en una buena esquiadora, aprendí a cocinar, y muchos otros proyectos que ya no exigen mi atención.

Desafiar al odioso compañero de piso de tu cabeza

Ni siquiera nuestros peores enemigos hablan de nosotros tan mal como lo hacemos nosotros. Llamo a esta voz el odioso compañero de piso que vive en nuestra cabeza. Se alimenta de menospreciarnos y de reforzar nuestras inseguridades y dudas. Me encantaría que alguien inventase una grabadora que pudiéramos enganchar en nuestro cerebro para grabar todo lo que decimos de nosotros. Nos daríamos cuenta de lo importante que es evitar este monólogo negativo. Significa enfrentarnos a nuestro odioso compañero de piso con una dosis de sabiduría. Mi odioso compañero de piso personal es increíblemente sardónico. Una vez, estando en el programa de Stephen Colbert, le dije que mi odioso compañero de piso sonaba exactamente igual que él. «Necesito encontrar un lugar en el que vivir», respondió él.

He pasado muchos años intentando desahuciar a mi odioso compañero de piso y ahora he conseguido relegarlo a invitado ocasional en mi cabeza. Lo que hace más difícil librarnos de estas voces es que la información dirigida a mujeres en estos días parece determinada a reforzar a nuestros odiosos compañeros de piso y a hacernos sentir que nuestras vidas carecen de algo. Nos hace sentir continuamente que deberíamos ser más guapas, más delgadas, más sexis, más exitosas, conseguir más dinero, ser mejores madres, mejores esposas, mejores amantes, etcétera. Aunque a veces nos lo decoren con un «¡ánimo, amiga!», el mensaje oculto está claro: deberíamos sentirnos mal porque no llegamos a alcanzar el ideal imaginario —tenemos barriga, no abdominales, no somos deseables porque no siempre parecemos gatitas en celo (o porque lo parecemos)—; somos incompetentes porque no tenemos un sistema de códigos de colores para nuestras recetas o nuestros documentos; no estamos esforzándonos lo suficiente porque no somos vicepresidentas ni estamos en la junta directiva ni en la oficina ejecutiva. Incluso que exista la frase «tenerlo todo», no importa por donde se mire, implica que de algún modo no damos la talla.

Educar a nuestro odioso compañero de piso exige redefinir el éxito y lo que significa vivir satisfactoriamente, que puede variar de unos a otros, de acuerdo con nuestros propios valores y metas (y no aquello que nos impone la sociedad).

El humor nos ayuda a manejar a este constante crítico interior. «Los ángeles vuelan porque se toman a sí mismos muy a la ligera», solía decirnos nuestra madre a mi hermana y a mí, citando a G. K. Chesterton. Lo que también funcionó fue enviarme un mensaje alternativo consistente y coherente. Ya que mi compañero de piso se alimenta de mis miedos y fantasías negativas, el mensaje que resonaba en mi cabeza era la frase con la que John-Roger termina todos sus seminarios: «Los bendecidos ya lo son». O como Juliana de Norwich, mística inglesa del siglo XV, señaló: «Todo estará bien y todas las cosas estarán bien». O como el Edipo de Sófocles gritó: «A pesar de todo el sufrimiento, mi edad y nobleza de alma me harán llevar todo a buen puerto». Sigo repitiéndome eso hasta que me baño en este mensaje tranquilizador y reconfortante, que tiene la ventaja de ser cierto. Así que encuentra tu propio mensaje. No dejes a tu constante crítico acabar con tus sueños.

Si caminas con miedo y rabia, encontrarás miedo y rabia. Acércate a las situaciones con lo que quieras encontrar en ellas... Cuando te preocupas, guardas en tu cabeza imágenes que no deseas... Cuando te centras, llegas a ser. Aquello en lo que te centras viene a ti. Así que piensa en lo que realmente quieres.

JOHN-ROGER

Romper con los malos hábitos: lo que podemos aprender de los minotauros, los cinturones de seguridad y los estoicos

Siempre me he sentido fascinada por la historia de Ariadna, Teseo y el Minotauro, no sólo porque Ariadna sea mi nombre sino por el papel que el hilo tiene en la mitología y en nuestra vida diaria. Teseo podría salvarse y ser liberado para regresar a Atenas si entraba en el laberinto y mataba al Minotauro. Todo aquel que lo había intentado murió, pero Teseo, guiado por el hilo de Ariadna, fue capaz de hacer el recorrido hacia el interior del laberinto y salir vivo y victorioso. El hilo de Ariadna es nuestra manera de entrar y nuestra manera de salir. Conecta este mundo con el otro, el exterior con el interior, la mortalidad con la eternidad.

Según nos liberamos, construyendo nuevos hábitos y asesinando los viejos —nuestros Minotauros—, es importante descubrir el hilo que funciona para nosotros. Cuando lo hacemos, no importa lo que la vida nos depare, que podemos usar ese hilo para ayudarnos a movernos por el laberinto del día a día y regresar a nuestro centro.

Para mí ese hilo es algo tan simple como la respiración. Me he esforzado por integrar ciertas prácticas diariamente —meditación, pasear, hacer ejercicio—, pero la conexión que la respiración consciente me ofrece es algo a lo que puedo recurrir cientos de veces durante la jornada. Centrarme en la respiración me ayuda a hacer pausas en mi vida diaria, me hace regresar al momento, y me hace ir más allá de los enfados y los reveses. También me ha ayudado a ser más consciente de cuándo aguanto o asfixio mi respiración, no sólo cuando me enfrento a un problema, sino a veces mientras hago algo tan mundano como meter la llave en la puerta, mandar un mensaje, leer un correo o al revisar mi agenda. Cuando utilizo mi respiración para relajar la contracción de mi cuerpo puedo seguir este hilo hacia mi centro.

Al fin y al cabo, las computadoras se estropean, la gente muere, las relaciones se acaban. Lo mejor que podemos hacer es respirar y reiniciar.

CARRIE BRADSHAW EN *SEX AND THE CITY*

Como la psicóloga Karen Horneffer-Ginter pregunta: «¿Por qué a tantos de nosotros se nos da tan mal tomarnos un descanso? ¿Qué hay en nuestra cultura y nuestra condición como adultos que nos evite alejarnos de nuestras, al parecer tan importantes, tareas con el fin de recargarnos?... Si tuviera que hacer carteles y panfletos que apoyasen el movimiento de tomarse un respiro, hablarían de nuestra tendencia a agotarnos..., de continuar más allá de nuestro propio interés, o del interés del proyecto en el que estamos trabajando».

Los hábitos son hábitos por una razón. Los humanos llevamos vidas complicadas, y una de las características que desarrollamos, que nos permite ser criaturas tan productivas, es la habilidad de tener muchos rasgos y respuestas aprendidas en la parte automática de nuestras vidas, enterradas profundamente en el trabajo interior de nuestro subconsciente que ya no requiere pensamientos conscientes. Como el matemático Alfred North Whitehead escribió en 1911: «Es una idea profundamente errónea que debamos cultivar el hábito de pensar lo que estamos haciendo. Precisamente es lo contrario. La civilización avanza al aumentar el número de acciones importantes que podemos llevar a cabo sin pensar en ellas». De hecho, un estudio realizado por John Bargh de Yale y Tanya Chartrand de Duke sugiere que la mayor parte del comportamiento humano se dicta a través de procesos mentales que no son conscientes.

Algunos de estos hábitos son útiles y otros no. Algunos comienzan siendo útiles y terminan siendo destructivos más tarde o en un contexto distinto. Pero la maquinaria interna que desarrollamos para llevarlos a cabo no discrimina. Y ya sean buenos o malos, una vez establecidos, los hábitos echan rápidamente raíces y se atrincheran en nuestras vidas. Y ése es el problema: los hábitos no son tan fáciles de olvidar como de aprender, son más fáciles de enterrar que de exhumar.

Un viejo cheroqui estaba enseñando a su nieto sobre la vida. «Hay en mi interior una lucha —le dijo al niño—. Es una terrible lucha entre dos lobos. Uno es maligno: es la rabia, la envidia, la pena, el arrepentimiento, la ambición, la arrogancia, la autocompasión, la culpa, el resentimiento, la inferioridad, las mentiras, el falso orgullo, la superioridad y el ego.

El otro es bueno —continuó—: es la alegría, la paz, el amor, la esperanza, la serenidad, la humildad, la gentileza, la benevolencia, la empatía, la generosidad, la verdad, la compasión y la fe. La misma lucha está en tu interior y en el interior de cada persona».

El nieto pensó acerca de esto durante un minuto y después preguntó a su abuelo: «¿Qué lobo vencerá?» El viejo cheroqui simplemente contestó: «Aquel al que alimentes».

LEYENDA CHEROQUI

El montón de hábitos —de aprenderlos y olvidarlos— ha sido un foco importante para la humanidad desde el comienzo de la civilización. De los diez mandamientos, muchos de ellos tratan de evitar los malos hábitos, como la codicia, y otros tratan de cultivar los buenos hábitos, como honrar a nuestros padres. Para Aristóteles: «El hábito no es más que una larga práctica que se convierte en la naturaleza del hombre». Para Ovidio: «Nada es tan fuerte como el hábito». Y como dijo Benjamin Franklin: «Es más fácil prevenir los malos hábitos que acabar con ellos».

Charles Duhigg explica en *El poder de los hábitos* que los científicos del Instituto Tecnológico de Massachusetts han llegado, en esencia, a descubrir el genoma del hábito. Lo que han descubierto es que el núcleo de un hábito está formado por un círculo neurológico que tiene tres partes. Comienza con una entrada que envía un mensaje al cerebro para encender el modo automático, después viene la rutina: la que consideramos el propio hábito, que puede ser psicológica, emocional o física. Y por último está la recompensa, aquello que dice al cerebro que refuerce este proceso. Éste es el «giro del hábito», y es fácil ver por qué a medida que pasa el tiempo se convierte en algo más y más automático, más y más difícil de romper. Por supuesto, nuestra meta principal no debería ser acabar con los malos hábitos, sino remplazarlos por nuevos, más saludables y que nos ayuden a desarrollarnos.

El poeta Mark Nepo define sacrificio como «terminar con la reverencia y la compasión hacia lo que ya no funciona con el fin de acercarnos a lo que es sagrado». Así que reconocer cuándo un hábito no funciona y sacrificarlo es la piedra angular de la sabiduría.

Podemos pensar que estamos a cargo de nuestros pensamientos y comportamientos —capitanes de nuestro barco, girando el timón de un lado a otro—, pero a menudo es en realidad nuestro piloto automático el que está en el control. Me recuerda a una vez en la que un amigo hizo un viaje familiar en un crucero. Su hijo de 10 años no dejaba de molestar a la tripulación rogándoles que le dejaran llevar ese enorme barco. El capitán finalmente invitó a la familia a subir al puente de mando, donde el niño agarró el timón y comenzó a darle vueltas. La madre del niño entró en pánico, hasta que el capitán se inclinó hacia ella y le susurró que no se preocupara, que el barco estaba en piloto automático; las maniobras de su hijo no tendrían efecto.

Del mismo modo, si no somos capaces de reprogramar nuestro piloto automático, todas nuestras declaraciones de que queremos cambiar tendrán tan poco efecto como ese niño pequeño dando la vuelta al timón del crucero. Reprogramar el piloto automático nos lleva una cantidad de tiempo distinta en cada caso. Lo que resulta más fácil es centrarnos en los «hábitos principales»; cuando cambias uno de ellos, haces más fácil cambiar el resto. «Los hábitos principales comienzan un proceso que, a lo largo del tiempo, transforma todo —escribe Duhigg—. Los hábitos principales dicen que el éxito no depende de hacer todo bien, sino que recae en identificar un par de prioridades y darles más poder». Para mí, el hábito más poderoso ha sido dormir. Una vez cambié mi rutina de sueño, y comencé a dormir de siete a ocho horas; otros hábitos, como la meditación o el ejercicio, fueron más fáciles. Sólo la voluntad no es suficiente. Como un buen número de estudios psicológicos han demostrado, la voluntad es un recurso que aumenta según se usa.

Tal y como escribe el doctor Judson Brewer, de Yale: «los signos comunes de un tanque emocional vacío se resumen en el acrónimo "HALT" (según sus siglas en inglés), que significa hambre, enfado, soledad, cansancio», y cuyo término se originó en los programas de rehabilitación de adicciones. También resulta ser un buen resumen del modo de ser de muchos de nosotros en la actual cultura sobre el lugar de trabajo, que parece diseñada para crear una fuente de agotamiento. Trabajamos en la hora de la comida, no vemos a nuestros hijos, nuestro contacto social es a través de vías electrónicas y trabajamos hasta tarde: todo eso lleva hasta las cuatro bases de HALT.

Cuando los hábitos que llevan al agotamiento son los hábitos que nos incentivan a cultivar, se crea un ambiente poco propicio para el cambio. «Tenemos un sentido de pertenencia que es importante para nosotros —dice Cindy Jardine, profesora de sociología de la Universidad de Alberta—. Podemos vernos como parte de la estructura social; es muy difícil cambiar un comportamiento si sigue siendo aceptado socialmente. Por ejemplo, el estrés es malo para nosotros, sin embargo lo llevamos como una medalla de honor. Se ve como algo socialmente admirable tener demasiado trabajo. No parece que sintamos el mismo respeto por alguien que trabaja cuarenta horas a la semana». Esta clase de pensamiento se retroalimenta creando una espiral de mal hábito.

Es una de las razones principales por las que es importante crear un hábito principal positivo, para ganar cierta ventaja a la hora de recuperar nuestras vidas. Y dado que somos criaturas sociales, y el apoyo social es uno de nuestros recursos primarios, es más fácil crear y reforzar nuevos y positivos hábitos en las redes sociales, con un grupo de amigos o colegas que puedan animarse mutuamente. Ésta es la razón por la que Alcohólicos Anónimos es tan competente y ha ayudado a un número estimado de diez millones de personas a dejar el alcohol. Pero incluso si la cultura de tu lugar de trabajo sigue operando con la definición tradicional de éxito, puedes rodearte de un grupo de personas que piensan igual que tú y que quieran desarrollarse y no sólo tener «éxito».

Al mismo tiempo, podemos trabajar para cambiar la cultura social y los hábitos a gran escala. En 1984 el 86 por ciento de personas no utilizaban cinturón de seguridad. En 2012 ese número se invirtió, siendo 86 por ciento de estadounidenses el que lo llevaban. Es el ejemplo de una intervención «anticipada». Las políticas pueden ser cambiadas —a través de leyes, incentivos fiscales y disponibilidad de servicios—, lo que gradualmente cambiará los hábitos a gran escala. Las pequeñas intervenciones se dirigen directamente a individuos y son más efectivas cuando las personas están en estado de transición, como cuando se mudan o comienzan en un nuevo empleo.

Pero no tenemos que esperar hasta mudarnos o cambiar de trabajo para transformar nuestras vidas. Tampoco tenemos que esperar para un cambio a gran escala. Podemos iniciarlo ahora mismo. Hay infinitas casillas de salida. Para mí, una de ellas fue leer a los estoicos.

El estoicismo es una escuela de filosofía fundada en Atenas en el siglo III a. C. Aunque Zenón de Citio es a menudo considerado su fundador, el estoicismo es más conocido a través del trabajo del filósofo romano del siglo I Séneca y el griego del siglo II Epíteto. El estoicismo enseña que la infelicidad, las emociones negativas y lo que ahora llamamos «estrés», no viene impuesto por circunstancias externas y acontecimientos, sino que, al contrario, lo ocasiona el resultado de los juicios que hacemos acerca de lo que importa y lo que valoramos. Para los estoicos, la forma más segura de encontrar la felicidad sería, por tanto, buscarla en lo único sobre lo que tenemos control: nuestro mundo interior. Todo lo que existe fuera de nosotros puede desaparecer, así que ¿cómo podemos confiarle nuestra felicidad futura y nuestro bienestar?

El estoicismo es terriblemente relevante en nuestro tiempo. «El estoicismo saltó a la fama porque ofrecía seguridad y paz en un tiempo de guerra y crisis —escriben Rob Goodman y Jimmy Soni, autores de la biografía del estoico Catón *el Joven*—. El credo del estoicismo no prometía seguridad material o paz en la otra vida, pero prometía una felicidad inquebrantable en ésta».

Unos dos siglos después de Catón *el Joven*, uno de los más famosos estoicos —y filósofos—, llegó el emperador Marco Aurelio, que reinó cerca de veinte años como uno de los últimos llamados «Cinco emperadores buenos» hasta su muerte en 180 a. C. Marco Aurelio fue una verdadera paradoja, un emperador con un poder casi ilimitado para controlar su mundo y circunstancias, y que sin embargo tenía un entendimiento profundo sobre que la felicidad y la paz no se encontraban en el mundo exterior.

Para Marco Aurelio la calidad de nuestro día depende de nosotros. No tenemos mucho poder para elegir qué va a ocurrir, pero tenemos el poder absoluto sobre cómo responder. Todo comienza estableciendo las expectativas que aseguran que no importa lo duro que sea a lo que nos enfrentemos —cuánto dolor, pérdida, deshonestidad, ingratitud, injusticia y celos—, aún podremos elegir la paz y la imperturbabilidad. Y desde ese lugar de imperturbabilidad —o *ataraxia,* como los griegos lo llamaban— seremos más efectivos trayendo el cambio. En la película de W. C. Fields *Never Give a Sucker an Even Break (Nunca seas justo con un tonto),* la sobrina de Fields está a punto de tirarle una piedra a alguien. Él le dice que cuente hasta diez. Al contar se va relajando más y más. Cuando llega a diez, le dice que lance, porque en ese momento: «¡Tienes mejor puntería!»

En sus *Meditaciones,* Marco Aurelio no endulza la vida: «Cuando te despiertas por la mañana, has de decirte: las personas con las que me encontraré hoy serán entrometidas, desagradecidas, arrogantes, deshonestas, celosas y ariscas. Son así porque no pueden distinguir el bien del mal. Pero yo he visto la belleza del bien y la fealdad del mal y he reconocido que aquellos que hacen mal están relacionados conmigo, no por la misma sangre o cuna, sino por la misma mente y porque comparten una porción de lo divino. Y ninguno de ellos puede herirme».

No es una mala idea recordarlo en la carretera. O ante las groserías del supermercado. O durante los muchos entuertos en la vida moderna de oficina.

Así que la mayoría de las veces, lo que se interpone entre nosotros y la satisfacción somos... nosotros mismos. Esto no quiere decir que controlemos que nos asciendan, o cómo actuarán nuestros hijos, o si una relación va a funcionar. Tampoco quiere decir que esas cosas no sean importantes. Quiere decir que podemos controlar lo mucho que nos controlan esas cosas que nos rodean. Así que nuestro primer reto, como el filósofo estoico del siglo I Agripino dijo, es: «No ser un obstáculo para mi persona». O como en la famosa frase de la tira cómica clásica de Pogo: «¡Hemos descubierto al enemigo y resulta que somos nosotros!»

El estoicismo no es sólo una herramienta para prevenir nuestra infelicidad cuando no conseguimos la tan deseada promoción, también nos enseña a poner ese ascenso y todos nuestros éxitos en su propia perspectiva. Demasiado a menudo, el estoicismo es confundido con la indiferencia, pero en realidad tiene que ver con la libertad. Como dijo Séneca: «Una vez nos libremos de todo lo que nos excita o nos asusta, nos aguarda una inquebrantable tranquilidad y libertad duradera».

A veces las personas dejan que el mismo problema les abrume durante años cuando podrían decir: «¿Y qué?» Es una de las cosas que más me gusta decir.

ANDY WARHOL

Muchos pueden considerar estas prácticas un lujo, que está muy bien para emperadores y los económicamente independientes, para aquellas personas que tienen cubiertas sus necesidades básicas y sufren de lo que se conoce como «problemas del primer mundo». ¿Qué hay de aquellos sin trabajo que luchan por llevar la comida a la mesa? De hecho, es en las circunstancias extremas cuando el estoicismo tiene más que ofrecernos. En los momentos de gran adversidad en los que somos aplastados y puestos a prueba es cuando estos principios se vuelven más esenciales.

Viktor Frankl fue un superviviente del Holocausto cuyos padres, hermano y esposa embarazada murieron en los campos de concentración. Lo que se llevó de ese inimaginable horror se convirtió en la base para su imperecedero libro *El hombre en busca de sentido.* «Nosotros los que vivimos en campos de concentración —escribió—, podemos recordar a los hombres que iban de refugio en refugio consolando a otros, ofreciendo su último trozo de pan. Puede que fueran pocos, pero ofrecían pruebas suficientes de que a un hombre se le puede arrebatar todo menos una cosa: la última de las libertades humanas, elegir una actitud frente a una circunstancia, elegir nuestro propio camino». Para Viktor Frankl: «Cada día, cada hora, ofrecía la oportunidad de tomar una decisión, una decisión que determinaba si te rendías o no a esos poderes que amenazaban con robarte tu libertad interior».

Y lo que Frankl hizo con esa libertad fue encontrarle un significado a su sufrimiento y, por extensión, al sufrimiento de todos. «Si hay un significado en esta vida, entonces ha de ser el significado del sufrimiento —escribió—. El sufrimiento es una parte imborrable de la vida, al igual que el destino o la muerte. Sin sufrimiento y muerte la vida humana no puede estar completa».

Uno de los grandes textos en la relación del sufrimiento, la aceptación, la sabiduría y la transformación es el libro de Job, que nos pregunta cómo deberíamos responder cuando las circunstancias parecen absolutamente injustas y caprichosas. En otras palabras, qué hacer cuando pasan cosas malas a las personas buenas. Job, un granjero adinerado, fue tema de debate entre Satán y Dios. Satán creía que Job tenía fe porque era próspero; si la fortuna de Job le fuera arrebatada, Job renunciaría a Dios. Así que los dos accedieron a hacer un experimento.

Resumiendo, la vida de Job fue destruida, sus hijos e hija fueron asesinados cuando su casa se derrumbó, y a Job le salieron llagas por todo el cuerpo. Pero la reacción de Job fue declarar: «Desnudo llegué del útero de mi madre y desnudo volveré. El Señor me dio y el Señor me ha arrebatado. Bendito sea el nombre del Señor». Al final no sólo restauró Dios la fortuna de Job, la aumentó. El mensaje de esta parábola es que hay un propósito oculto —y una alquimia— en el sufrimiento que nos lleva a la sabiduría y la fortaleza.

Como Francine y David Wheeler, que perdieron a su hijo de 6 años, Ben, en el tiroteo en la escuela primaria de Sandy Hook en Newton, Connecticut, en diciembre de 2012, dijeron a Oprah: «El error es mirar la vida y pensar "no tengo nada, la vida no me ha dejado nada a causa de mi tragedia". Y, ya sabes, en nuestros momentos más terribles, hemos estado ahí. Sí, pero la clave es que en realidad no importa lo que esperes de la vida. Y ser capaz de ver eso y aceptarlo es un paso muy importante para hallar tu salida de esa oscuridad... Has de hacer tu corazón más grande que el agujero que ha quedado en él. Tan sólo debes tomar tus decisiones a partir del amor. Y cuando tomamos nuestras decisiones a partir del miedo es cuando tenemos problemas».

Nelson Mandela cautivó la imaginación de todo el mundo, no porque fuera un prisionero político durante veintiséis años que después se convirtió en presidente, sino por la sabiduría trascendental que demostró tras su liberación: «Al cruzar la puerta que me llevaría a mi libertad, supe que si no dejaba mi amargura y mi odio detrás, aún permanecería en prisión».

Esa ecuanimidad y gracia ante el sufrimiento real están en contraste con el modo en que a menudo reaccionamos a los problemas triviales que nos molestan. La verdad es que incluso en la adversidad diaria, los principios —aunque, por supuesto, no los problemas inmediatos— siguen siendo los mismos.

La manera en la que respondemos ante la adversidad puede marcar la diferencia sobre nuestra salud y nuestras vidas. El psicólogo Salvatore Maddi y sus colegas de la Universidad de Chicago estudiaron a más de veinticinco mil empleados de Illinois Bell Telephone, después de que la compañía hiciera un recorte de personal de 50 por ciento en un año que fue considerado el mayor golpe en la historia de la compañía. «Dos tercios de los examinados se vinieron abajo de distintas maneras. Algunos sufrieron ataques al corazón o tuvieron desórdenes de ansiedad y depresión. Otros se dieron al alcohol y las drogas, se separaron o divorciaron, o actuaron de forma violenta. Por otro lado, un tercio de los examinados mostraron fortaleza. Estos empleados sobrevivieron y se desarrollaron a pesar de los cambios estresantes. Si estos individuos se quedaron en la empresa, fueron promocionados. Si se fueron, comenzaron empresas propias o fueron empleados en puestos importantes en otras compañías».

Lo que los investigadores encontraron es que aquellos que pudieron hacer de ese cambio un éxito utilizaron, como dijeron, «las tres actitudes con C». Primero, compromiso: decidiendo unirse e intentando formar parte de la solución. Siguiente, control: luchando por mantener un ímpetu de resolución en lugar de resignación. Y por último, coraje: buscando modos de utilizar esa crisis para reforzarse, consolidar su resistencia y crecer.

De acuerdo con Laurence Gonzales, autor de *Quién vive, quién muere y por qué,* cuando nos enfrentamos a situaciones donde nuestra vida está en juego, 10 por ciento de nosotros mantenemos la calma, nos centramos y permanecemos vivos, el otro 90 por ciento de nosotros sufrimos pánico. ¿Dónde reside la diferencia? Aquellos que es más probable que sobrevivan, dice, son aquellos capaces de ver una oportunidad en la situación. Por ejemplo, es más probable que encuentren la belleza que les rodea. «Los supervivientes están en armonía con la maravilla del mundo —escribe—. La apreciación de la belleza, del sentimiento del asombro, abre los sentidos».

Cita la experiencia de Antoine de Saint-Exupéry, el aviador y autor de *El principito.* Después de que su avión se estrellara en el desierto de Libia, Saint-Exupéry permaneció tranquilo centrándose en algo sobre lo cual dirigir su energía positiva. «Aquí estamos, condenados a muerte, y aun así la certeza de morir no puede compararse con el placer que estoy sintiendo —escribió—. La alegría que recibo de esta media naranja que sujeto en mis manos es una de las más grandes que he conocido».

Buscando algo —lo que sea— que nos permita seguir en el camino de la esperanza y mantener viva una actitud positiva, podemos enfrentarnos a la pérdida, el sufrimiento y la tragedia poco a poco. «Los supervivientes reciben una gran alegría de sus más pequeños éxitos —escribe Gonzales—. Cuenta tus bendiciones. Debes estar agradecido: estás vivo».

Así que, sí, es una bendición tener salud. Somos afortunados si vivimos cerca de un parque o de la naturaleza. Pero no importa cuál sea nuestra situación, la vida inevitablemente nos pondrá a prueba. Lo importante es saber que poseemos las herramientas interiores para hacer frente a esos retos.

Hay una gran diferencia entre la aceptación estoica y la resignación. Cultivar la habilidad para que no nos molesten nuestros obstáculos, decepciones y contratiempos no significa no intentar cambiar lo que podemos cambiar. La oración de la serenidad, adaptada de aquella que escribió el teólogo Reinhold Niebuhr en 1942, resume la sabiduría estoica: «Dios, dame serenidad para aceptar las cosas que no puedo cambiar, valor para cambiar aquellas que puedo y sabiduría para saber la diferencia».

Y la sabiduría para saber la diferencia viene de nuestra habilidad para cambiar nuestro estrecho y autoabsorbente mundo por otro que abarque una gran perspectiva y mayor altitud. Y todo eso comienza con pequeños y positivos cambios diarios que nos guían hacia la dirección que queremos tomar. Déjame sugerirte tres que marcaron la diferencia en mi vida:

1. Escucha a tu sabiduría interior, deja que se vaya algo que ya no necesites, algo que esté absorbiendo tu energía sin beneficiarte o beneficiar a tus seres queridos. Puede ser resentimiento, un pensamiento negativo o un proyecto que sepas que no llegarás a completar.
2. Comienza una lista de gratitud que compartas con dos o más amigos que, a su vez, te envíen la suya.
3. Busca un momento al anochecer en el que apagues todos tus aparatos electrónicos, y acompáñalos amablemente fuera de tu habitación. Desconectarte del mundo digital te reconectará con tu sabiduría, intuición y creatividad. Y cuando despiertes por la mañana, no comiences el día mirando tu celular. Tómate un minuto —créeme, tienes un minuto— para respirar profundamente, estar agradecido o programar tu día.

Asombro

Los hombres caminan para asombrarse de la altura de las montañas, de la extensión de los océanos y del curso de las estrellas y olvidan asombrarse de ellos mismos.

San Agustín

Despegar hacia un viaje al espacio interior

La mañana después del lanzamiento del *HuffPost Alemania* en octubre de 2013, iba en coche camino del aeropuerto desde el centro de Múnich. Estaba lloviendo, lo que concedía a todo un brillo bonito, casi mágico. Todos los edificios y árboles parecían envueltos en algo maravilloso. Sin embargo, cuando llegué al aeropuerto todo el mundo se quejaba de la lluvia. Estábamos experimentando el mismo clima pero con distintos resultados.

El maravillarse no es sólo producto de lo que vemos —de cuán maravilloso, misterioso, singular o incomprensible es algo—. También es producto de nuestro estado mental, de nuestro ser, de la perspectiva desde la que vemos el mundo. En otro momento, en una ciudad distinta (tal vez la mayoría de las veces en la mayoría de las ciudades), yo también estaría molesta por la lluvia, pero en ese momento en particular, en esa ciudad en particular, lo que vino a mi mente fue un poema de Albert Huffstickler (sé que su nombre suena alemán, pero es de Texas):

Olvidamos que somos
principalmente agua
hasta que la lluvia cae
y cada átomo
de nuestro cuerpo
empieza a regresar a casa.

Hay incontables cosas en nuestra vida diaria que pueden despertar casi el constante estado de asombro de cuando éramos niños, pero muchas veces para verlas debemos mirarlas a través de distintos ojos. El desencadenante está ahí. Pero ¿estamos lo suficientemente abiertos para experimentarlo?

Cuando mis hijas eran un par de niñas, recuerdo una de esas noches de cielo limpio en California en el que las estrellas parecían lo bastante cercanas para tocarlas. Christina e Isabella estaban acurrucadas en mis brazos mientras permanecíamos tumbadas en el césped del patio trasero, observando pasar el universo. Mientras Isabella estiraba sus pequeñas manos intentando arrancar una estrella del cielo, Christina estaba, como era normal en ella, preguntando cosas: «Mamá, ¿qué lo hace posible?»

Su pregunta era tan antigua como el propio tiempo. Cuando los hombres comenzaron a preguntarse acerca de las causas ocultas de las cosas, estaban camino de descubrir la ciencia. Nuestra orgullosa era científica está enraizada en el asombro.

«Los hombres primero estudiaron filosofía —escribe Aristóteles—, como de hecho lo hacen ahora, por el asombro». El primer recuerdo del físico James Clerk Maxwell era estar «tumbado en el césped, mirar al sol y asombrarse».

Esa sensación de maravillarse es normalmente más fuerte cuando está provocada por cosas ordinarias y sencillas: los rostros de nuestros hijos, la lluvia, una flor, una concha marina. Como dijo Walt Whitman: «Después de todo, la gran lección es que ningún paisaje natural —ni los Alpes, ni el Niágara, ni Yosemite, ni cualquier otro— es más grande o más bello que el amanecer y la puesta de sol más ordinarios, la tierra y el cielo, o los árboles y la hierba comunes».

Diez mil flores en primavera, la luna en otoño,
una brisa fría en verano, nieve en invierno.
Si tu mente no está nublada por cosas innecesarias,
ésta es la mejor estación de tu vida.

Wu Men

Al inicio de nuestra era secular está el error fatal que nos ha llevado a pensar en las religiones organizadas y en la verdad espiritual del hombre como la misma cosa. Esto ha llevado a millones a negar la realidad de la última porque han rechazado la primera. El impulso de conocernos —que al fin y al cabo es el principal componente de la búsqueda espiritual— está tan profundamente instaurado en nosotros como nuestros instintos de supervivencia, de sexo y de poder.

Como Goethe escribió, «esta vida, caballeros, es demasiado corta para nuestras almas». Las preocupaciones de nuestra vida diaria no pueden nunca satisfacer nuestras necesidades más profundas. «Como soy ateo —escribió el profesor de filosofía Jesse Prinz—, me llevó algún tiempo darme cuenta de que soy una persona espiritual». Y cada vez más personas de las que se declaran ateas, porque se sienten en desacuerdo con la religión organizada y su descripción de Dios (especialmente la imagen de una figura con barba en el cielo), reconocen experimentar asombro y admiración en sus vidas —experiencias que les hacen parar su camino, los transportan a mundos ocultos y les permiten vislumbrar lo insondable del misterio de la vida.

Einstein definió el asombro como un prerrequisito para la vida. Escribió que quien carezca de esa capacidad de asombrarse, «quien no se conmueva, quien no pueda contemplar el estremecerse del alma hechizada, puede darse por muerto, puesto que ya ha cerrado los ojos a la vida». A lo largo de la historia grandes científicos, a quienes Arthur Koestler describió como «mirones en la cerradura de la eternidad», han compartido esta sensación de asombro infantil.

Entiendo completamente esa sensación de fascinación que ha llevado a hombres y mujeres a lo largo de las épocas a explorar el espacio exterior, pero personalmente siempre me he sentido más fascinada con la exploración del espacio interior. Hay, por supuesto, una conexión entre ambos. Astronautas han informado a menudo de una experiencia de transformación cuando han mirado hacia la Tierra, un fenómeno que ha sido llamado «el efecto perspectiva». Edgar Mitchell, el sexto hombre que llegó a la luna, lo describió: «Era el entendimiento de que la naturaleza del universo no era lo que me habían enseñado... No sólo vi la conectividad, la sentí... Estaba sobrecogido por la sensación de estar extendiéndome física y mentalmente hacia el cosmos. Me di cuenta de que esto era una respuesta biológica de mi cerebro intentando reorganizarse y dar significado a la información acerca del maravilloso e increíble proceso que tenía el privilegio de ver».

¿Qué podemos ganar llegando a la luna si no somos capaces de cruzar el abismo que nos separa de nosotros mismos? Éste es el viaje de descubrimiento más importante, y sin él el resto no son sólo inútiles sino desastrosos.

THOMAS MERTON

Elon Musk, fundador de Tesla y el Espacio X —que pretende colonizar Marte—, ha dado significado al otro gran anhelo del ser humano: «Llegué a la conclusión de que debíamos aspirar a aumentar el ámbito y el alcance de la conciencia humana para entender mejor qué preguntas realizar. De verdad, lo único que tiene sentido es luchar por una mayor iluminación colectiva». Pero no hay iluminación colectiva si no hay iluminación personal. Y los profesores espirituales, los poetas, o los compositores, nos han dicho de numerosas maneras, y a lo largo de muchos siglos, que el amor incondicional es tanto el centro del misterio humano como el único puente entre nuestro interior sagrado y el frenético mundo exterior. O como Kurt Vonnegut escribió en su libro *Las sirenas de Titán:* «El propósito de la vida humana, sin importar quién la controle, es amar a quien sea que nos rodee para ser amado».

Y ahora tenemos los datos empíricos que apoyan lo que las canciones y los textos sagrados nos han dicho. Como dijo el profesor George Vaillant, que dirigió el Grant Study de Harvard, que siguió la vida de doscientos sesenta y ocho hombres graduados en Harvard, comenzando en 1938: «Los setenta y cinco años y los veinte millones de dólares gastados en el

Grant Study llevan, al menos en mi opinión, a una conclusión directa de cinco palabras: "Felicidad es amor. Punto final"». Es la misma conclusión a la que llegó, sin que transcurrieran setenta y cinco años ni gastar veinte millones de dólares, el poeta inglés Ted Hughes: «Lo único de lo que la gente se arrepiente es de no haber vivido de manera suficientemente valiente. De no haber invertido suficiente corazón, de no haber amado lo suficiente. Nada más cuenta en realidad».

La naturaleza y el arte son dos de los campos más fértiles para experimentar el asombro. El ensayista y filósofo Alain de Botton describe el arte como «una farmacia para el alma». «El arte —escribe— disfruta de tal prestigio financiero y cultural que es fácil olvidar la confusión que aún persiste acerca de su utilidad». Al describir el *Estanque con nenúfares* de Monet, una de las más importantes obras de la Galería Nacional de Londres, señala que a algunos les preocupa «que el que guste esta clase de arte sea una manera de engaño: aquellos que disfrutan de los jardines bonitos están en peligro de olvidar las verdaderas condiciones de la vida, la guerra, la enfermedad, los errores políticos, la inmoralidad». Pero los problemas reales en nuestras vidas, dice, están en otro lado: «El verdadero riesgo es que caeremos en la depresión y la desesperación; el peligro está en que perdamos la esperanza en el proyecto humano. Es esta clase de desasosiego en la que el arte es único corrigiendo. Flores en la primavera, cielos azules, niños corriendo en la playa... éstos son los símbolos visuales de la esperanza».

Los museos y galerías se mantienen entre los pocos oasis que ofrecen lo que ha llegado a convertirse en algo raro en nuestro mundo: la oportunidad de desconectar de nuestras hiperconectadas vidas y experimentar esa sensación de asombro. Los museos son los lugares a los que vamos para estar en comunión con lo permanente, lo inefable y lo incuantificable. Y es una experiencia especialmente rara y por tanto preciosa en nuestras vidas tecnológicas. Maxwell Anderson, director ejecutivo del Museo de Arte de Indianapolis, describe la misión del museo como el ofrecer a los visitantes «resonancia y asombro..., una intangible sensación de elevación, la impresión de que el peso flota». O como mi paisano Aristóteles lo llamaba: «catarsis».

«Toda era tiene que reinventar el proyecto de "espiritualidad" por sí misma», escribió Susan Sontag en *La estética del silencio*. Y los museos ofrecen un camino para esa reinvención. Algunas veces, por supuesto, la reinvención significa volver a algo que siempre ha estado ahí. Lo que lo hace más difícil es nuestra obsesión actual de fotografiar todo antes incluso de experimentarlo: tomar fotografías de fotografías, o de otras personas mirando fotografías.

Sherry Turkle, profesora del Instituto Tecnológico de Massachusetts y autora de *Alone Together*, ha escrito sobre el costo de documentar constantemente —por ejemplo, fotografiando— nuestras vidas. Estas interrupciones, escribe: «Dificultan el crear una conversación con nosotros mismos y con otros porque, emocionalmente, nos mantenemos disponibles para que todo nos robe la atención». Y por documentar de forma tan obsesiva nuestras experiencias, terminamos por no tenerlas realmente. Turkle es optimista, sin embargo, diciendo que la generación que más afectada está por esto es también la que se rebelará contra ello. Cita los pensamientos de un joven de 14 años que le dijo: «La gente no sabe que a veces puedes mirar por la ventana de un coche y ver que el mundo sigue adelante y eso es maravilloso. Piénsalo. La gente no lo sabe».

Mi hija pequeña, Isabella, llegó un día a la misma conclusión cuando, como estudiante de historia del arte, se le dio la tarea de pasar dos horas en un museo frente a un cuadro y escribir su experiencia. La describió como divertida e inquietante: «Divertida porque me di cuenta de que nunca había mirado realmente un cuadro e inquietante porque finalmente estaba viendo uno». Había elegido mirar *El Temerario remolcado a dique seco* de J. M. W. Turner en la Galería Nacional de Londres, y describe el proceso de mirar un cuadro durante dos horas como «el paralelismo de ir a correr. Por extraño que suene, mirar un cuadro durante dos horas requiere que te esfuerces en ir más allá del punto de lo confortable. Pero lo interesante fue que al acabar me sentí con el subidón que se te queda tras correr. Sentía que había experimentado algo mágico, como si hubiera creado una unión entre la obra de arte y mi persona». Tuvo una experiencia que no puede ser capturada en Instagram o Twitter.

Tras haber estado mirando *El Temerario remolcado a dique seco* durante una hora, un guardia de seguridad se acercó a ella y le preguntó qué estaba haciendo. «Lo encontré hilarante porque lo que estaba haciendo era mirar un cuadro. Pero hemos llegado al punto en el que cualquiera que se pase frente a un cuadro un periodo largo de tiempo resulta sospechoso».

Prestar nuestra atención completa a algo —o a alguien— es lo que se ha convertido en algo cada vez más raro en nuestro hiperconectado mundo, en el que hay tantos estímulos compitiendo por nuestro tiempo y atención y en el que la multitarea resulta esencial.

La experiencia de un museo nos ofrece misterio, asombro, sorpresa, olvidarnos de nosotros mismos, emociones vitales minadas por nuestra cultura digital de veinticuatro horas, que hace más fácil evitar la introspección y la reflexión. Cada vez más y más, el mundo que nos rodea, o al menos aquel que nos es presentado por las herramientas que elegimos que nos rodeen, está diseñado —y muy bien, porque es cierto— para eliminar de nuestro camino los elementos que nos asombran. Los cada vez más sofisticados algoritmos de las redes sociales en las que vivimos nuestras vidas saben lo que nos gusta, así que siguen ofreciéndonoslo. Nos lo presentan como «personalización», pero a menudo se abastecen de una pequeña parte de lo que realmente somos. Saben lo que nos gusta, pero desconocen lo que no sabemos que nos gusta, o lo que necesitamos. No conocen nuestras posibilidades, para no hablar de todo lo que somos.

En *Superficiales: ¿qué está haciendo Internet con nuestras mentes?*, Nicholas Carr escribe: «Se necesita un tiempo para recolectar datos eficientes y un tiempo para la contemplación ineficiente, un momento para mantener la maquinaria operativa y un momento para sentarse perezosamente en el jardín». No queda mucho jardín en el mundo. Es por eso que los museos han de saber salvaguardarnos del peligro de que las redes sociales se usen de un modo que reduzca la esencia de la experiencia del arte a aplicaciones ofreciéndonos más datos. Básicamente, esto es tan ridículo como reducir la experiencia de ir a la iglesia a parroquianos tuiteando: «En la iglesia, el pastor acaba de mencionar los panes y los peces. ¿Alguien tiene receta de sushi para más tarde?» O echar un vistazo rápido al iPad para comprobar el hecho de que el Sermón en la Montaña tuvo lugar cerca del mar de Galilea, que, a su vez lleva a otro enlace en el que puedo ver que es el lago de agua dulce más bajo del mundo... ¡Debería tuitear eso! O incluso mejor, podría imaginarme Twitter si las redes sociales hubieran estado disponibles hace dos mil años. (Tal vez lo habría tuiteado yo misma). «Acabo de entrar en Getsemaní. Bonito jardín. ¿Alguien quiere venir?»

Por supuesto, las redes sociales tienen un papel en los museos al igual que en la vida. Pueden ofrecer acceso a más audiencia, permitir a visitantes potenciales el saber qué hay dentro y aumentar las visitas al museo, permitiendo a los usuarios continuar la experiencia estética tras abandonarlo y compartirla con sus amigos y comunidad. Es cuando movemos las redes sociales de un segundo plano a un primer plano cuando debilitamos la experiencia artística.

Museos de todo el mundo están haciendo buen uso de la tecnología. El Museo de Arte del Condado de Los Ángeles, tiene *Unframed,* un blog que exhibe las opiniones de restauradores y de visitantes. También lanzó la primera sala de lectura digital, ofreciendo importantes publicaciones. El Museo de Arte Moderno de Nueva York (MoMA) comenzó un curso online para profesores titulado «Estrategias de enseñanza museológica para tu aula», en el que participaron más de diecisiete mil personas. El Museo de Arte de Indianápolis creó ArtBabble.org, toda una comunidad online que exhibe videoarte. El Centro de Arte Walker de Minneapolis tiene una página web con el canal Walker, que presenta retransmisiones en directo de sucesos en el museo. La Tate Modern de Londres ofrece aplicaciones para iPhone que van desde una «guía de términos de arte» a una «galería de arte de bolsillo» que permite a los usuarios montar y compartir sus propias galerías virtuales. El Rijksmuseum de Amsterdam lanzó Rijksstudio para permitir a entusiastas acercarse a las ciento veinticinco mil obras de su colección a través de imágenes compartidas, encargando impresiones en materiales que van desde el aluminio al plexiglás, o bajando imágenes en alta resolución que pueden ser usadas para cualquier cosa, desde tatuajes a tapizado. El museo lanzó incluso un concurso animando a la gente a «mezclar, reutilizar y reinventar obras maestras» ofreciendo premios a los mejores diseños y la oportunidad de ser vendidos en la tienda del museo.

Pero cuando los museos olvidan su ADN y se vuelcan sobre cualquier novedad tecnológica, rebajan la razón de su existencia. Demasiada conexión equivocada puede en realidad desconecctarnos de la experiencia estética.

Para mí la cuestión es: ¿puede la tecnología profundizar la experiencia, o la reduce? Está claro que puede hacer ambas cosas. Es maravilloso aprovecharse de las ventajas de las nuevas herramientas tecnológicas para llegar a un nuevo público y ofrecer plataformas para un mayor compromiso con las artes, pero no deberíamos olvidar que mientras la tecnología está en constante cambio, la necesidad de nuestro trascender a través del arte nunca cambiará.

Desde un estado emocional armonioso, cada encuentro con un objeto, sea lo ordinario que sea, puede ser una oportunidad de trascender, pero si no ofrecemos nuestra total atención a una experiencia más profunda en un museo o una exposición, ¿qué oportunidad hay de que lo hagamos al ver una nube pasar, un árbol o una jarra de barro?

Dentro de esta jarra de barro hay desfiladeros y montañas puntiagudas, ¡y el creador de desfiladeros y montañas puntiagudas! Los siete océanos están dentro y cientos de millones de estrellas.

KABIR

Por supuesto, las artes visuales son una de las formas de arte. Música, escultura, fotografía, cine, arquitectura, literatura, teatro, poesía, danza, cada una de ellas puede provocar una verdad más profunda, un despertar a la sensación de asombro que habita en nuestro interior. Incluso el antiguo arte de la retórica puede taladrar la corteza de nuestras preocupaciones diarias y encender la chispa del recuerdo de lo que somos. Cuando Sócrates en la *Apología* de Platón se dirige a sus acusadores por última vez: «Ahora es el momento en que nos vamos, yo a morir y vosotros a vivir; pero quién de nosotros tiene el porvenir más feliz es incierto para todos excepto para Dios»; o cuando John Fitzgerald Kennedy se presentó junto al muro de Berlín y declaró en nombre de todos aquellos que aman la libertad: *«Ich bin ein Berliner»;* o cuando Martin Luther King llegó al Lincoln Memorial y gritó: «Yo tengo un sueño», algo se agitó en nuestras almas y trascendió las palabras y el tiempo.

La música siempre ha sido una parte muy importante de mi vida. A los 20 años, viviendo en Londres, me convertí en crítica de música clásica para la revista *Cosmopolitan,* así que conseguía discos gratis para reseñar (sí, discos de vinilo: ¡sé que estoy confesando mi edad!). Los ponía durante horas. De hecho, escribí mi segundo libro escuchando la sinfonía 106 de Haydn. Y entonces me enamoré de un hombre cuya idea del paraíso era pasear por Europa de festival de música en festival de música.

Así que pasé incontables horas en la oscuridad del auditorio, a menudo con los ojos cerrados, meditando, transportada por la música sin importar la calidad de la actuación. Recuerdo en el Covent Garden de Londres una representación de *Las bodas de Fígaro* bajo la batuta de un director invitado. Estaba sentada con un grupo de amigos que incluía un director de orquesta británico brillante, cuando al comienzo de la representación nos dimos cuenta de que sería una experiencia dolorosa en especial para él. Cuando la sección de cuerdas se adecuaba al ritmo desconocido del director invitado, la de metales no lo hacía. Los solistas siguieron sus propias direcciones, a menudo llevándose a gran parte del coro —nunca, por desgracia, al coro completo— con ellos. Finalmente terminó. Y nuestro amigo director fue el primero en ponerse en pie y aplaudir alto con lo que parecía ser apreciación genuina. Al aplaudir él, una persona habitual en estos actos, sentada a nuestra espalda, se abalanzó gritando: «¡Qué representación tan horrible!» Por encima de su hombro, aplaudiendo incluso con más ganas, nuestro amigo director gritaba: «¡Maravilloso trabajo!»

Una sinfonía o una ópera es una metáfora de la vida. Como el filósofo Alan Watts dijo: «Nadie cree que una sinfonía pretenda mejorar en calidad según transcurre o que su único objetivo sea llegar al final. El propósito de la música es el descubrimiento en cada momento que se está tocando o escuchando. Lo mismo ocurre, creo, con los grandes momentos de nuestra vida, y si estamos absortos en mejorarlos puede que olvidemos vivirlos».

Y a veces hay grandes lecciones filosóficas en las más sencillas canciones populares. Me enamoré de la letra del clásico de los Beatles *Let it be,* cuando estaba en Cambridge, una oda a la aceptación escrita por Paul McCartney y John Lennon que podría haber sido escrita por Marco Aurelio.

Cuando me encuentro en momentos difíciles,
la Virgen María se me aparece,
diciendo palabras sabias, déjalo estar.

Hay tristeza en muchas canciones populares, y hay mucha oscuridad en grandes obras de arte, ya sea en *La tempestad* de Shakespeare, o en *La flauta mágica* de Mozart, pero al final todo se resuelve por amor. Hay caos y fealdad, pero un nuevo orden de armonía y belleza los vence; hay maldad, pero es expulsada por el bien.

Y hay mucha oscuridad en los dibujos de niños atrapados en la violencia y en la pobreza de las ciudades. Recuerdo uno de esos dibujos hecho por un niño del sur de Los Ángeles. No era menos oscuro que el resto, pero a través de la oscuridad estaba claro que ese niño había visto algo más, y viéndolo, nos había dado al resto acceso a esa visión. Del mismo modo, una colección de poemas y dibujos de fantasiosas mariposas hecha por los niños del campo de concentración de Theresienstadt, lejos de reducir el horror lo destacaba y lo hacía más horrible cuando se comparaba con el brillo de otra realidad.

Junto a la música y las artes visuales, otro medio artístico que a menudo nos ofrece un camino directo a nuestras vidas interiores es el de contar historias. Los seres humanos estamos programados para la narrativa; puede que seamos las únicas criaturas que ven sus propias vidas como parte de una narrativa mayor. Aunque nos hayan dicho los físicos que el tiempo no existe tal y como creemos, seguimos siendo criaturas del tiempo y el tiempo inherentemente crea una historia. Las cosas comienzan y terminan. Cómo terminan es la historia. O tal vez la historia es lo que ocurre entre el principio y el final.

Jung llamaba al lenguaje universal de las historias «arquetipos». Los describía como «ríos ancianos por los que la corriente de nuestra psiquis fluye naturalmente». Nuestras mentes conscientes relacionan estos arquetipos a través de las historias. Lejos de servir tan sólo como entretenimiento o diversión, las historias son un lenguaje universal acerca de la vida en sí misma. Y ese propósito es la autoactualización, integrando la Tercera Métrica en nuestras vidas. Christopher Booker identifica siete clases de historias: venciendo al monstruo, de mendigo a millonario, la búsqueda, viaje y retorno, comedia, tragedia y renacimiento. Pero aunque existan siete argumentos, de un modo u otro todos se reducen a lo mismo: la transformación personal del protagonista y su viaje a través de desafíos, sufrimientos y caminos equivocados hacia el lugar de la sabiduría. Como nuestras propias vidas, la historia debe seguir el viaje interior del héroe. Cuando nos desconectamos de nuestro yo interior y nos identificamos exclusivamente con nuestro ego, es cuando perdemos nuestra conexión con el significado de la vida y nuestro propósito en ella y nos quedamos frente a un vacío que intentamos rellenar con más dinero, más sexo, más poder y más fama. Y como vemos en toda la literatura moderna, cuando el ego se separa del yo, el final es siempre frustración y destrucción, ya sea en *Moby Dick* de Herman Melville o en *Rojo y negro* de Stendhal.

Podemos utilizar el poder de la historia y nuestra necesidad primaria de ella para redefinir nuestra propia narrativa. Todos estamos en un viaje, una conquista por matar al monstruo, liberar a la princesa, y volver a casa. Pero a menudo los propósitos que buscamos —aquello que los convencionalismos acerca del éxito nos dicen que debemos encontrar— nos llevan a caminos sin salida, rastreando el significado de nuestras vidas en los lugares equivocados. La conciencia plena nos ayuda a ser conscientes de nuestra propia historia.

Hola, silencio, mi viejo amigo

El silencio en nuestras vidas está siendo amenazado en todos los frentes: con ruidosos titulares de prensa, estridentes cláxones de coches, frenéticos y molestos teléfonos celulares, quejumbrosas sirenas (especialmente si vives en Nueva York, como es mi caso), fría música de ascensor y pantallas dispuestas en cualquier espacio libre. Estamos cableados, conectados, constantemente unidos y cada vez más aterrados por el silencio, sin ser conscientes de lo que nos ofrece. Ahogamos las importantísimas y sin embargo sencillas preguntas vitales con los sonidos de nuestros miles de asuntos sin importancia.

Solía entrar en mi apartamento o en mi habitación de hotel e inmediatamente encendía la televisión para ver las noticias. Y entonces, un día, no hace mucho tiempo, dejé de hacerlo. Y me di cuenta de dos cosas. Primero, de que no me perdía nada —ni siquiera algo que me ayudara a dirigir un medio de comunicación diario—, excepto oír las mismas opiniones repetidas una y otra vez por distintas personas. Pero la segunda y más importante es que me permitía concederme un poco de silencio en mi día, en el que podía escuchar esa pequeña vocecita a la que rara vez nos damos la posibilidad de prestar atención. No perdí nada, pero gané un montón. Entonces mejoré en mi manera de escuchar a los demás: a mis hijas, a mis colegas, a mis amigos.

«¡Pregúntale a tu alma!», decía el poeta y novelista alemán Hermann Hesse en *Mi credo:*

Pregúntale a ella, que es la libertad, y cuyo nombre es amor. No preguntes a tu razón, no busques en la historia del mundo. Tu alma no te reprochará que te hayas ocupado poco de política, que hayas trabajado poco, odiado poco a los enemigos, o fortificado poco las fronteras. Pero tal vez te reproche que hayas retrocedido demasiado a menudo ante tus exigencias, que te hayas inhibido y que nunca hayas encontrado tiempo para entregarte a ella, tu más joven y más hermoso retoño, para jugar con ella y escuchar sus cánticos, en tu ansia de lucro la has vendido y traicionado con demasiada frecuencia..., serás un neurótico y un farsante en la vida —eso dice tu alma— si me abandonas, y serás destruido si no vuelves a mí con renovado amor y diligencia.

¿Qué es el éxito? Es ser capaz de irse a la cama cada noche con el alma en paz.

Paulo Coelho

Muchos penitentes posmodernos, buscando encontrar tranquilidad, aprendiendo a escuchar el silencio y haciendo espacio para que su alma despierte, toman el camino hacia retiros espirituales, monasterios, templos y «catedrales de la naturaleza».

Las vacaciones estaban tradicionalmente dirigidas a pasarlas como un tiempo en el que recargábamos pilas espiritual y físicamente, en el que nos obligábamos a frenar un poco y a desarrollar nuestra innata aunque oprimida habilidad para asombrarnos, y para que reconociéramos la amplitud del alcance y las bondades de nuestras vidas. Recuerdo unas de esas vacaciones cuando mis hijas eran pequeñas, en un pueblecito en la isla de Rodas. Esa misma semana se dio la coincidencia de que la revista *Time* había publicado un artículo sobre el poder curador de la fe. La gente del pueblo en el que nos quedamos se habría reído ante la idea de necesitar experimentos científicos con grupos de control para probar el poder del silencio, de la contemplación, de la oración y de Dios. Las mujeres venían de toda Grecia para subir la montaña cercana hasta el pequeño monasterio de Tsambika, donde rezaban a la Virgen María por un niño, por la salud, por un trabajo. Los aldeanos tenían un montón de historias sobre sus milagros. La naturalidad con la que todo el mundo hablaba de ellos era en sí misma algo de lo que maravillarse, borrando la porquería de nuestras vidas diarias.

Podía sentirme completamente identificada. Creo que tenía 3 años cuando, sin que mis padres me inculcaran nada, me arrodillé en mi cama y recé a la Virgen María. Siempre que me sentía sola o asustada le rezaba. Cuando había alguna pelea en el patio del colegio, cuando mi hermana se ponía enferma, cuando mi padre se marchó y no volvió a casa una noche, le rezaba. Y cuando comencé a meditar a los 13 años, aún seguía rezándole. Ya fuera en India estudiando religiones comparadas, aprendiendo meditación budista o estudiando la cábala, siempre recurría a ella. Era una figura materna, una guía, el amor incondicional personificado. A lo largo de mi infancia, mis dos días favoritos de verano eran el 15 de julio, mi cumpleaños, y el 15 de agosto, el día en el que toda Grecia homenajea a la Virgen María. Ayunaba ese día, incluso sin que lo hiciera nadie más en mi familia. Y aunque no asistiera a la iglesia otro día al año, iba el Día de la Asunción y me sentaba en silencio entre las viudas vestidas de negro y las mujeres jóvenes oliendo a algodón veraniego y humo de velas con sus cabezas agachadas rezando en comunión.

Un día, estando en Rodas, fuimos al monasterio cercano de Tharri, un monasterio del siglo X cubierto de enredaderas, cuyo abad, el padre Amfilochios, había devuelto a la vida. Movido por la teología ortodoxa, el abad (que es ahora jefe de la Archidiócesis Ortodoxa Griega en Nueva Zelanda) desprendía una pícara alegría que desde luego no venía de su nivel de divinidad. Tanto los monjes como los niños le llamaban Geronda, que significa «anciano». La identificación en Grecia de la edad con la sabiduría y la cercanía a Dios contrasta fuertemente con la manera en la que a veces tratamos a nuestros ancianos hoy en día: como si la edad fuese una enfermedad que debiera permanecer en cuarentena y olvidada.

Geronda ni siquiera era tan mayor, probablemente estaba al final de la cincuentena. «Anciano» era un apodo que se le puso por el amor y respeto que inspiraba. Sus ojos brillaban, pero su entusiasmo era templado por su humildad. «Gracias a Dios», decía acerca de todo lo que había conseguido. «Voluntad de Dios», decía ante todo lo que aún tenía que hacer. Su espiritualidad estaba repleta de una reverencia hacia la naturaleza. «Hay otros países tan bellos como el nuestro —me dijo una vez en un paseo hacia las colinas— pero no hay otro país con los perfumes de Grecia». Cada pocos pasos se paraba para coger un poco de tomillo o romero, una ramita de pino, o unas cuantas flores silvestres que, al contrario que yo, podía llamar por sus nombres sin problema.

Estar con los monjes de Rodas fue alimento para el alma. Escuchando al padre Christodoulos, otro monje en Tharri, hablar acerca de su fe fortaleció la mía. Nacido en Denver, de padres griegos, se había mudado a Los Ángeles para intentar convertir su talento para la representación en una carrera en Hollywood. En vez de eso fue camarero en el Old Spaghetti Factory y mientras pasaba su tiempo libre en las fiestas de los famosos donde la cocaína se pasaba como aceitunas griegas. Finalmente, tras una serie de coincidencias —conocidas en el monasterio como los milagros que Dios lleva a cabo de forma anónima— entró en el monasterio de Tharri. Sus días comenzaban a las cuatro de la mañana con los oficios y la divina liturgia. Trabajó para los necesitados de la comunidad y, en su tiempo libre, pintaba iconos con exquisitas imágenes bizantinas en las que volcaba toda su devoción. Regaló un pequeño icono a mis hijas y, a cambio, Isabella, entonces una niña de 5 años, le dibujó un retrato, alto y delgado con una barba que sobrepasaba su cintura —licencias artísticas— y una sonrisa de oreja a oreja. Se lo dio en la playa sentada en su regazo, ella con su biquini rosa, él con su hábito de monje gris. Le preguntó si había dormido bien la noche anterior. «No, tuve una *pensadilla* —contestó la señorita Malapronunciación—. Un enorme mosquito con tenis me pisaba».

Aquella fue una de esas semanas en las que pones la palabra «sagrado» cuando vuelves de las vacaciones.* Pero para muchos de nosotros, las vacaciones a menudo sirven para amplificar nuestro estrés, nuestras ocupaciones y el deseo de hacer y conseguir, con nuestros celulares manteniéndonos continuamente en contacto con ese mundo que hemos intentado dejar atrás. Todos conocemos esa sensación de regresar de vacaciones más cansados de lo que estábamos cuando nos fuimos. De hecho, de acuerdo con un estudio de Fierce Inc., que desarrolla el liderazgo y la formación, 58 por ciento de los trabajadores no sienten reducción alguna del estrés tras sus vacaciones, y 28 por ciento regresan más estresados de lo que estaban antes de irse.

* «Vacaciones», en inglés «holidays», significa literalmente «días sagrados» *(N. de la T.).*

No importa dónde vayas, ahí estás.

Buckaroo Banzai

Para mí, ya sea en la visita a un monasterio en Grecia o en unas vacaciones en casa bien planificadas (que incluyen desconectarme de todos mis aparatos, dar largas caminatas, clases de yoga y meditación sin prisas, dormir sin despertador y leer libros que puedo subrayar sin que tenga nada que ver con el trabajo), el elemento esencial es recuperar la sensación de maravillarse. Significa desconectarse del mundo exterior y partir en un viaje interior, por corto que sea.

Sin esa renovación espiritual, puede que nos quedemos con experiencias negativas. Y como el doctor Rick Hanson, un neuropsicólogo de la Universidad de California, Berkeley, y autor del libro *Hardwiring Happiness,* escribe: «El cerebro es muy bueno construyendo estructuras cerebrales para las experiencias negativas». Pero nuestros cerebros son relativamente pobres haciendo eso mismo con las experiencias positivas. Para luchar contra ello, explica, necesitamos «instalar» las experiencias positivas, «tomándonos diez o veinte segundos para subir esa instalación a nuestra estructura neuronal». En otras palabras, debemos dedicar el tiempo necesario para maravillarnos del mundo que nos rodea, sentir gratitud por lo bueno en nuestras vidas y superar nuestra natural disposición a centrarnos en lo negativo. Y con el fin de que «tome» parte en nuestra vida, debemos frenar un poco y dejar que el asombro haga su trabajo y cree su propio camino.

Coincidencias: la puerta secreta de la vida hacia el asombro

Uno de los caminos para despertar el asombro en nuestras vidas es la serendipia de la coincidencia. De hecho, si estamos abiertos a ella, no es sólo un camino, sino un atajo. Las coincidencias, aunque prosaicas, despiertan nuestra curiosidad acerca de la naturaleza del universo y todo aquello que aún no sabemos o entendemos.

Hay algo en las coincidencias que nos encanta. Hay cientos y cientos de ejemplos para elegir, aunque no tantos que hagan perder su extraño poder sobre nosotros. Y he ahí el punto importante: la combinación de improbabilidad, tiempo y alegría tienen una especie de poder mágico. Para el filósofo Schopenhauer, las coincidencias eran una «maravillosa armonía preestablecida» del universo. Para Carl Jung, eran «actos de creación en el tiempo». Para el autor y periodista Arthur Koestler, eran «juegos del destino».

Así que aquí hay unos cuantos juegos del destino: una mujer llamada Willard Lowell se queda encerrada en su casa en Berkeley, California. Mientras intenta pensar qué hacer, llega el cartero. Entre su correo hay una carta de su hermano, que la ha visitado recientemente y que de forma accidental se fue con la llave. Dentro de la carta está la llave.

Y luego hay un hombre haciendo encuestas en un supermercado en las que pregunta a la gente su número de teléfono. Uno de los encuestados se inventa un número y se lo da. «No, señor, lo siento. Ése no es su número de teléfono», dice el encuestador. «Bueno, ¿por qué no va a ser mi número de teléfono?», pregunta el hombre. «Porque —responde el encuestador— el número que acaba de inventar es en realidad mi número de teléfono».

No tenemos que saber qué significan las coincidencias, ni llegar a una gran conclusión cuando damos con ellas. Pero sirven de recordatorios esporádicos para mantener nuestra sensación de asombro, para parar de vez en cuando y permitirnos estar completamente presentes en el momento y abiertos a los misterios de la vida. Son una especie de reinicio forzado.

Según mi experiencia, sean cuales sean tus creencias espirituales, ya creas en algo más grande que tú mismo en el universo o no, a todos nos encantan las coincidencias. (Puede que haya algunos cascarrabias a los que no, pero yo aún no los conozco). «Las coincidencias son como pequeños atajos a grandes preguntas sobre el destino, sobre Dios, incluso para las personas que no creen en ninguna de las dos cosas —dijo Sarah Koening, productora de la radio pública *This American Life*—. La noción de que en algún lugar allá afuera, algo o alguien está prestando atención a tu vida, que tal vez haya un plan conjurado a través de coincidencias».

En un episodio sobre coincidencias, los productores pidieron a los oyentes que enviaran sus historias. Los oyentes respondieron y los productores leyeron alrededor de mil trescientos envíos. Una era de un hombre llamado Blake Oliver. Él le mencionó a su amiga Camille que quería un nuevo fondo de pantalla para su celular, así que ella le envió una foto de su hijo. Pero en la foto Oliver pudo ver a su propia abuela. Oliver creció en Michigan, Camille en Utah. Pero cuando se tomó la foto, Camille estaba en Vancouver de vacaciones y la abuela de Oliver resultó estar allí visitando a unos parientes, y caminando en segundo plano en la foto que Oliver vería años después. Una foto que era una bomba cósmica. «Es de locos —dijo Oliver—, no sólo estaba en la foto, sino que estaba perfectamente posicionada detrás de la niña».

También en el programa se escuchó la historia de un hombre llamado Stephen Lee, que invitó a los padres de su novia Helen a conocer a su madre cuando ambos decidieron comprometerse. Ocurrió que descubrieron que el difunto padre de Stephen había salido y había propuesto matrimonio a la madre de Helen en Corea en los años sesenta. Esta coincidencia tuvo un significado real para Stephen: «No pude pasar todo el tiempo que habría deseado con mi padre, y de repente de algún modo lo tenía ahí de forma activa, de vuelta en mi vida. Pensar que puedo hablar con mi suegra y escuchar cómo era él cuando tenía 20 años, algo que ni siquiera mi madre sabe».

Otro ejemplo fue el de Paul Grachan, que contó la historia acerca del día en que estaba considerando hacer de su relación con su novia Esther algo más serio. Estaba pensando en ello mientras compraba un sándwich en un supermercado. Sacó dinero para pagar y se dio cuenta de que el nombre de Esther estaba escrito en un billete. Así que lo guardó. Después lo enmarcó y se lo regaló a ella. Esther se asombró, pero no dijo nada en ese momento. Años más tarde, ya casados y mudándose a un nuevo apartamento, ella lo desempacó y le contó el por qué de su reacción. Cuando tenía 19 años, tuvo una relación infeliz con alguien. «Entonces pensé: ¿cómo puede la gente darse cuenta de quién es la persona correcta con la que debe estar? —dijo recordando ese momento—. Así que me dije, ¿sabes qué? No voy a preocuparme por eso. Voy a escribir mi nombre en un billete de dólar. Y el chico que consiga ese billete de dólar será quien me pida que me case con él... Y supe que nos íbamos a casar el día en que me diste ese billete». La razón por la que no se lo dijo en su momento fue porque no quería «aterrorizar a ese joven con la idea de casarnos demasiado pronto».

Cuando él finalmente se enteró, se encontró aturdido: «Sencillamente pensé, ¿qué significa esto? ¿Vamos a inventar una máquina del tiempo?, ¿van nuestros niños a traer la paz mundial? Quiero decir,

¿qué significa? Porque hay algo más grande que no podemos ver».

Y, por supuesto, eso es lo importante. ¡Hay *algo* más grande que no estamos viendo! Siempre he sentido un profundo amor hacia los misterios de la coincidencia y cómo pueden darnos pequeños atisbos de la estructura del universo, o incluso un vistazo al hecho de que haya siquiera una estructura. Uno de mis pasajes favoritos en la Biblia es aquel de Mateo que dice: «Ni un solo gorrión puede caer al suelo sin que Dios lo sepa», un maravilloso reto a la creencia existencialista de que vivimos solos y alienados en un universo indiferente.

Como mi hermana Agapi cuenta en su libro *Unbinding the Heart (Desatando el corazón),* las coincidencias se siembran y crecen en nuestras vidas. «Fui criada en Grecia con mucho aceite de oliva, queso feta y el principio de sincronía —escribe—. Tuve una madre que lo vivía, respiraba y lo afirmaba cada día. Y mi propia vida fue sincronía en acción desde el principio».

Luego cuenta la historia sobre ese comienzo. Cinco meses después de que yo llegara al mundo, nuestra madre volvía a estar embarazada. Pero el matrimonio de mis padres no era feliz (más tarde se divorciaron). Así que decidieron no tener el bebé. «Pero el día de la cita con el doctor —escribe Agapi—, mi padre tenía otra cosa en la cabeza (otra clase de trascendencia). Su momento de intimidad en la cama aquella mañana hizo que mi madre se perdiera la cita con el médico y nunca pidiera otra. Terminó teniendo el bebé: yo. ¡La sincronía trabajando en mi favor!»

Y en el mío, ya que me dio una hermana que siempre ha sido mi mejor amiga. Y desde entonces la sincronía no deja de aparecer en mi vida. Años más tarde, cuando estaba en mi último año en Cambridge, un editor británico que había publicado *The Female Eunuch* de Germaine Greer, me vio en un debate televisivo. Me escribió una carta preguntándome si estaría interesada en escribir un libro. Mis planes en ese momento eran ir a la Escuela de Gobierno John F. Kennedy, así que escribí una carta declinando educadamente la proposición. Me respondió con otra diciendo qué tal si quedábamos tan sólo para comer. Así que pensé, ¿por qué no? Bien, al final de la comida me estaba ofreciendo un contrato y un pequeño (probablemente más pequeño que la cuenta de la comida) anticipo que acepté y que me llevó por un camino diferente en mi carrera. ¡Y todo eso porque el editor no quiso ver otra cosa más entretenida en televisión!

También hay muchas coincidencias extrañas en la historia, incluyendo la fecha del fallecimiento de Thomas Jefferson y John Adams en el mismo día en 1826, que resultó ser el 4 de julio, que además era el cincuenta aniversario de la firma de la Declaración de Independencia. El hijo de John Adams, John Quincy Adams, que era entonces presidente, escribió en su diario que esa coincidencia era un signo «visible y palpable de favor divino». Otro firmante de la Declaración, Samuel Smith, dijo en su elegía a ambos que la coincidencia se debía a «la providencia como un signo de aprobación hacia sus vidas bien empleadas». En su análisis sobre la posible explicación de esta coincidencia, Margaret Battin, profesora de filosofía de la Universidad de Utah, escribe: «Lo que decimos acerca de Adams y Jefferson, ante la ausencia de una prueba histórica, puede al final reflejar lo que queremos decir de nosotros mismos».

Una investigación ha mostrado que nuestra voluntad para dejarnos experimentar el asombro de la coincidencia realmente dice algo de nosotros. De acuerdo con Martin Plimmer y Brian King, coautores de *Más allá de la coincidencia:* «Aquellas personas que creen en las coincidencias tienden a mostrar más confianza y tranquilidad en sus vidas. Cada coincidencia que experimentan —incluso las más pequeñas— confirma su optimismo», escriben. Y de acuerdo con Ruma Falk, profesor en la Universidad Hebrea de Jerusalén, los sucesos en nuestras vidas que no forman parte de la coincidencia son más fácilmente olvidados que aquellos que sí lo son.

Plimmer y King señalan la importancia que el papel de la coincidencia tiene en la narrativa. «La alegoría y la metáfora funcionan para unir dos ideas normalmente inconexas con el fin de ayudar al lector a ver algo que pensaba que conocía con una luz distinta —escriben—. Estrictamente hablando, las metáforas no son coincidencias, ya que están hechas por el hombre, pero funcionan del mismo modo: fusionan entidades no relacionadas para mostrar una revelación». Como un viejo proverbio chino que dice: «Si no hay coincidencia, no hay historia».

Carl Jung usaba el término «sincronía» para describir hechos que son «todo menos casuales», el producto de «caer juntos al mismo tiempo, una forma de simultaneidad». El interés de Jung hacia la sincronía creció escuchando historias de pacientes que no podían ser explicadas «como simples casualidades» y que estaban «conectadas de forma tan significativa que esas "casualidades" representaban un grado de improbabilidad que tendría que ser expresado con cifras astronómicas».

Para Jung, la sincronía no se trataba sólo de casualidades, sino de la relación entre ese momento casual y el estado psicológico de la persona en ese preciso instante. «La sincronía —escribió—, por tanto, significa la simultaneidad de cierto estado psíquico con un suceso externo que resulta tener un paralelismo significativo con un estado subjetivo momentáneo y, en ciertos casos, viceversa». Concluía que «debemos considerarlos actos creativos, como la continua creación de un patrón que existe desde la eternidad, repitiéndose esporádicamente, y que no puede derivarse de antecedentes conocidos».

El concepto de simultaneidad es especialmente interesante. Haciéndonos replantear la naturaleza de la línea del tiempo, en realidad nos acercamos a cómo los físicos lo describen, con pasado, presente y futuro entremezclándose. Así que las coincidencias pueden ser planteadas como esos momentos en que los hilos invisibles que conectan esos tiempos se vuelven momentáneamente visibles.

Uno de sus hilos se me apareció cuando trabajaba en estas páginas sobre coincidencias. De camino al aeropuerto en mi viaje de vuelta a Nueva York por Navidades, leí esta parte del libro por última vez antes de enviarla a la editorial. Más tarde, mientras cruzaba los controles de seguridad, un funcionario del Departamento de Seguridad Nacional llamado Jay Judson me dijo que tenía una esposa griega y hablamos brevemente sobre lo bueno que estaba su plato de *spanakopita*. Y entonces de pronto me dijo: «¿Tiene un momento para que le cuente una historia?» ¡Y me contó una historia sobre coincidencias!

«Mark, el primo de mi mujer, trabaja en un supermercado griego frente a la iglesia de Santa Sofía —dijo—. Nació en la isla griega de Zante y tenía 6 meses cuando ocurrió el terrible terremoto de 1953. Durante el terremoto, fue separado de su familia, puesto en manos de los servicios sociales, y después enviado a Estados Unidos con una pareja que terminó adoptándolo. Más de cincuenta años después estaba poniendo las mesas del restaurante con un camarero bajo tiempo parcial que acababa de empezar. Resultó que el camarero era su primo, que puso de inmediato a Mark en contacto con su hermano en

Zante. "Aquí sabes que tienes una gran familia griega que se muere por conocerte", le dijo su hermano. Siempre que cuento esta historia se me pone la piel de gallina».

Y entonces se levantó la manga para mostrarme que tenía la piel de gallina en su brazo. Aquí estaba ese enorme hombre visiblemente conmovido por una coincidencia que ni siquiera le había pasado a él, sino al primo de su mujer, justo en el momento en que estaba terminando mi sección sobre coincidencias (momento para la música de *Los límites de la realidad).*

Tal vez por eso en *Más allá de la coincidencia,* los ejemplos utilizados por la mayoría al preguntarles sobre momentos religiosos o espirituales, éstos tenían que ver con coincidencias. Pero si las coincidencias son una señal de que hay un significado y un diseño en el universo, son la consecuencia de cómo vivimos nuestras vidas. Porque si hay significado en el universo, hay significado en nuestra vida diaria y en las elecciones que hacemos. Así que podemos elegir vivir de un modo que nos ayude a sentirnos realizados y más completos en nuestra vida, centrados en lo que importa: una vida que no está definida por nuestros salarios o nuestro currículo. Una vida que abarque todo lo que somos y lo que podemos llegar a ser.

Por supuesto, los estadísticos pueden, sin mucha dificultad, explicar las coincidencias como poco más que eso, como el científico de la Universidad de Yale Pradeep Mutalik señala: «Una interacción entre matemática y psicología humana. Esto puede hacer que tu próxima semana —escribe— sea bendecida con muchas coincidencias interesantes. Y puede que no exista ningún significado cósmico en ellas». A lo que yo digo: ¡Asígnales todo el significado que quieras! Y utiliza ese significado como una casilla de salida para vivir la vida según la Tercera Métrica.

¿Cuál es la desventaja, siempre que no le asignes un dogma (del tipo si *x* ocurre ha de significar *y* por tanto has de hacer *z*)? Las ventajas, sin embargo, son obvias: mantener una sensación de asombro y curiosidad infantil es parte de la diversión y del intenso misterio de estar vivo. Las coincidencias nos conectan a través del tiempo, los unos a los otros, a nosotros mismos y al invisible orden del universo. No podemos elegir cuándo y dónde sentirnos agradecidos por su presencia, pero podemos elegir estar abiertos a su poder.

Memento mori

En la mitología, la muerte siempre es descrita en términos de transformación y renovación.

No importa lo buena y repleta que sea nuestra vida, no importa el éxito que tengamos llenándola de bienestar, sabiduría y generosidad, llegado un punto nuestra vida terminará. Y no importa lo que creamos que pasará tras morir, si nuestras almas seguirán vivas, si iremos al cielo o al infierno. Si nos reencarnaremos o volveremos a formar parte de la energía del universo o si simplemente dejaremos de existir, si nuestra existencia física y nuestras vidas tal y como las conocemos terminarán. Ya sea la muerte el final o la transición a otra cosa, sin duda es una pausa. Puede que no sea el final de la historia, pero sin duda es el final de un capítulo. Y como el titular de *The Onion* resumía: «El promedio mortal mundial se mantiene en el 100 por ciento».

En este tiempo tan fuertemente polarizado, en el que tanta tinta digital (o pixeles) se gastan subrayando lo divididos y desconectados que estamos, la muerte es algo universal que tenemos en común. Es el ecualizador definitivo. Y aun así hablamos muy poco sobre ella. En una desalmada sala de espera en un aeropuerto, podemos entablar conversación con un desconocido durante nuestro retraso de diez minutos, y desarrollar toda una relación en torno a nuestra devoción por *Mad Men;* sin embargo, rara vez se nos ocurre hablar sobre un importante e incómodo tema: nuestra mortalidad compartida.

Desde luego, en Occidente solemos esconder el tema. Y cuanto más se nos acerca la muerte, más profundo lo enterramos, utilizando máquinas, vías y alarmas para alejarnos de la persona que está a punto de irse. La maquinaria médica tiene el efecto de hacer a esa persona —el paciente— menos humano, y por tanto su destino nos es menos relevante a nosotros, afortunados y vivos. Nos permite no pensar en ello, posponerlo eternamente, como algo en nuestra lista de quehaceres a lo que nunca llegamos. Como cambiarnos de compañía de Internet o hacer limpieza de armarios. Racionalmente, sabemos que tendremos que llegar a ello —que nos golpeará— tarde o temprano. Pero creemos que no debemos enfrentarnos a ello hasta que realmente ocurra. Pensar en la muerte es como cambiar nuestro calentador antes de que el actual se rompa. ¿Por qué hacerlo ahora? ¿Qué cambiaría? ¿Qué bien nos haría?

Mucho, en realidad. De hecho, puede que no haya nada que nos enseñe tanto sobre la vida como la muerte. Si queremos redefinir lo que significa una vida de éxito, hemos de integrar en nuestras vidas la realidad de nuestra muerte. Sin «muerto» no hay «vivo». La muerte es el *sine qua non* de la vida. Tan pronto como nacemos, estamos también muriendo. El hecho de que nuestro tiempo sea limitado es lo que lo hace tan preciado. Podemos pasar nuestras vidas acumulando fervientemente dinero y poder como una especie de protección, irracional e inconsciente, contra lo inevitable. Pero ese dinero y ese poder no serán más permanentes que nosotros. Sí, puedes dejarlo en herencia a tus hijos, pero también puedes compartir con ellos la experiencia de una vida vivida al máximo, rica en sabiduría y asombro. Para realmente redefinir el éxito necesitamos redefinir nuestra relación con la muerte.

Recuerdo vivamente todo lo que pasé durante mis embarazos: las clases de Lamaze, los ejercicios de respiración, las interminables lecturas al respecto. Qué extraño, pensé un día, pasar horas y horas aprendiendo cómo traer vida al mundo, pero no pasar ni un minuto aprendiendo a dejarlo. ¿Dónde están las enseñanzas en nuestra cultura para abandonar la vida con gratitud y gracia?

Desde luego, parecemos obsesionados con el uso de las redes sociales para recordar nuestras experiencias como si fotografiando todo hiciésemos que fuera menos efímero. De hecho, aunque los retazos de nuestras versiones virtuales pueden permanecer más tiempo que nuestro yo físico, son sin embargo igual de fugaces.

Recuerdo una cena en Nueva York, en un tiempo en el que visitar templos egipcios en el Nilo parecían ser las vacaciones «de moda». Estaba sentada junto a un hombre que acababa de regresar de uno de esos viajes. «Ramsés —me dijo incrédulo— pasó toda su vida preparándose para la muerte». Mirando a la sala, pensé que desde luego era una elección más sabia que la nuestra: pasando nuestras vidas pretendiendo desesperadamente que la muerte nunca llegue. «A lo mejor eran conscientes de algo —dije—. Una vida vivida sin tener en cuenta la muerte es en mi opinión como olvidar el destino de un largo camino». «La muerte me aburre —contestó con desdén, despertando murmullos de asentimiento—. En Europa Central hay cafeterías para eso, *Kaffee mit Schlag* (café con nata montada) para hablar de la muerte y del más allá. Hay algo indigno en esas conversaciones. No quiero saber más sobre mí mismo». Hubo una risa y un alivio general, y por consiguiente, nuestro perfecto anfitrión cambió de tema.

En los ochenta escribí una biografía de Pablo Picasso. Evitar la muerte fue una fuerza propulsora para él según fue envejeciendo y acercándose a ella. Mientras investigaba, pasé mucho tiempo intentando comprender ese impulso por mantener la muerte alejada de su órbita. Para él fue más duro, al igual que para todos nosotros, cuando murieron las personas importantes de su vida. Para Picasso, dos personas esenciales murieron en 1963: el pintor Georges Braque en agosto y el escritor Jean Cocteau en octubre. Rehusó pensar en ello y siguió trabajando. Si el trabajo no podía vencer a la muerte, ¿qué podría? Sus hijos, lejos de ofrecerle ese sentimiento de que la vida continuaba a través de ellos, eran sólo un recuerdo de que su existencia se acababa. Durante las vacaciones de Navidad de ese año le dijo a su hijo Claude que esa sería la última vez que podría visitarlo: «Soy viejo y tú joven. Ojalá estuvieses muerto». En su trabajo, había dejado caer lo flagrante de su genio en la oscuridad. Pero en su vida, la misma oscuridad lo dominaba.

Hay una razón por la que la muerte ha sido tema central de toda religión y filosofía a lo largo de la historia. «La aspiración de aquellos que practican la filosofía debidamente —dice Sócrates en el *Fedón* de Platón— es el practicar para la muerte». Ya que nuestro cuerpo «nos llena con deseos, miedos, toda clase de ilusiones y muchas tonterías», sólo podemos alcanzar la verdadera sabiduría cuando nuestra alma es liberada de nuestro cuerpo a través de la muerte. Y por eso la filosofía, dice: «es la preparación para la muerte».

Desde la Antigua Roma nos han repetido la frase «memento mori» —recuerda que has de morir, MM para resumir— grabándola en estatuas y árboles. La tradición dice que la frase data de una antigua victoria romana en la que un esclavo gritó al comandante triunfador: «Recuerda que eres mortal». Otro romano, Miguel Ángel, dijo una vez: «No existen pensamientos en mí que la muerte no haya grabado con su cincel».

En el judaísmo, el duelo se divide en cuatro fases: tres días de profundo duelo; siete días de *shiva*, en que los invitados van a estar con el doliente; treinta días de *shloshim*, en los que el afligido conecta gradualmente con la comunidad; y después un año de *shneim asar chodesh,* en el que se celebran ciertos rituales en recuerdo. El cristianismo, por supuesto, está basado en Jesús sufriendo el mayor rito humano —la muerte— y venciéndolo, a través de la resurrección.

En el budismo, no hay distinción con el resto de la existencia, así que la muerte es un renacimiento hacia otra manifestación de la vida y la energía del universo. En Occidente, evitando conversaciones sobre la muerte y convirtiéndola en un tabú, nos negamos lo que la muerte puede enseñarnos. Como el doctor Ira Byock escribió en *Dying Well: The Prospect for Growth at the End of Life (Morir bien: paz y posibilidades al final de la vida):* «Nuestra sociedad reserva sus mayores elogios para la juventud, el vigor y el autocontrol y les otorga dignidad, mientras que su ausencia es indigna. Los signos físicos de enfermedad o de edad avanzada son considerados deshonrosos, y el deterioro del cuerpo, antes de ser considerado como un inevitable proceso humano, se convierte en una fuente de vergüenza».

Desde que hemos eliminado con éxito la muerte —y a los muertos— de nuestros hogares y nuestra vida diaria, aquellos con una visión más cercana a estas lecciones son los cuidadores de personas al final de su vida. Y cuando comparten su juicio, es extraordinario con qué fuerza afirman que estar tan sumidos en la muerte les ha enseñado grandes cosas sobre la vida.

Joan Halifax es una sacerdotisa budista zen, antropóloga y trabajadora en un hospital de enfermos terminales. En su libro *Being with Dying: Cultivating Compassion and Fearlessness in the Presence of Death (Estar con la muerte: cultivando la compasión y la valentía frente a la muerte)*, escribe que la noción tan norteamericana de la «buena muerte», que a menudo significa una fase final «que niega la vida, antiséptica, narcotizada, entubada, institucionalizada», niega lecciones valiosas sobre ella. Se dio cuenta de que estar cerca de la muerte y cuidar «nos otorga tranquilidad, la habilidad de dejar marchar, de escuchar y de estar abiertos a lo desconocido».

Esto no significa que estar siempre cerca de la muerte sea fácil. «Trabajar tan cerca de la muerte a menudo me asustaba —escribe—. Me aterrorizaba sufrir de lo que sufría esa persona que iba a morir. Cuando me di cuenta de que ya lo sufría —mortalidad—, dejé de tener miedo a contagiarme. Reconociendo que la verdadera interconexión es el comienzo de la compasión».

Una lección en particular que ella aprendió fue que cuidar de otros significaba cuidarse a ella misma. Escribe sobre ser testigo de cómo muchos cuidadores dejaban su trabajo por agotamiento. «Mantener tu vida en pie no es una indulgencia opcional, sino una absoluta necesidad cuando se refiere a ser útil para otros en este mundo —escribe—. No somos ajenos a los demás; cuando sufrimos, otros sufren. Nuestro bienestar es el bienestar de otros. Así que has de sacar tiempo para conectar con tu corazón, porque como el proverbio zen dice: "Si cuidas de tu mente, cuidas del mundo"»

Para Halifax esto significa abrazar la meditación y el cuidado espiritual. Lo describe como «entender que la tarea de desarrollo trascendental es posible en la muerte». Donde antes había visto un «enemigo», ahora veía en la muerte una profesora y una guía.

Elizabeth Kübler-Ross escribe en su libro *Death: The Final Stage of Growth (Muerte: la etapa final de crecimiento)* sobre cómo estar tan cerca de la muerte ha enriquecido su vida. «Trabajar con moribundos no es morboso y depresivo —escribe—, sino que puede llegar a ser una de las experiencias más gratificantes que hay, y ahora siento que he vivido mi vida de manera más completa en estos últimos años que mucha gente en toda su vida». Llama a la muerte «una fuente potente de creatividad... Enfrentarse a la muerte significa enfrentarse a la pregunta definitiva sobre el significado de la vida. Si realmente queremos vivir, debemos tener el coraje de reconocer que la vida es muy corta y todo lo que hacemos cuenta».

Kübler-Ross, por supuesto, es más famosa por sus cinco fases de dolor: negación, enfado, negociación, depresión y aceptación; esta última, según escribe ella, «no es una etapa feliz, pero tampoco infeliz..., no es resignación, es en realidad una victoria».

Incluso si nos negamos a permitir que la muerte influya en nuestras vidas, nuestras vidas influirán en nuestra muerte. Stan Goldberg, autor de *Lessons for the Living: Stories of Forgiveness, Gratitude, and Courage at the End of Life (Lecciones para los vivos: historias de perdón, gratitud y coraje al final de la vida),* escribe que «las ideas y emociones que la gente lleva consigo a lo largo de la vida a menudo determinan la calidad de su muerte». En otras palabras, una «buena muerte» es más probable si has llevado una buena vida. «He llegado a creer que el bagaje que lleve a mis espaldas en mi muerte determinará su calidad —escribe—. He aprendido la importancia de hacer cosas simples: decir a mi familia y amigos que los quiero; expresar gratitud por la más mínima amabilidad que se me muestre, aceptar las malas opiniones y acciones de los demás; y pedir perdón cuando meta la pata».

A menudo leemos acciones conmovedoras de los propios moribundos —o, mejor dicho, aquellos en el umbral de la muerte, al contrario que nosotros, que nos encontramos en etapas tempranas de la muerte— sobre las profundas lecciones que parecen tan obvias al final de la vida. En marzo de 2010 a Andy Whitfield, la estrella de la serie televisiva *Spartacus: Sangre y arena*, le fue diagnosticado un linfoma no-Hodgkin. Su tratamiento lo llevó a India, Nueva Zelanda y Australia. Mientras esperaba los resultados de una prueba, su esposa y él se hicieron unos tatuajes donde se leía: «Has de estar aquí ahora»: «En mi corazón estoy convencido de que esto era lo que tenía que pasar —dijo—. Se suponía que debía estar aquí ahora y estoy abierto al viaje, los descubrimientos y la aventura de todo esto. "Has de estar aquí ahora" quiere decir que has de vivir el presente y no temer lo que no conoces».

Murió en septiembre de 2011. Pero su lección le sobrevive. Estar totalmente presentes en nuestras vidas es tan importante para una buena vida como para una buena muerte.

El historiador británico Tony Judt murió de una esclerosis lateral amiotrófica, o enfermedad de Lou Gehrig, en 2010. En una extraordinaria entrevista con Terry Gross en *Fresh Air* de la NPR, Judt explicó que con una enfermedad tan dura como la ELA, en la que estás rodeado de equipamiento y profesionales en salud, el peligro no es enfadarte y ser desagradable sino desconectarte de quienes amas. «Es el que ellos pierdan la sensación de que estás ahí —dice—, de que dejes de ser omnipresente en sus vidas». Así que su responsabilidad para con su familia no era ser positivo y «optimista», ya que no sería honesto. «Es estar todo lo presente que pueda en sus vidas para que en los años venideros no se sientan ni culpables ni mal porque yo no siga en sus vidas, que aún mantengan un fuerte... recuerdo de una familia completa en lugar de una rota».

Sobre sus creencias espirituales, contestó: «No creo en la vida tras la muerte. No creo en un dios o dioses. Respeto a quien sí lo hace, pero yo no lo creo... Así que nada de Dios, ni organizaciones religiosas, sino la sensación de que hay algo más grande que el mundo en que vivimos, tras la muerte, y que tenemos responsabilidades en ese mundo».

Esa sensación de que hay algo más grande que el mundo en que vivimos cambia drásticamente nuestras prioridades sobre lo que es importante en la vida.

Aunque la cultura occidental, que adora la juventud y la fama, nunca se ha sentido cómoda hablando de la muerte, existe una tendencia a incorporar ese tema en nuestro día a día. El periodista Jaweed Kaleem, que escribe sobre religiones en *The Huffington Post,* ha hablado de ello.

Escribió acerca del movimiento «La muerte durante la cena», en el que, tal y como se indica, la gente se reúne para discutir acerca de la muerte durante la cena. ¿Y dónde mejor se puede discutir sobre la muerte que durante una actividad primaria para mantenernos con vida? La idea se ha extendido a doscientas cincuenta ciudades por todo el mundo. «La gente habla de la muerte en el consultorio del médico, en incómodas reuniones familiares, en el despacho del abogado, todos estos lugares horribles que no están diseñados para una conversación que requiere mucha humanidad y en ocasiones humor, respeto —dice el artista de Seattle Michael Hebb—. Pero históricamente, es en la comida en donde las ideas han tomado vida».

El movimiento de «La muerte durante la cena» le sigue los pasos al movimiento de «Cafés sobre la muerte», que comenzó en Suiza en 2004. Al igual que «La muerte durante la cena», los «Cafés sobre la muerte» se centran en reunir gente para discutir sobre la muerte. «Hay una idea general de que la manera en que hemos externado la muerte hacia los profesionales médicos y los directores de funeraria no nos ha hecho ningún bien», dice Jon Underwood, que dirige un Café sobre la muerte en Londres. Como la periodista ganadora de un Pulitzer, Ellen Goodman, cuya «otra carrera» fue fundar The Conversation Project para conseguir que la gente hable sobre la muerte, dijo: «La gente no está muriendo como desea. El 70 por ciento dice querer morir en casa, pero 70 por ciento muere en hospitales e instituciones». Goodman pasó «de cubrir problemas sociales a hacer cambios sociales», llevada por el dolor de no conocer los deseos de su madre durante su enfermedad y muerte. «Lo mejor de The Conversation Project —me dijo— es que pedimos a la gente que nos hable sobre lo que desean al final de su vida en la mesa de la cocina y no en la UCI. Les pedimos que nos hablen sobre lo que les importa, no sobre lo que les pasa. La conversación se convierte en una de las más íntimas y cariñosas que las familias han tenido nunca».

Hablando con otros sobre sus experiencias con la muerte, Goodman concluye que «la diferencia entre una buena muerte y una muerte difícil parece residir en si la persona que va a morir ha compartido sus deseos». Pero la mayoría de las veces esto no ocurre porque «los padres ancianos y los adultos jóvenes entran a menudo en una conspiración de silencio. Los padres no quieren preocupar a sus hijos. Los hijos no quieren sacar un tema tan difícil y tenso; a algunos les preocupa que sus padres crean que suponen o esperan que mueran. Nos reconfortamos con la idea de que los médicos están "a cargo" y tomarán la decisión correcta. Y todos creemos que es demasiado pronto para hablar de la muerte. Hasta que es demasiado tarde».

En la mayoría de las ciudades hay también grupos llamados «cantantes en el lecho de muerte» en el que coros en el umbral cantan a pacientes en hospitales de enfermos terminales, clínicas y hogares de manera gratuita. Los coros los forman principalmente mujeres, que van a la cama del paciente y sencillamente cantan invitando a los presentes a que se unan. Y hay un campo en la ciencia, la musicotanalogía, que estudia los efectos de la música en la respiración, el ritmo cardiaco y los niveles de estrés. Los estudios han mostrado que mantenemos el oído hasta el final. «Las palabras son buenas para muchas cosas, pero no parecen suficientes cuando se refieren a la muerte —dice Ellen Synakowski, que comenzó un coro de este tipo en Washington D. C.—, pero la música puede llegar a lugares a los que no llegan las palabras».

¿Cuál es, entonces, el papel que la tecnología tiene al final de la vida? Mucha de la discusión sobre la intersección de la tecnología y la muerte ha sido acerca de cómo puede prevenirnos de la muerte (y, por tanto, acerca de los cálculos de costos-beneficios de medidas extremas y caras para añadir una pequeña calidad —o incluso cantidad— a nuestras vidas). Pero la tecnología también ha sido utilizada para profundizar en nuestra relación con la muerte.

En julio de 2013 se lanzó una campaña de Kickstarter para un juego llamado My Gift of Grace creada por la firma de diseño Action Mill. En este juego, nadie gana o pierde (al final, todo el mundo recibe un lazo de participación). Los jugadores utilizan cartas para facilitar una discusión, contestando preguntas del tipo: ¿Qué te hace sentir más vivo? ¿Qué temes de tu muerte? Hay cartas de «acción» que animan a actividades como visitar una funeraria y hablar con sus trabajadores. «Todo el mundo piensa que un juego acerca de la muerte es triste y terrible —dice el socio de la firma Nick Jehlen—, pero nuestra experiencia nos dice que cuanto más lo haces, más feliz te sientes día a día».

Los medios de comunicación nos animan a gastar un enorme montón de energía y tiempo creando y manteniendo nuestras versiones virtuales, distinguiéndonos del resto en función de cómo nos vemos, qué escuchamos, qué recomendamos, qué nos gusta. Pero ellos, también, han sido utilizados para enriquecer la conversación acerca de nuestra mayor experiencia universal compartida. El periodista radiofónico Scott Simon estableció una discusión nacional sobre la muerte cuando empezó a tuitear en vivo la muerte de su madre a 1.2 millones de seguidores. Su conmovedora y casi directa crónica de su declive final fue una lección sobre lo que realmente importa. Unas cuantas selecciones:

27 de julio, 2:38: «Las noches son lo más difícil. Pero por eso estoy aquí. Ojalá pudiese aliviar los miedos y el dolor de mi madre y trasladarlos a mis propios huesos».

27 de julio, 6:41: «No he dormido esta noche. Pero ha habido poemas, recuerdos y risas. Mi madre: "Gracias a Dios por darnos la noche y el uno al otro"».

28 de julio, 14:02: «Y: escuchad a las personas de 80 años. Han visto a la muerte en la acera de enfrente. Saben lo que es importante».

Y la última:

29 de julio, 20:17: «El cielo se ha abierto sobre Chicago y Patricia Lyons Simon Newman ha entrado en él».

«En el periodismo, cuando queremos dar una noticia con fuerza, nos referimos a ella como si fuese una experiencia universal, pero casi nunca lo es —dijo Simon más tarde—. Hay una experiencia universal: la muerte. Eso es algo que todos experimentaremos de distintos modos en la vida de nuestros seres queridos, desconocidos y amigos, la de la gente que nos rodea y la nuestra. Creo que es algo con lo que debemos sentirnos cómodos. A medida que nos sintamos cómodos con ella, podremos reiniciar los relojes de nuestras propias vidas».

Y no has de esperar hasta que —citando a John Donne— las campanas doblen por ti. Permitiendo entrar en nuestras vidas diarias la realidad de la muerte podemos evitar desviarnos del camino.

El profesor de psicología Todd Kashdan ha descubierto que evitar la realidad de la muerte nos lleva a costumbres y creencias que nos ofrecen una sensación de estabilidad, incluida la identificación con grupos basados en razas y géneros. «Aferrarse a una "visión cultural" nos da la sensación simbólica de inmortalidad —escribe—. Sé que suena raro, pero definiendo los grupos con los que nos identificamos, tenemos una segunda estrategia para enfrentarnos al miedo a la muerte». Estos grupos parecen más permanentes de lo que nosotros somos, pero esta estrategia es desastrosa para la sociedad, llevándonos al ostracismo, racismo y otros modos en los que demonizamos al de fuera para glorificar al grupo al que pertenecemos.

El profesor Kashdan va más allá y cita estudios que muestran que cuando se trata de la muerte, la gente tiende a dar respuestas más racistas entre los grupos que no son el suyo. Así que Kashdan y sus colegas se preguntaron qué podría mitigar o comprobar estas respuestas. Ellos querían descubrir específicamente si la práctica de la conciencia plena podía alterar este fenómeno. O, como señaló Kashdan: «Si las personas reflexivas tienen más voluntad para explorar lo que ocurre en el presente, incluso siendo incómodo, ¿se mostrarán menos defensivas cuando su sentido del yo sea tratado a través de la confrontación con su propia mortalidad?»

La respuesta fue un sonoro sí. Tras recordarles su propia mortalidad y pedirles que describiesen la descomposición de sus cuerpos (un buen recordatorio de la muerte), los participantes más conscientes mostraron menos hostilidad hacia grupos con creencias distintas a las suyas. El grupo de conciencia plena también escribió más tiempo y utilizando más palabras relacionadas con la muerte, sugiriendo «que una mayor apertura para procesar la amenaza de la muerte permite una mayor compasión y justicia para actuar». Kashdan concluye: «La conciencia plena altera el poder que la muerte tiene sobre nosotros».

Lo que el experimento también muestra es que no es suficiente enfrentarse a la muerte de vez en cuando. Para ser capaces de incorporar el poder de la muerte para reiniciar el reloj, devolvernos al camino, construir nuestra empatía, ofrecer perspectiva, necesitamos estar en forma, como aquellos que están en forma pueden experimentar el profundo placer de correr un maratón. Para quienes no están preparados, la experiencia puede ser dolorosa. Nuestra relación con la muerte es eso, una relación. La dinámica fluye hacia ambos lados. La muerte puede traer algo a nuestras vidas y, por tanto, nuestro modo de vivir puede llevar algo a nuestra muerte.

El 27 de octubre de 2013 el músico Lou Reed murió en su casa de Southampton, Nueva York. Junto a él estaba quien había sido su pareja durante veintiún años, Laurie Anderson. Describe sus últimos momentos juntos. A pesar de haber sido dado de alta del hospital unos días atrás, Reed insistió en que le llevaran fuera a la luz del sol.

«Como practicantes de meditación —escribió ella— nos habíamos preparado para esto: mover la energía desde nuestro vientre a nuestro corazón y de ahí a la cabeza. Nunca he visto una expresión de asombro como la de Lou al morir. Sus manos hacían la postura 21 del taichi. Sus ojos estaban completamente abiertos. Yo sostenía entre mis brazos a la persona que más quería en el mundo, y le hablaba mientras moría. Su corazón se paró. No tuvo miedo. Conseguí caminar con él hasta el fin del mundo. La vida —tan bella, dolorosa y deslumbrante— no puede ser mejor. ¿Y la muerte? Creo que el propósito de la muerte es liberar amor».

Es un poderoso y conmovedor ejemplo de lo consciente que puede ser la vida con una muerte consciente: «Nos habíamos preparado para esto». Y, por supuesto, la liberación de amor no es sólo el propósito de la muerte, sino el propósito de la vida. Sin embargo, para muchos de nosotros, el propósito de la vida es evitar la muerte, con miles de distracciones, estando eternamente ocupados, con un narcisismo desorbitado, con una obsesiva fiebre por el trabajo. Para alguno, llegará el momento en que contemplar la muerte le ofrezca la respuesta sobre de qué trata la vida. Pero esa respuesta está disponible desde ahora. Como Joan Halifax escribe: «Todos somos terminales». Y todos somos cuidadores, de los demás y de nosotros mismos.

Pasamos tanto tiempo buscando trucos para alargar nuestras vidas y ganar algo de tiempo. Pero creamos o no que hay algo después de esta vida, la muerte tiene mucho que enseñarnos sobre redefinir cómo vivimos nuestra vida terrenal, sea como sea de larga.

Mi madre murió el 24 de agosto de 2000. El día de su fallecimiento fue uno de los más trascendentales de mi vida.

Esa mañana nos dijo a mi hermana y a mí: «Quiero ir al supermercado internacional de Santa Mónica». Era como Disneylandia para ella; se iba cargada de cestas de comida, fruta y golosinas para todos. Así que la llevamos. Mi madre en su frágil cuerpecito, aún repleta de la diversión por la vida, compró salami y queso, aceitunas, *halvah,* chocolate vienés y griego, y frutos secos, y al final, teníamos bolsas y bolsas que llevar a casa. Era surrealista, sacarla al mundo tras todo ese tiempo en el hospital y en casa con una insuficiencia cardiaca. Queríamos decirle al dependiente: «Usted no parece que entienda lo que está ocurriendo aquí. ¡Ésta es nuestra madre! ¡Y está muriendo! ¿Puede hacerle caso? ¿Puede hacernos caso?». Y sin embargo, seguimos fingiendo que era un día cualquiera. En el fondo, sabíamos que estábamos comprando para nuestra última cena, pero no queríamos admitirlo, ni siquiera para nosotras mismas.

De vuelta a casa, mi madre preparó un increíble banquete en la cocina, invitando a sus hijas, sus nietas, a nuestra ama de llaves, Debora Perez, y a todo el que trabajaba en casa entonces: «¡Sentémonos y disfrutemos de la comida!» Era un banquete. Mi hermana me miró con esperanza recobrada: «¡Fíjate en su apetito por la comida, el amor y el compartir! ¡No es una mujer que vaya a morir!»

Temprano esa misma tarde, estaba sentada frente a una mesita en su dormitorio, pelando y comiendo mariscos: «¡Siéntense y coman mariscos!», nos dijo. Tenía el pelo recogido en dos colas y estaba escuchando una preciosa melodía griega. Era como una niña feliz, como si su espíritu la llamara, y estuviese preparada. No hubo sufrimiento. Sencillamente gracia. Christina e Isabella —entonces tenían 11 y 9 años— no dejaban de entrar y salir con los patines que les habíamos comprado. Mi madre estaba de pie, mirándolas, ofreciéndoles todo su amor.

Y entonces cayó al suelo.

Intenté ayudarla a volver a la cama, pero se negó. Ésta era la mujer que, a pesar de su debilidad, seguía teniendo la autoridad de una joven de 22 años que durante la ocupación alemana de Grecia huyó a las montañas como parte de la Cruz Roja, cuidando de los heridos y escondiendo chicas judías. Era una mujer que, cuando los soldados alemanes llegaron a su cabaña y amenazaron con matar a todos si no entregaban a los judíos que escondían, les respondió categóricamente que bajaran sus armas, que no había judíos allí. Y lo hicieron.

Así que obedecí. Me pidió sin embargo que le pusiese un poco de aceite de lavanda en los pies. Y entonces me miró fijamente y, con una voz fuerte y autoritaria que no había escuchado en meses, me dijo: «No llames a los médicos. Estoy bien». Agapi y yo estábamos destrozadas. Así que en vez de llamar a una ambulancia, llamamos a la enfermera que había cuidado a mi madre en casa. Y todos no sentamos en el suelo con ella, sus nietas aún entraban y salían de la habitación en sus patines con gritos de felicidad, ignorando por completo lo que estaba ocurriendo, porque es lo que mi madre quería. La enfermera continuó comprobándole el pulso, pero su pulso estaba bien. Mi madre pidió que abriese una botella de vino y sirviera un vaso a todos.

Así que todos nos quedamos ahí haciendo un pícnic en el suelo contando historias durante una hora o más esperando a que estuviese lista para levantarse. Ahí estaba ella en el suelo envuelta en un precioso *sarong* turquesa, asegurándose de que todos la pasáramos bien. Ahora parece irreal. Tenía la sensación de que algo grande nos movía a todos, impidiéndonos hacer nada, para que mi madre se marchara del modo que ella quería hacerlo. Entonces su cabeza cayó y se fue.

Más tarde me enteré de que le había dicho a Debora que sabía que su hora había llegado. Le pidió que no nos lo dijese, y Debora, que había conocido y querido a mi madre durante trece años, entendió el porqué, y honró sus deseos. Mi madre sabía que insistiríamos en llevarla al hospital, y no quería morir allí. Quería estar en casa con sus hijas y sus preciosas nietas a su alrededor, con la calidez de aquellos a los que amaba y la amaban. No quería perderse ese momento.

Esparcimos sus cenizas en el mar con pétalos de rosas, como pidió. Y celebramos un maravilloso funeral, con música, amigos, poesía, gardenias y, por supuesto, mucha, mucha comida: un funeral que realmente honraba su vida y su espíritu. Todos sintieron su presencia allí, acogiendo, presidiendo, otorgándonos su luz. En nuestro jardín, plantamos un limonero en su honor y ha dado limones desde entonces. E instalamos un banco con su cita favorita grabada, que personificaba toda la filosofía de su vida: «No te pierdas el momento».

Sigo volviendo a esa lección una y otra vez. Y da lo mismo cuántas veces retroceda, siempre vuelvo a lo básico. Recuerdo leer cómo Mikhail Baryshnikov, un absoluto maestro en su arte, siempre estaba en la barra con el resto del cuerpo de baile, cada mañana, incluso los días de representación, y los siguientes a éstos, volviendo al fundamento básico. Hay tres fundamentos, tres prácticas sencillas, que me ayudan a vivir el momento, el único lugar para experimentar el asombro:

1. Céntrate en el subir y bajar de tu respiración durante diez segundos cuando te sientas tensa, acelerada o distraída. Esto te permite estar completamente presente en tu vida.
2. Elige una imagen que despierte la alegría en ti. Puede ser tu hijo, tu mascota, el océano, una obra de arte que te guste, algo que te inspire asombro. Y siempre que te sientas tensa, recurre a ella para expandirte.
3. Perdónate por cualquier juicio contra ti y perdona el juicio de los demás (si Nelson Mandela puede, tú también). Después mira tu vida y los días que siguen con novedad y asombro.

Entrega

Dormí y soñé que la vida era alegría, desperté y vi que la vida era servicio, serví y descubrí que en el servicio se encuentra la alegría.

RABINDRANATH TAGORE

Ensanchar los límites de nuestro cuidado: ¿qué vamos a hacer este fin de semana?

Bienestar, sabiduría, asombro: todos son cruciales a la hora de redefinir el éxito y el crecimiento interior, pero están incompletos sin el cuarto elemento de la Tercera Métrica: entrega. Dar, amar, querer, sentir empatía y compasión, ir más allá de nosotros mismos y renunciar a nuestra comodidad para ayudar a los otros: es la única respuesta viable a la multitud de problemas a los que se enfrenta el mundo. Si el bienestar, la sabiduría y el asombro son nuestras respuestas a un despertar personal, servir a los demás se convierte naturalmente en la respuesta a un despertar para la humanidad.

Estamos en medio de múltiples crisis: económica, ecológica y social. Y no podemos esperar a que un líder aparezca en un caballo blanco y nos salve a todos. Debemos encontrar a ese líder en el espejo y dar los pasos necesarios para cambiar las cosas, tanto en nuestras propias comunidades como en la otra punta del mundo.

Lo que hace de servir a los demás algo tan poderoso es que los beneficios funcionan en ambas direcciones. Cuando mi hija pequeña, Isabella, tenía 5 años, vivíamos en Washington D. C. Un día estábamos sirviendo como voluntarios en Children of Mine, un centro infantil de ayuda en Anacostia, una de las partes más conflictivas de la ciudad. La jornada anterior habíamos celebrado el cumpleaños de Isabella con una tarta con forma de sirena, regalos, globos y una fiesta. Fue coincidencia que ese mismo día en el centro hubiese una niña que también celebraba su quinto cumpleaños. La fiesta de esta pequeña consistía en una galleta con virutas de chocolate y una vela; la galleta servía tanto de pastel de cumpleaños como de regalo único. Recuerdo observar a mi hija desde el otro lado de la habitación, con sus ojos llenos de lágrimas. Algo se despertó en ella, algo que yo no podría haberle enseñado. Cuando regresamos a casa, Isabella corrió a su habitación, reunió todos los regalos de su cumpleaños y me dijo que quería dárselos a la pequeña. Esto no significa que Isabella se hubiese convertido de repente en la Madre Teresa; ha tenido muchas muestras de egoísmo desde entonces. Sin embargo, fue un momento de profundo significado cuyo impacto siempre estará en ella.

Por eso me apasiona la idea de familias haciendo labor voluntaria juntas como una parte normal de sus vidas. Sueño con el día en que las familias miren sus planes de fin de semana y digan: «¿Qué hacemos este fin de semana?, ¿vamos de compras, vemos una película, hacemos trabajo voluntario?» Algún día esta labor será una actividad normal, no algo excepcional o algo que nos hace sentir especialmente nobles. Tan sólo algo que hacemos, y nos conecta con los demás. Es el único modo en el que nosotros, como individuos, podremos cambiar algo en la vida de millones de niños que no tienen hogar, pasan hambre o viven en ciudades donde la violencia es una cuestión de todos los días.

Esa niña en Anacostia es una de las más de dieciséis millones de niñas en Estados Unidos que viven en la pobreza, en condiciones que comprometen su salud, su educación y sus posibilidades de futuro. Y el problema está empeorando. El porcentaje de niños viviendo en familias con ingresos mínimos en Estados Unidos ha pasado de 37 por ciento en 2000 a 45 por ciento en 2011. Hasta que la compasión y la entrega se conviertan en parte de nuestra vida diaria, son estadísticas que seguiremos ignorando con explicaciones desalentadoras que no dan respuestas: «El sistema está roto», o «el gobierno está demasiado polarizado para someterlo a una reforma severa». Sí, hay muchas cosas que los gobiernos deben hacer, pero no podemos delegar la compasión a nuestro gobierno y sentarnos a un lado quejándonos de que no hace lo suficiente.

Desde lo más profundo de nuestra compasión, podemos liberarnos de todo lo que limita nuestra imaginación acerca de lo que es posible. Es el único modo de contrarrestar la ambición excesiva y el narcisismo que nos rodea. Ya que cultivar nuestra compasión es crucial para que las sociedades se desarrollen, resulta una muy buena noticia que recientes estudios científicos confirmen, según algunas tradiciones contemplativas, que la compasión puede en realidad mejorar gracias a la meditación. Como concluía un estudio que hizo la Universidad de Wisconsin en 2012: «La compasión y el altruismo pueden ser vistos más como habilidades que pueden ser entrenadas que como cualidades inherentes». Y un estudio llevado a cabo en 2013 por investigadores de la Universidad de Harvard, la Universidad de Northeastern y el Hospital General de Massachusetts también descubrió que «la meditación mejora la respuesta en la compasión», otorgando «una base científica a las enseñanzas budistas sobre el incremento del comportamiento compasivo gracias a la meditación». Si estos descubrimientos son tomados en serio, tal y como debería ser, el impacto en cómo educamos a nuestros hijos, vivimos nuestras vidas y resolvemos problemas comunes sería absolutamente revolucionario.

Hay muchas pruebas a nuestro alrededor que demuestran el poder de la compasión. Al comienzo de la crisis financiera de 2008 vimos a mucha gente que había perdido sus empleos y ofrecían sus habilidades y talentos para ayudar a otros más necesitados. En Filadelfia, por ejemplo, Cheryl Jacobs, una abogada despedida de un importante bufete, abrió su propia firma para ayudar a personas que se enfrentaban a un embargo. Así que servir a los demás no sólo es ir a los albergues de personas sin hogar y a bancos de alimentos, a pesar de lo importante que es eso. También se trata de ofrecer cualquier habilidad, talento y pasión que se tenga. Ofrecer tus servicios puede ayudar a gente que ha perdido su empleo a recuperar la autoestima y su propósito en la vida.

Cuando una amiga mía de Los Ángeles perdió su empleo al comienzo de la crisis económica, le sugerí que, dado que estaba buscando trabajo, tal vez debería plantearse hacer trabajo voluntario, y le ofrecí un contacto con A Place Called Home (Un lugar llamado hogar), que ofrece programas de bienestar, educación y arte a jóvenes marginados de Los Ángeles. Ella pensó que yo no estaba comprendiendo lo suficiente la situación por la que estaba pasando. Le pedí que confiara en mí y sencillamente se ofreciera un par de horas a la semana como voluntaria mientras buscaba otra oferta laboral, y viera qué pasaba. Lo hizo y de inmediato comenzó a sentirse mucho mejor con ella misma ya que empezó a salir del agujero en que había caído por no tener trabajo por primera vez en su vida adulta. Además se vio inmersa en otro mundo.

Ella compartió su experiencia en un seminario sobre autoconciencia en el que participó junto a otras personas en A Place Called Home. Se encontró a sí misma sentada en un círculo, perdonando a su hija por haberse olvidado de su cumpleaños, mientras otra persona a su lado perdonaba a su madre por haber disparado a su padre. Y se dio cuenta de lo separadas pero paralelas que son las vidas que vivimos, en las que lo único que hacemos es alimentar nuestro egoísmo. Vio en primera persona que lo que necesitan los individuos que atraviesan un momento difícil económicamente hablando, no es nada más dinero, comida, ropa o artículos de primera necesidad, es también sentir que importan a alguien.

«Sentir intimidad entre hermanos —escribió Pablo Neruda— es algo maravilloso en la vida. Sentir el amor de la gente a la que queremos es el fuego que alimenta nuestras vidas. Pero sentir el afecto de aquellos a los que no conocemos, que nos son desconocidos, que vigilan nuestro sueño y nuestra soledad, protegiéndonos de peligros y de nuestras debilidades, eso es algo aún más grande y más bello porque ensancha los límites de nuestro ser y une a todos los seres vivos». Y con eso es realmente con lo que nos comprometemos cuando prestamos nuestro servicio y hacemos trabajo voluntario: con ensanchar los límites de nuestro ser.

No deberíamos necesitar un desastre natural para despertar nuestra humanidad natural

Jacqueline Novogratz, fundadora de Acumen, una fundación sin ánimo de lucro encargada de vencer la pobreza alrededor del mundo, y mi heroína, cuenta una preciosa historia que demuestra lo conectados que estamos unos con otros. «Lo que hacemos —y no hacemos— afecta al resto de personas cada día, personas a las que tal vez no conozcamos ni vayamos a conocer», dice. Su historia se centra en un suéter azul. Se lo dio su tío Ed cuando cumplió 12 años. «Adoraba ese suéter suave de lana, con sus mangas a rayas y su motivo africano —dos cebras frente a una montaña nevada— en el pecho», cuenta. Incluso escribió su nombre en la etiqueta. Pero en su primer año de instituto resultó que sus compañeros no compartían su gusto por aquella prenda y la utilizaban como excusa para burlarse de ella. Así que la donó a la beneficencia. Once años más tarde estaba haciendo *footing* en Kigali, Ruanda, donde trabajaba para crear un programa de microcréditos para mujeres pobres. De repente se fijó en un pequeño niño que llevaba un suéter similar. ¿Podía ser el mismo? Corrió hacia él y comprobó la etiqueta. Sí, tenía su nombre escrito. Una coincidencia que le sirvió a Jacqueline —y a todos nosotros— para recordar cómo estamos interconectados unos con otros.

Nuestra respuesta ante los huracanes es otro recordatorio de nuestra interrelación. Cuando el huracán Sandy arremetió durante el momento crítico de la campaña presidencial de 2012, no sólo barrió la campaña de la portada de los periódicos, también la transformó de repente. Las barreras artificiales que nuestro proceso político levanta para clasificarnos en pequeños grupos demográficos, haciéndonos creer que no tenemos intereses mutuos, se derribaron. En ese momento de extrema polarización, la Madre Naturaleza nos unió.

El esfuerzo colectivo, el espíritu de que «todos estamos juntos en esto» fue algo maravilloso de contemplar. Sabemos que ese espíritu está siempre ahí. Después de cualquier desastre —natural o humano— ya sea el huracán Sandy, el terremoto de Haití o el tiroteo de Newtown, oímos una y otra vez cómo el desastre sacó lo mejor de nosotros.

Pero no deberíamos necesitar un desastre natural para despertar nuestra humanidad natural. Después de todo, sabemos que hay gente desesperada todo el tiempo, en todas las comunidades, en todos los países, incluso cuando no se ven en las portadas de los periódicos. Dos mil niños de menos de 5 años mueren cada día de enfermedades que pudieron ser prevenidas con agua potable y la higiene adecuada, tres millones de niños mueren cada año por desnutrición, y 1.4 millones por enfermedades que pudieron evitarse con una vacuna.

Así que, ¿cómo podemos mantener durante todo el año el espíritu bondadoso que aparece tras un desastre natural? ¿Cómo hacer que forme parte de nuestras vidas para que sea algo tan natural como respirar? Poniéndolo en práctica: la necesidad de cuidar nuestro planeta y a quienes sufren, y la necesidad de construir nuestra fuerza interior y nuestra infraestructura espiritual están conectadas.

Es algo en lo que pensé cada noche a la luz de las velas durante casi una semana, después de que el huracán Sandy cortó la electricidad y tuve que desconectarme de las minucias del día a día que normalmente habría considerado importantes. Es increíble lo rápido que las prioridades de uno se reordenan con un corte de electricidad. Sin tener la posibilidad de comunicarme con el mundo exterior, decidí aprovechar el momento y conectar con mi interior. Muchas de las cosas que pensaba eran indispensables, ni siquiera las echaba de menos tras una semana. Un famoso pasaje de Mateo me venía a la cabeza:

> El que escucha mi palabra y la pone en práctica se parece al hombre prudente que edificó su casa sobre una roca; vino la lluvia, crecieron los ríos, soplaron los vientos y azotaron la casa, pero no se hundió, porque estaba cimentada sobre roca. Por el contrario, el que escucha mi palabra y no la pone en práctica puede compararse a un hombre insensato que edificó su casa sobre arena. Cayeron las lluvias, se precipitaron los torrentes, soplaron los vientos y sacudieron la casa: ésta se derrumbó, y su ruina fue grande.

Construir nuestro hogar sobre una roca es mucho más que protegernos de las devastadoras tormentas; se trata de construir y mantener nuestra infraestructura espiritual y resistencia cada día. Y para mantener nuestro mundo interior fuerte es esencial alcanzar el mundo exterior a través de la compasión y entregarnos a los demás.

Al ver la entrevista que le hizo Oprah Winfrey a Diana Nyad en *Super Soul Sunday*, quedé estupefacta por la historia que la nadadora contó sobre su comunidad. Un hombre, vecino suyo, perdió a su mujer y quedó encargado de mantener y cuidar a su joven familia. Otro vecino, que ya tenía dos empleos, organizó a todo el vecindario para que dieran su apoyo. Así que Diana recibió una nota que decía: «Diana, tienes que llevarle la cena a este hombre cada dos miércoles; si no puedes, consigue alguien que lo haga por ti; debes —debemos— ayudar».

Lo que me encanta de esta historia es que ejemplifica cómo nuestro instinto altruista forma parte de nuestra vida diaria. Muy a menudo pensamos que dar significa donar tiempo o dinero para ayudar en catástrofes de lugares remotos, pensando en gente que no tiene nada. Y obviamente eso es algo muy importante cuando el desastre ataca. Pero olvidamos que cada día estamos rodeados de oportunidades para actuar con ese mismo instinto altruista. Estas oportunidades siempre son reprimidas. Como el naturalista decimonónico John Burroughs señaló: «La gran oportunidad está allí donde estés. No menosprecies tu propio lugar y tiempo. Todo lugar está bajo las estrellas, todo lugar es el centro del mundo».

Cuando se le preguntaba por su iluminación, el Maestro siempre se mostraba reservado, aunque los discípulos intentaban por todos los medios hacerle hablar. Todo lo que sabían al respecto era lo que en cierta ocasión dijo el Maestro a su hijo más joven, el cual quería saber cómo se había sentido su padre cuando obtuvo la iluminación. La respuesta fue: «Como un imbécil».

Cuando el muchacho quiso saber por qué, el Maestro le respondió: «Bueno, verás, hijo, fue algo así como hacer grandes esfuerzos por penetrar en una casa escalando un muro y rompiendo una ventana y darse cuenta después de que la puerta estaba abierta».

ANTHONY DE MELLO

Y todo lugar está lleno de oportunidades para cambiar la vida de otro ser humano. Hay millones de pequeñas oportunidades en nuestra casa, en nuestra oficina, en el metro, en la calle donde vivimos, en la tienda donde compramos —lo que David Foster Wallace llamaba «ser verdaderamente capaz de preocuparse por otra persona... una y otra vez, en un miríada de formas insignificantes y poco atractivas, cada día»—. Cuando ejercitamos nuestros músculos altruistas cada día, el proceso comienza a transformar nuestras propias vidas. Porque sin importar el éxito que tengamos, cuando salimos al mundo para «conseguir cosas», cuando nos proponemos alcanzar algo, actuamos desde una falta de percepción, centrándonos en lo que no tenemos e intentamos obtener, hasta que alcanzamos esa meta. Y después vamos por otra. Pero cuando ofrecemos algo, sin importar lo mucho o poco que tengamos, alcanzamos una sensación de abundancia y nos vemos colmados.

En mi infancia en Atenas vivíamos en un apartamento de un solo dormitorio con muy poco dinero. Pero mi madre hacía magia con las cuentas. Era capaz de sacar de la nada lo que necesitábamos, incluyendo una buena educación y una alimentación sana. Sólo tuvo dos vestidos y nunca se gastó nada en ella misma. Recuerdo que vendió su último par de aretes de oro. Pidió prestado a quien pudo para que sus hijas pudieran ir a la universidad, y no importó lo poco que tuviésemos, siempre dio algo a aquellos que tenían incluso menos, y siempre nos hizo sentir que éramos más que nuestras circunstancias.

Puede que sea algo contradictorio, pero es la fuerza de gravedad la que nos hace llegar alto: eso que parece empujarnos hacia la tierra y nos limita, en realidad consigue que nos expandamos hacia el cielo. Del mismo modo, cuanto más damos, más abundantes nos sentimos. Dar envía un mensaje al universo indicando que tenemos todo lo que necesitamos. Nos convertimos en virtuosos por practicar la virtud, responsables por practicar la responsabilidad, generosos por practicar la generosidad, compasivos por practicar la compasión. Y nos volvemos ricos por dar a los demás.

Dar y servir a los demás marca el camino a un mundo en el que ya no somos extraños ni estamos solos, sino que somos miembros de una vasta y aun así unida familia. «Porque a aquel al que se le ha dado mucho, mucho se le demandará», es la advertencia bíblica para la buena vida. La Biblia va más allá incluso y nos dice que seremos juzgados por lo que hagamos por los que son menos afortunados que nosotros.

La Bhagavad Gita llama la atención sobre tres tipos de vida: una vida de inercia y monotonía sin retos ni logros; una vida llena de acción, actividad y deseo; y la vida de bondad que no trata sobre nosotros sino sobre los demás. «A través del altruismo siempre te sentirás productivo y encontrarás que tus deseos son complacidos: ésta es la promesa del Creador» de acuerdo con la Gita. La segunda forma de vida —que es como definimos el éxito— es obviamente un gran avance con respecto a la primera, pero está dirigida por un ansia de tener «más» que nunca está satisfecha, y nos desconecta de quienes somos realmente y de la riqueza que hay en nuestro interior.

Lo que significa vivir el tercer tipo de vida y cambiar la vida de otro ser humano se ve reflejado perfectamente en la historia del rabino David Wolpe:

> Mi abuelo paterno murió cuando mi padre tenía 11 años. Su madre se quedó viuda a los 34, y él —hijo único— llevó parte de su pena en soledad. De acuerdo con la práctica tradicional judía, caminaba muy temprano hacia la sinagoga cada mañana para rezar por la memoria de su padre, una práctica que duraba un año tras la muerte del progenitor. Al final de la primera semana se dio cuenta de que el director de la sinagoga, el señor Einstein, pasaba por su casa justo cuando él salía hacia la sinagoga.

El señor Einstein, un señor ya mayor, le dijo: «Tu casa está de camino a la sinagoga. Pensé que sería divertido tener un poco de compañía, de ese modo no tendré que caminar solo». Durante un año mi padre y el señor Einstein caminaron juntos a través de las estaciones de Nueva Inglaterra, la humedad del verano y la nieve del invierno. Hablaban sobre la vida y la pérdida, y durante un tiempo mi padre no estuvo tan solo.

Después de que mis padres se casaran y mi hermano mayor naciera, mi padre llamó al señor Einstein, que ya rozaba los 90, y le preguntó si podría ir a conocer a su nueva mujer y a su hijo. El señor Einstein estuvo de acuerdo, pero dijo que con su edad sería mi padre el que tendría que ir por él. Mi padre escribe: «El viaje fue largo y complicado. Su casa, en coche, estaba a unos veinte minutos. Conduje entre lágrimas cuando me di cuenta de lo que había hecho. Caminar una hora hasta mi casa para que yo no tuviese que ir solo cada mañana... Con un gesto así de simple, mediante un acto de humanidad, cogió a un niño asustado y le guio con confianza y fe de vuelta a la vida».

Ser emprendedor está bien; ser altruista está mejor

Imagina cómo nuestra cultura, cómo nuestras vidas cambiarán cuando empecemos a valorar a los altruistas tanto como valoramos a los ambiciosos. Los emprendedores sociales son los clásicos altruistas. Construyen su trabajo sobre la base de dar un valor a la vida de las personas.

Bill Drayton acuñó el término «emprendedor social» para describir a individuos que combinan las prácticas de negocio empresarial con las metas compasivas de un reformista social. Llegó a este término durante sus años de estudiante universitario tras haber hecho un viaje a India y presenciar cómo un hombre llamado Vinoba Bhave encabezaba la iniciativa para redistribuir de forma pacífica siete millones de acres a lo largo de India entre sus compatriotas más desamparados. Hoy Drayton lidera Ashoka, la red más importante de emprendedores sociales del mundo. Sally Osberg, directora general de la Fundación Skoll, está en primera línea tanto en lo que se refiere a inversiones para las más innovadoras empresas sociales del planeta, como en el replanteamiento sobre «cómo llevar a cabo un negocio, construir y mantener una administración responsable, aprovechar y reponer los recursos naturales; cómo sobrevivir y desarrollarnos juntos».

En *The Huffington Post* colaboramos con la Fundación Skoll para crear un nuevo modelo de dar en la era digital, basado en nuestra creencia de que las empresas de comunicación tienen la responsabilidad de sacar a la luz el trabajo de emprendedores sociales y empresas sin ánimo de lucro para darles más peso y reivindicar lo que hacen. En 2013 lanzamos tres proyectos juntos —Job Raising, RaiseForWomen y el Social Entrepreneurs Challenge— que recaudaron más de seis millones de dólares y animaron a nuestros lectores a donar en causas específicas y a escribir acerca de las personas que habían sido ayudadas y de aquellos que les habían prestado ayuda.

Incluso en negocios diarios, dar se ha convertido en una divisa de valor creciente. Como el autor y empresario Seth Godin comenta:

> La ironía de «recibir como respuesta de haber dado» no funciona tan bien como sencillamente dar... Los

blogueros que sopesan las ganancias de cada palabra, los tuiteros que ven la plataforma como herramienta de autopromoción en lugar de una herramienta para ayudar a los demás, y aquellos que nunca contribuirían con Wikipedia y otros proyectos porque no hay ninguna ventaja en hacerlo... toda esa gente está equivocada... No es difícil descubrir quién forma parte de la comunidad online por las razones correctas. Podemos verlo en tu manera de escribir y en tus acciones. Y son las personas a las que escuchamos y en las que confiamos. Lo que, paradójicamente, significa que éstas son las personas con las que decidiremos hacer negocios.

Los filósofos hace tiempo que supieron que nuestro bienestar está profundamente conectado con nuestra compasión y nuestro altruismo. «Nadie puede vivir felizmente si se tiene en cuenta sólo a sí mismo y transforma todo en algo que le beneficie a él», escribió Séneca en el 63 d. C. Como el filósofo moderno David Letterman dijo en 2013: «He descubierto que lo único que te trae felicidad es hacer algo bueno por alguien que es incapaz de hacerlo por sí mismo».

En prácticamente todas las tradiciones y prácticas religiosas, dar es un paso hacia la satisfacción espiritual. O, como dijo Einstein: «Nada más una vida entregada a los demás merece ser vivida».

Desde Einstein, físicos teóricos han intentado llegar a una «teoría del todo» que explicaría nuestro mundo físico reconciliando la relatividad general con la física cuántica. Si existiese una teoría análoga del todo en el estudio de nuestro universo emocional, la empatía y la entrega serían el centro de ella. La ciencia moderna ha confirmado con creces la sabiduría de aquellos primeros filósofos y tradiciones religiosas. La empatía, la compasión, la entrega —que no es más que empatía y compasión en acción— son los ladrillos moleculares de nuestro ser. Con ellos crecemos y nos desarrollamos; sin ellos nos marchitamos.

La ciencia, de hecho, ha derivado todo esto a un nivel biológico. Un componente crucial es la hormona oxitocina. Se la conoce como «hormona del amor» y se libera de forma natural en nuestros cuerpos durante experiencias como el dar a luz, enamorarse y el sexo. Investigadores han descubierto que dar oxitocina a la gente puede disminuir su ansiedad y mitigar su timidez. En un estudio llevado a cabo por el neurocientífico Paul Zak, rociar oxitocina en la nariz hizo que los participantes se ofrecieran más dinero los unos a los otros. «La oxitocina, en particular

—dijo Zak—, promueve la empatía, y cuando alguien es inmune a la sustancia es más proclive a la inmoralidad o al comportamiento egoísta».

La oxitocina, «la hormona del amor», está en constante guerra en nuestros cuerpos con la hidrocortisona, «la hormona del estrés». Por supuesto, no hay manera de que podamos eliminar completamente el estrés en nuestras vidas, pero promover nuestra empatía natural es un modo genial de reducirlo y de protegernos de sus efectos.

Por supuesto, hay distintas formas de empatía y compasión, y algunas son más beneficiosas para nosotros que otras. Como el profesor de psiquiatría Richard Davidson me dijo: «La oxitocina aumenta la compasión hacia nuestra familia y grupos con los que nos identificamos, a diferencia de la compasión universal». Y el psicólogo Paul Ekman ha identificado tres clases de empatía: primero hay una «empatía cognitiva», que supone entender lo que alguien está sintiendo o pensando. Pero simplemente entender la posición de alguien no significa que vayamos a interiorizar sus sentimientos. Así que también hay una «empatía emocional», en la que realmente sentimos lo que la otra persona está sintiendo. Esto es activado por las llamadas neuronas espejo. Teniendo en cuenta la cantidad de sufrimiento al que a menudo nos vemos expuestos, sería demasiado agotador vivir en un constante estado de empatía emocional. «Esto puede hacer que la empatía emocional parezca fútil», escribe Daniel Goleman, autor de *Inteligencia emocional*. Pero hay un tercer tipo, la «empatía compasiva», en la que sabemos cómo se siente una persona, podemos sentir sus sentimientos y eso nos lleva a actuar. La empatía compasiva es una habilidad que podemos desarrollar, y que nos lleva a la acción.

Y es la clase de empatía que avivamos cuando nos damos a los demás. Pero incluso el término «dar» puede ser malinterpretado. Implica que el servicio y trabajo voluntario son importantes sólo en términos de lo que hacen por el receptor o la comunidad. Es igual de importante lo que hacen por aquel que da o es voluntario, y la ciencia en esto es ambigua. En esencia, dar es una medicina milagrosa (sin efectos secundarios) para la salud y el bienestar.

Un estudio demostró que hacer trabajo voluntario al menos una vez a la semana mejora el bienestar hasta un punto equivalente a que te aumenten el sueldo de 20 000 a 75 000 dólares. Una Escuela de Negocios de Harvard demostró que «donar a la caridad impacta en el bienestar subjetivo igual que si te duplicaran tus ingresos familiares». Esto es así en países pobres y países ricos. El mismo estudio concluyó que aquellos estudiantes a los que se les había pedido que gastaran una pequeña cantidad de dinero en alguien eran más felices que aquellos que la habían gastado en ellos mismos.

Desde luego, estamos tan diseñados para dar que nuestros genes nos recompensan por hacerlo, y nos castigan cuando no lo hacemos. Un estudio realizado por científicos de la Universidad de Carolina del Norte y UCLA descubrieron que aquellos participantes cuya felicidad era más hedonista (es decir, dirigida hacia su propia satisfacción) tenían altos niveles de indicadores biológicos que favorecían la inflamación, lo que a su vez está ligado con diabetes, cáncer y otras enfermedades. Aquellos cuya felicidad incluía servir a los demás tenían perfiles de salud que mostraban niveles más bajos en estos indicadores. Por supuesto todos experimentamos una mezcla de ambas clases de felicidad, pero nuestro sistema interno nos anima a aumentar la basada en ser altruista. Nuestros cuerpos saben lo que debemos hacer para que estemos saludables y felices, incluso si nuestras mentes no siempre escuchan ese mensaje.

Si haces salir lo que hay en tu interior,
lo que hagas salir te salvará.
Si no sacas lo que hay dentro de ti,
aquello que no saques te destruirá.

EVANGELIO DE TOMÁS

Muchos otros estudios han demostrado la mejoría en la salud que implica el dar. Un estudio dirigido en 2013 por la doctora Suzanne Richards, de la Facultad de Medicina de Exeter, descubrió que aquellos que practicaban el trabajo voluntario tenían niveles menores de depresión, un mayor bienestar y una significativa reducción en el riesgo de mortalidad. Y un estudio en 2005 de Stanford concluyó que aquellos que hacían este trabajo vivían más que aquellos que no lo hacían.

La ciencia lo demuestra: el amor desarrolla el cerebro

Los efectos de ser altruista cuando nos hacemos mayores son especialmente llamativos: un estudio de la Universidad de Duke y de la Universidad de Texas en Austin demostró que los ciudadanos mayores que practicaban el trabajo voluntario tenían niveles de depresión significativamente más bajos que los que no lo hacían. Y un estudio de la Johns Hopkins puso de manifiesto que los voluntarios mayores son más propensos a participar en actividades cerebrales que disminuyen el riesgo de padecer alzhéimer. Aquellos que habían perdido su rol como padres o como asalariados fueron capaces de recuperar el sentido de sus vidas.

Las investigaciones sobre los efectos de ser altruista en el lugar de trabajo son también muy llamativas y demuestran el impacto que las labores voluntarias tienen a la hora de crear un lugar de trabajo más colaborador, más sano y más creativo. En el AOL y *The Huffington Post* ofrecemos a nuestros empleados tres días pagados al año para servir como voluntarios en sus comunidades y hacemos una contribución anual a la caridad de 250 dólares por empleado. Un estudio llevado a cabo en 2013 por UnitedHealth Group descubrió que los programas de trabajo voluntario para empleados aumentaban el compromiso y la productividad. Otros descubrimientos de este estudio fueron:

- Más de 75 por ciento de los empleados que lo practicaron decían sentirse más saludables.
- Más de 90 por ciento aseguraban que el trabajo voluntario les había puesto de mejor humor.
- Más de 75 por ciento dijeron experimentar menos estrés.
- Más de 95 por ciento aseguraron que el trabajo voluntario enriqueció su propósito en la vida (en consecuencia, resultó fortalecer su función inmune).
- Aquellos empleados que lo hicieron dijeron haber mejorado en su habilidad para organizar tareas y relacionarse con sus compañeros.

Otro estudio de 2013, realizado por investigadores de la Universidad de Wisconsin, concluyó que aquellos empleados que se dan a los demás son más propensos a ayudar a sus compañeros, están más comprometidos con su trabajo y es menos probable que lo dejen. «Nuestros descubrimientos nos dan un dato simple pero sólido acerca del altruismo: ayudar a otros nos hace más felices —dice Donald Moynihan, uno de los autores del estudio—. El altruismo no es una forma de martirio, pero para muchos funciona como un saludable sistema de recompensas psicológicas».

Es este sistema de recompensas el que debería ser incorporado en nuestra manera de pensar acerca de nuestra salud. «Si quieres vivir más, más feliz y de una manera más saludable, sigue todos los consejos de tu doctor —dice Sara Konrath de la Universidad de Michigan— y después... sal y comparte tu tiempo con aquellos que lo necesitan. Ésa es la cura».

Aquellos que dan también terminan siendo los primeros en su trabajo. (¡Los buenos no terminan los últimos!). En su *bestseller Give and Take (Dar y recibir),* Adam Grant, el profesor de Wharton, cita estudios que muestran que quienes dan su tiempo y esfuerzo a otros terminan por conseguir más éxito que aquellos que no lo hacen. Los vendedores con los ingresos anuales más altos son los más motivados para ayudar a clientes y compañeros. Los ingenieros con mayor productividad y menores errores hacen más favores a sus colegas que los que reciben. Los negociadores con más éxito son aquellos que se centran no sólo en sus propios retos, sino también en ayudar a los demás a prosperar. Grant también cita investigaciones indicando que aquellas compañías lideradas por un director ejecutivo que busque recibir más que dar termina con informes más fluctuantes y volátiles.

Por el contrario, los directores ejecutivos más generosos se identifican con los retos de su compañía y van más allá de las ganancias a corto plazo. Starbucks, bajo la dirección de Howard Schultz, por ejemplo, no sólo creó Create Jobs For USA —una iniciativa para crear empleo que ha recaudado alrededor de 15 millones de dólares y ha creado y mantenido más de cinco mil empleos—, sino que la compañía además ha patrocinado más de un millón de horas de servicio comunitario llevado a cabo por empleados y clientes durante los dos últimos años. Schultz explicó que detrás de estas políticas está su creencia de que «las ganancias son un fin superficial si no tienen un gran propósito detrás». Para Schultz, el propósito es llevar a cabo actuaciones basadas en la filantropía aportando ese valor a los accionistas al mismo tiempo que comparten el éxito de la compañía, llegando a las comunidades en las que está presente y en consecuencia contentando a los clientes. En 2013, durante el cierre del gobierno en Estados Unidos, los clientes que compraron una bebida para otra persona fueron recompensados con una bebida gratis. En una carta a los empleados de Starbucks, Schultz escribió: «Cada día en nuestras tiendas somos testigos de pequeños actos de caridad humana que reflejan la generosidad de espíritu en la que se basan nuestros principios. Casi siempre son pequeños gestos los que mejor representan nuestro compromiso con nuestras comunidades y nuestra preocupación por nuestros clientes, y los unos por los otros».

Teniendo en cuenta los indudables beneficios de poner la empatía en acción, ¿cómo fortalecemos ese impulso?, ¿y cómo lo transmitimos a nuestros hijos? Los padres están continuamente pensando en cómo ayudar a sus hijos a tener éxito en la vida, a ganar un buen sueldo, a prosperar en su profesión o simplemente a ser felices. Pero igual de importante es inculcarles la riqueza de la compasión, sobre todo si realmente queremos que sean felices. Ésta es una de las mayores verdades en un mundo en el que estamos sitiados por distracciones tecnológicas y tentaciones de conexiones artificiales, que pueden desviarnos de nuestro camino hacia la empatía.

Un estudio de la Universidad Estatal de San Diego, realizado en 2010, descubrió que la depresión infantil en Estados Unidos era cinco veces mayor que en 1930. Para enseñar a los niños la alfabetización emocional y la empatía, Mary Gordon, una antigua profesora de guardería y miembro de Ashoka, fundó Roots of Empathy (Las raíces de la empatía). Ella cree que la empatía es mejor inculcarla con el ejemplo. «El amor desarrolla el cerebro —dice Gordon—. Necesitamos mostrarles a los niños una imagen de amor según los criamos. El aprendizaje es relacional y la empatía ha de construirse, no instruirse... El bebé refleja el estado emocional de sus padres». En su programa las clases *adoptan* a un bebé y con atención observan y tratan de determinar qué es lo que intenta decirles a través de los sonidos que realiza. Los instructores educan a los estudiantes en cómo reconocer las emociones del bebé a través de estas pistas físicas y, como resultado, los estudiantes aprenden a explorar sus propias emociones. Ese tiempo transcurrido, en el que son conscientes de cómo se comunica el bebé, profundiza en el entendimiento de los estudiantes no sólo por la paciencia y el amor necesarios para cuidar a un niño, sino también por la atención y conexión necesarias para desarrollar esa empatía. No basta con hablar a nuestros hijos sobre la empatía; debemos mostrársela, lo que significa, por supuesto, mostrárnosla a nosotros mismos. Los padres enseñan empatía del mismo modo que ayudan a sus hijos a aprender a hablar.

Por supuesto, no todo el mundo es bendecido con padres que sean modelos de empatía. Pero, afortunadamente, los efectos de crecer en una familia que no destaque por su empatía pueden ser restituidos. Nunca es tarde para reparar nuestra infancia. Cualquier punto de partida para dar y servir a los demás puede brindar beneficios a nuestro bienestar, y al de nuestra comunidad.

Bill Drayton enfatiza que la empatía es una importante herramienta para enfrentarnos a la cantidad de cambios que experimentamos. «La velocidad a la que el futuro se nos acerca —cada vez más rápido—, el caleidoscopio de constantes cambios —dice— requiere principios de empatía cognitiva».

La mejor manera de construir esa base es acercarnos a los demás. La compasión y la entrega no tienen por qué significar subirse a un avión que te traslade a un destino para construir casas o enseñar en una escuela en una remota parte del mundo. Puede suponer ayudar a la gente de tu propia ciudad. O ayudar a tus vecinos. Y no significa nada más dar dinero. Como Laura Arrillaga-Andreessen dice en su libro *Giving 2.0: Transform Your Giving and Our World (Generosidad 2.0: transforma tu generosidad y nuestro mundo)*, puede significar donar «habilidades en áreas como la planificación estratégica, recursos humanos, asesoría, mercadotecnia, diseño o informática a quienes lo necesitan», como hace Taproot Foundation.

Pulsa 1 para donar: la tecnología y la filantropía se encuentran

La tecnología de hoy ha nivelado el campo del altruismo. Dennis Whittle, fundador de GlobalGiving, dice que la tecnología tiene el potencial de hacer «a todos los donantes iguales ante los ojos de la filantropía» y convertirnos en «Oprahs comunes»: «Si tienes 10 o 100 o 1 000 dólares —dice— puedes conectarte a Internet, encontrar una escuela en África a la que ayudar, y recibir actualizaciones sobre los resultados de tu ayuda». Las redes sociales ayudaron al éxito del Giving Tuesday, que ahora sigue al Black Friday y al Cyber Monday. En 2013 el Giving Tuesday reunió a unos diez mil socios de instituciones, corporaciones y empresas sin ánimo de lucro de todo el mundo. Importantes nombres dentro de las redes sociales, como la Casa Blanca o Bill Gates, publicitaron el hecho entre sus seguidores, y el Giving Tuesday apareció en la página de inicio de Google durante todo un día. *The HuffPost* se unió a otros medios de comunicación, como *The Wall Street Journal* o la CNN, escribiendo artículos y entradas en blogs. Hubo 90 por ciento de incremento en los donativos online comparado con el Giving Tuesday inaugural de 2012, con un promedio de donativos de 142.05 dólares. La ciudad de Baltimore recaudó más de 5 millones de dólares, y la Iglesia Metodista llegó a 6 millones. Pero las donaciones no se limitaron a las grandes ciudades y las iglesias. A un nivel local, por ejemplo, el banco de alimentos de Second Harves, de Florida Central, llegó a la cifra de 10000 dólares a las nueve de la mañana y decidieron doblarla. The Bethesda Mission en Harrisburg, Pensilvania, que esperaba recaudar 400 dólares, llegó a los 2320 dólares en donativos online. Y aunque el Giving Tuesday se celebra cinco días después de la fiesta norteamericana de Acción de Gracias, incluía organizaciones internacionales que iban desde Galapagos Conservancy o Girls Empowerment Project of Kenya al Goodwill Social Work Centre de Madurai, India, o el Ten Fe de Guatemala.

Por supuesto, dar puede ser tan simple como dar alegrías a los demás, compartir nuestros talentos y habilidades para ayudar a otros a desarrollar sus propias habilidades de experimentar asombro. Improv Everywhere, en colaboración con Carnegie Hall, colocó podios vacíos en las calles de Nueva York delante de orquestas con el cartel «dirígenos», permitiendo a los viandantes dirigir a algunos de los músicos con más talento del mundo. Los músicos respondían a esas direcciones amateurs y alteraban su *tempo* para adaptarlo a las indicaciones.

Monica Yunus y Camille Zamora, que se conocieron mientras estudiaban canto en Juilliard, fundaron Sing for Hope para compartir su amor por la música con su comunidad. Colocaron docenas de pianos en medio de parques y esquinas en la ciudad de Nueva York para que los viandantes pudieran tocar música o simplemente escucharla y crear conexiones con extraños que de otro modo sencillamente habrían pasado de largo.

Robert Egger tomó todo lo que aprendió tras dirigir varios clubes de música para fundar D. C. Central Kitchen, que recoge excedentes de negocios locales y granjas, prepara comida en cocinas en las que emplea a personas sin hogar y la sirve a los más necesitados. Ahora está trabajando para lanzar la L. A. Kitchen. «Mi idea —dice Egger— es que la comida no es sólo gasolina para el cuerpo, la comida es comunidad».

Tendemos a identificar la creatividad con artistas o inventores, pero, de hecho, la creatividad está en cada uno de nosotros, como David Kelley, fundador de la empresa de diseño famosa a nivel mundial Ideo y la d.school de la Universidad de Stanford, escribe en *Creative Confidence (Confianza creativa)*, un libro que publicó junto a su hermano Tom. Nada más necesitamos reconocer esa creatividad y compartirla. Con frecuencia nos adelantamos a censurar o juzgar nuestros impulsos creativos diciendo que no son lo bastante buenos. Pero debemos darnos permiso para seguir lo que nos hace sentir libres. Y cuanto más libres nos sentimos, más compasivos somos y viceversa. Si te apasiona cantar, canta, no necesitas cantar en un coro o convertirte en solista. Si te gusta escribir poemas o cuentos, escríbelos, no necesitas convertirte en un autor publicado. Si te gusta pintar, pinta. No pisotees tus instintos creativos porque no seas lo «bastante» bueno para convertirlos en tu carrera.

Como escriben David y Tom Kelley: «Cuando un niño pierde la confianza en su creatividad, el impacto puede ser profundo. La gente tiende a dividir el mundo entre quienes son creativos y los que no. Llegan a ver estas categorías como algo fijo, olvidando que ellos también disfrutaron una vez de dibujar o contar historias imaginarias. Demasiado a menudo deciden dejar de ser creativos».

Todo hombre al meditar, y al ser completamente honesto consigo mismo, es capaz de comprender verdades profundas. Todos venimos de la misma fuente. No hay ningún misterio en el origen de las cosas. Todos somos parte de la creación, todos somos reyes, todos poetas, todos músicos; tan sólo tenemos que abrirnos y descubrir lo que ya está ahí.

HENRY MILLER

Un amigo mío tiene un ritual: escribe un poema cada día al tomar su café matutino. «Me centra —dice— y después me pongo en marcha, me ayuda a mantenerme conectado». Mi hermana se graduó en la Royal

Academy de Londres con varios premios y reconocimientos. Pero tras años de audiciones y sin conseguir los papeles que esperaba, empezó a sentirse perdida y desanimada. En su libro *Unbinding the Heart (Desatando el corazón)* describe un momento de epifanía en un autobús de Nueva York:

> Tras una audición para una adaptación de seis horas de varias tragedias griegas, y sin conseguir un papel —ni siquiera en el coro—, decepcionada y desanimada tomé un autobús para ir a mis clases de canto en el Upper West Side (parte noroeste) y me fijé en las caras del resto de los pasajeros. Cada uno de ellos parecía agobiado, sus expresiones mostraban sus preocupaciones. Al mirar a mi alrededor, sentí compasión y comprendí que su decepción era quizá más grande que la mía. Si pudiera ofrecerles un poco de alegría, pensé. Y entonces me di cuenta de que podía. ¡Podía actuar ahí mismo! Podía entretener a esa gente por un momento. ¡Podía cantar y bailar en ese mismo instante!
>
> Y con ese pensamiento, rompí las barreras. Me acerqué a la mujer que estaba a mi lado y comencé una conversación preguntándole si le gustaba el teatro. Empezamos a hablar sobre nuestras obras

y personajes favoritos, y le dije que acababa de interpretar el papel de Santa Juana para una audición. Conocía la obra y tuvimos una conversación maravillosa. En mi entusiasmo pregunté: «¿Le gustaría que interpretase el monólogo de Juana para usted?» «Me encantaría», contestó.

Las primeras palabras del monólogo son: «Me prometiste mi vida, pero mentiste. Crees que la vida es poco más que el no ser una roca inerte». Al pronunciar esas palabras la cara de la mujer cambió. Pude sentir que estaba emocionada; yo también lo estaba al compartir mi talento por un momento en ese autobús de Nueva York.

Al terminar, la mujer tenía lágrimas en los ojos y al bajarse en su parada, me dio las gracias. Me sentí entusiasmada. Me sentí liberada. Como si una puerta se hubiera abierto sin que yo supiera siquiera que estaba ahí. Ahí estaba yo pensando que tenía un maravilloso talento que no estaba siendo reconocido por el mundo. Y entonces me di cuenta de la cantidad de restricciones que había puesto sobre mi talento. Ese momento en el que lo compartí sin pretender conseguir un papel no se centró en el resultado, sino en la alegría de conmover a otros y de dar de forma incondicional lo que yo podía dar. Y eso me llenó de satisfacción.

Tu talento puede ser simplemente hacer una maravillosa comida para alguien que está enfermo o ha sufrido una pérdida. La frase: «Saber que una vida respira mejor porque tú estás vivo» materializa la idea de dar.

Un día antes de morir la madre de Scott Simon, éste tenía un mensaje para los cientos de miles de personas que habían seguido su blog acerca de su viaje hacia la muerte.

28 de julio, 14:01: Creo que ella quiere que les proporcione un par de consejos tan pronto como sea posible. Primero: acércate a alguien que hoy parezca sentirse solo.

La tecnología ha hecho posible que vivamos en una burbuja ajena y desconectada del mundo durante veinticuatro horas al día. Incluso cuando caminamos por la calle escuchando música en nuestros celulares. Nuestros aparatos deberían conectarnos, y lo hacen hasta cierto punto, pero también nos desconectan del mundo que nos rodea. Y sin conectarnos con la gente que hay a nuestro alrededor es difícil activar nuestros instintos de empatía.

Los *millennials*, la primera generación que realmente pertenece al mundo digital (al contrario que aquellos que somos inmigrantes digitales, que venimos de un momento en el que el mundo era analógico), es probable que sean aquellos que encuentren cómo hacer que esa tecnología amplifique en vez de reducir nuestra capacidad de empatía. John Bridgeland, subdirector del Franklin Project, un servicio nacional, cree que los *millennials* podrían «rescatar la salud cívica de nuestra nación tras décadas de declive». Recientes estudios corroboran su opinión. Los *millennials* lideran las cifras de voluntarios con un 43 por ciento de ellos comprometidos con servir a los demás. Esta cifra es incluso más alta entre los estudiantes de universidad: 53 por ciento hicieron trabajo voluntario el año pasado y alrededor de 40 por ciento hace trabajos semejantes más de una vez al mes.

¿Qué ocurriría si ese deseo de conectar y dar a los demás pudiera crecer e institucionalizarse? Esa es la meta del Franklin Project: establecer un servicio nacional como «un deseo y oportunidad común para que todos los norteamericanos refuercen ese entretejido social y resuelvan nuestros problemas más apremiantes». Piensa en ello como un proyecto de infraestructura instantáneo, que literalmente pueda reconstruir nuestro país de dentro hacia fuera.

Surge de la increíble efusión de comunidad y compasión que experimentamos tras el 11 de septiembre: un deseo de reconstruir lo que había sido destruido físicamente, pero también de restaurar un espíritu de comunidad y servicio que había sido erosionado durante décadas. Es una idea que está en el corazón de los fundamentos de este país, conectado con la búsqueda de felicidad descrita en la Declaración de Independencia.

Cuando Thomas Jefferson expresó nuestro derecho a la búsqueda de la felicidad, no se refería simplemente a nuestro derecho de búsqueda de un placer personal momentáneo alimentado por una cultura de bienes materiales. La felicidad a la que se refería era la del derecho a construir nuestra vida dentro de una comunidad fuerte y vibrante.

A lo largo de nuestra historia el espíritu de dar, de servir a los demás y de compromiso cívico ayudó a construir un país de distintas razas e idiomas, y ha continuado congregándonos en una perfecta unión. La erosión de ese espíritu está detrás del sentimiento que muchos estadounidenses tienen acerca de que el país se está resquebrajando, polarizando sin remedio y de que ya no es indivisible.

Todo presidente de Estados Unidos —con la excepción de William Henry Harrison, que murió un mes después de asumir el cargo, habiendo dado el discurso inaugural más largo de la historia— ha reconocido la importancia de este entretejido social y ha hecho el esfuerzo de alimentarlo de un modo u otro. Franklin Delano Roosevelt creó el Cuerpo Civil de Conservación, que llevó a tres millones de jóvenes desempleados a trabajar en instalaciones públicas a lo largo del país; John Fitzgerald Kennedy lanzó el Cuerpo de Paz; George H. W. Bush comenzó el Premio Punto Diario de Luz, que inspiró la Fundación Puntos de Luz; y Bill Clinton creó el AmeriCorps.

Ray Chambers, director fundador de Puntos de Luz (que me invitó a unirme a su junta directiva a comienzos de los noventa), ha sido para mí un modelo para redefinir el éxito y priorizar el servir a los demás y el altruismo. Tras conseguir éxito en los negocios, en lugar de contentarse y simplemente amasar fortuna y poder, con sus increíbles habilidades y su pasión se dirigió hacia la solución de problemas a lo largo del mundo: desde fundar una universidad para cientos de estudiantes en Newark, Nueva Jersey, o fundar Malaria No More, a servir como enviado especial del secretario general de las Naciones Unidas para los objetivos del desarrollo del milenio relacionados con el financiamiento de la salud. Prestó su mente, habilidades y conexiones para resolver un problema pasado por alto que afecta a millones de jóvenes, conmovido al ver cómo los jóvenes dejaban los programas urbanos que él financia y se aislaban física y emocionalmente por culpa del acné, algo que he experimentado en mi propia familia, ya que Isabella sufrió de acné durante su adolescencia. Es el mejor ejemplo de liderazgo dentro del sector privado.

Está claro que existe un ansia en el mundo por servir a los demás y los *millennials* están liderando el camino. Un servicio nacional robusto ayudaría tanto a reducir la inaceptable cifra de desempleo juvenil como a darles un propósito en su vida. «Nuestra generación presiona y sueña con algo grande —dice Matthew Segal, cofundador de Our Time, un grupo de apoyo para jóvenes—. Y pocas políticas tienen más sentido que permitir a los jóvenes norteamericanos idealistas servir a su país a través del cuidado, la educación, la ayuda en caso de desastre, la restauración de parques o infraestructuras». En el Apéndice C podrás encontrar algunos de mis sitios web favoritos para acercarte a oportunidades de labores voluntarias en tu ciudad y alrededor del mundo.

Por ello, ¿qué hace falta para que el servir a los demás deje de ser algo que se hace en Acción de Gracias y Navidad —algo que todo el mundo utiliza en sus discursos— y pase a formar parte de nuestra realidad diaria?

Como comenta el doctor Ervin Staub, que estudió los casos de hombres y mujeres que arriesgaron sus vidas durante la Segunda Guerra Mundial para proteger a los judíos de los nazis: «La bondad, al igual que la maldad, a menudo comienza con un pequeño paso. Los héroes se hacen; no nacen. A menudo los salvadores tan sólo acordaron esconder a alguien durante un día o dos. Pero cuando dieron ese paso empezaron a verse a sí mismos de forma distinta, como alguien que puede ayudar. Lo que comenzó con una simple disposición se convirtió en un fuerte compromiso».

Las lecciones de altruismo de la yaya: «No es un intercambio, querida, es un regalo»

Fui bendecida con una madre que era incapaz de tener una relación impersonal con nadie. Esto no significa que mi madre fuera perfecta, pero sí vivía en un modo constante de altruismo. Si el mensajero de FedEx llegaba para darnos un paquete, mi madre —o la yaya como todo el mundo la llamaba— le hacía pasar, sentarse a la mesa de la cocina y le ofrecía algo de comer. Si ibas al mercado de frutas y verduras con mi madre o a cualquier supermercado, debías estar preparado para una larga conversación con el dependiente o vendedor acerca de sus vidas antes de que preguntase por algo que quisiera comprar. Esa intimidad con extraños, esa empatía con todo aquel que encontraba es algo que me ha rodeado desde que era una niña en Atenas.

Su vida se componía de momentos de altruismo donde fuera que estuviese —en el ascensor, en un taxi, en un avión, en un estacionamiento, en un supermercado, en el banco—, siempre se acercaba a los demás. Una vez, una desconocida admiró el collar que llevaba puesto mi madre; ella se lo quitó y se lo dio. Cuando la atónita mujer preguntó: «¿Qué puedo darle yo?», mi madre respondió: «No es un intercambio, querida, es un regalo». Al final de su vida siempre llegaba al consultorio del médico con una cesta de frutas o una caja de bombones para las enfermeras. Sabía que en un lugar donde los pacientes llevaban su ansiedad y su dolor, ese gesto podía hacer cambiar el ambiente. Su tenacidad para romper las barreras que crean las personas era al mismo tiempo encantadora y cómica. Si una de las enfermeras estaba, como ella decía, «en piloto automático» y no se tomaba la molestia de ser amigable o cercana, mi madre me susurraba: «Ésa no quiere dar su brazo a torcer» y buscaba un modo de ofrecerle atención extra. Sacaba algún regalito del bolso —un paquete de nueces o algún bombón— y se lo daba a la mujer sabiendo que conseguiría una sonrisa. Dar a los demás era su modo de ser.

Cuando murió, mi madre no dejó testamento ni posesiones, lo que no es de extrañar considerando su hábito de dar cosas a los demás. Recuerdo la vez que le regalamos un segundo reloj; en cuarenta y ocho horas se lo había dado a otra persona. Lo que sí nos dejó fue un hogar envuelto en ese espíritu. Es como si ciertos dones se legaran tras la muerte de uno, como si mientras ella vivió hubiera personificado las cualidades de cuidar, dar y amar de manera incondicional, y como si esas dimensiones en su vida hubieran sido cuidar a aquellos que fueron bendecidos estando en su camino. ¿Por qué aprender a cocinar cuando vives con un Master Chef? Tras su muerte nos dimos cuenta mi hermana y yo de que si nuestro viaje vital trata de desarrollarnos como seres humanos, no hay manera más rápida que a través del dar y servir a los demás.

Nos centramos en especial o principalmente en el bien que el altruismo hace para el prójimo, el bien que hace para nuestra comunidad. Pero tan importante es eso como el bien que nos hace a nosotros. Porque es cierto que crecemos físicamente con lo que conseguimos y espiritualmente con lo que damos.

Desde que me convertí en madre, he sentido la necesidad de hacer que el trabajo voluntario y el servir a los demás fueran parte de la vida de mis hijas. Y he visto el impacto que ha tenido en sus vidas. Cuando una de mis hijas tuvo que lidiar contra un desorden alimenticio y comenzó a hacer esa labor en A Place Called Home, observé cómo empezó a cambiar su modo de verse a sí misma: su percepción de ella, de sus problemas y dificultades. No hay nada como poner tus problemas en perspectiva. Cuando te ves involucrado en la vida de niños donde los tiroteos son un incidente normal, donde uno de cada tres padres está en la cárcel, y donde no hay lo suficiente para comer, es más difícil preocuparte sobre cómo te ves, sobre si llevas la ropa adecuada, sobre si eres lo bastante guapa o sobre lo delgada que estás. Mi hija asimiló estas lecciones sin que tuviera que enseñárselas (aunque lo intenté), sino aprendiéndolas de primera mano.

El fuego alcanza también al atizador

La gente ya hace muchísimo bien cada día. Así que, ¿cómo logramos llamar la atención sobre este hecho? ¿Cómo ayudar para que esto crezca hasta conseguir una masa crítica de gente que lo haga? Mi sueño en los noventa era crear un canal de televisión, una especie de C-SPAN3, cuando sólo existía el C-SPAN, que cubría las noticias del Congreso y el C-SPAN2, cubriendo las del Senado. Así que propuse crear este C-SPAN3 para cubrir lo que las organizaciones no gubernamentales, sin ánimo de lucro y voluntarios hacían las veinticuatro horas al día, siete días por semana, para que se convirtiera en parte de nuestra realidad diaria, y en un asunto nacional como lo eran el Congreso y el Senado, mereciendo la misma cobertura. Bien, mi visión del C-SPAN3 no se materializó, pero sí lo hizo en Internet. Y en *The Huffington Post* tenemos múltiples secciones —Impacto, Buenas noticias y Lo que está funcionando, entre otras— que cubren las conmovedoras historias sobre gente que piensa más allá de sí misma para ayudar a los demás, a veces a quien tienen cerca, otras veces a otros en la otra punta del mundo. Tan importante como esto es tener a esos generosos protagonistas contando su historia en palabras, en fotos o en videos. La magia ocurre cuando responden a esas noticias comprometiéndose, sintiéndose inspirados para convertirse en altruistas y no ser sólo espectadores.

El reverendo Henry Delaney pasó toda su vida reconstruyendo casas en Savannah, Georgia. Me dijo algo que capta lo que ocurre con el altruismo. «Quiero que la gente se involucre —me dijo—. Es como colocar un atizador en el fuego; tras un rato el fuego alcanza también al atizador». Y así es como conseguiremos a la masa crítica.

Para un físico una masa crítica es una cantidad de material radiactivo presente para que una reacción nuclear se mantenga. En el servicio a los demás, una masa crítica es el hábito de ofrecerse a otros y llega a tanta gente como para que empiece a propagarse espontáneamente alrededor del país y del mundo. Piensa en ello como el brote de una infección benigna en el que cada uno de nosotros es un portador potencial.

«Hay puertas que buscas en el espacio —me dijo una vez un amigo— y puertas que esperas en el tiempo». Nos enfrentamos a esa puerta ahora mismo, una apertura a grandes posibilidades. La equivalencia moderna a la visión precopernicana de que el mundo es plano ha sido nuestra visión secular de que el hombre es un ser material. Este error ha dominado el modo en que vivimos nuestras vidas y consideramos el éxito. Pero hoy todo esto ha cambiado. Hemos llegado a darnos cuenta —en parte por el enorme precio que hemos tenido que pagar y en parte por los nuevos descubrimientos científicos— de que hay otras dimensiones en las cuales vivir el verdadero éxito. Y estas dimensiones, los cuatro pilares de la Tercera Métrica, tienen impacto en todo lo que hacemos y en todo lo que somos, desde nuestra salud a nuestra felicidad. Como resultado de ello, algo tan vasto y épico como el destino de la humanidad depende de algo tan íntimo y personal como la forma de nuestras vidas: el modo en que cada uno de nosotros decidimos vivir, pensar, actuar y dar.

Transformar nuestros hábitos narcisistas y despertar nuestra naturaleza altruista —que es lo que tanto nosotros como el mundo necesita— es el trabajo de toda una vida. Pero, una vez más, comienza con pequeños pasos. Y una vez más nuestra vida diaria es el entrenamiento definitivo. Si decidiste que tu reto es escribir la gran novela norteamericana, tal vez nunca empieces. Pero es más probable lograrlo si decidiste escribir cien palabras al día. Lo mismo ocurre para transformarnos a nosotros mismos:

1. Haz de los pequeños gestos de bondad y de altruismo un hábito, y presta atención a cómo afecta esto tu mente, tus emociones y tu cuerpo.
2. Durante el día establece contacto con personas a las que normalmente ignorarías: el dependiente, el encargado del servicio de limpieza en tu oficina u hotel, el mesero de tu cafetería. Date cuenta de cómo esto te ayuda a sentirte más vivo y a reconectar con el momento.

3. Utiliza una habilidad o talento que tengas —cocina, contabilidad, decoración— para ayudar a alguien que pueda beneficiarse de ello. Será un salto en tu transición de receptor a donante y te conectará con el mundo y con la abundancia natural de tu propia vida.

Epílogo

Tenemos, con suerte, unos tres mil días para jugar el juego de la vida. Lo bien que lo juguemos estará determinado por lo que valoremos. O como dijo David Foster Wallace: «Todo el mundo venera algo. Lo único que queda a nuestra elección es qué venerar. Y la razón que nos lleva a elegir a un dios o un tipo de espiritualidad a la que adorar —ya sea Jesucristo o Alá, Yahvé o la diosa madre de la Wicca, las Cuatro Verdades Nobles o una serie de principios éticos inviolables— es que cualquier otra cosa que veneres te devorará vivo».

Ahora sabemos a través de las últimas investigaciones científicas que si adoramos el dinero, nunca nos sentiremos completamente satisfechos. Si adoramos el poder, el reconocimiento y la fama, nunca sentiremos que tenemos suficiente. Y si vivimos nuestras vidas con prisa, intentando encontrar y ahorrar tiempo, nos encontraremos siempre faltos de él, estresados y exhaustos.

«Hacia delante, hacia arriba y hacia el interior» es como terminé mi discurso de graduación en Smith. Y en cierto modo, este libro ha sido testigo, tanto a través de mi propia experiencia como a través de los últimos descubrimientos científicos, de que la única verdad es que no podemos desarrollarnos ni llevar la vida que queremos (en lugar de las vidas a las que nos hemos acostumbrado) si no aprendemos a mirar hacia nuestro interior.

Mi objetivo es que este libro muestre otro camino para seguir adelante, un camino que está disponible para todos ahora mismo, estemos donde estemos. Un camino basado en la eterna verdad de que la vida está diseñada de dentro hacia fuera: una verdad que ha sido mostrada por guías espirituales, poetas y filósofos a lo largo de los años, y que ahora ha sido corroborada por la ciencia moderna.

Quería compartir mi propio viaje personal, cómo aprendí de mis errores para dar un paso atrás y evitar que mi caótica vida me pasara factura y los misterios de la vida me pasaran de largo. Pero también era importante para mí dejar claro que esto no era nada más el viaje de una mujer. Hay un deseo colectivo de dejar de vivir superficialmente, de dañar nuestra salud y nuestras relaciones, de perseguir de forma incesante el éxito tal y como lo define el mundo, y en lugar de eso llegar hasta las riquezas, la alegría y las impresionantes posibilidades que encarna nuestra vida. No importa cuál sea tu casilla de salida o qué forma tome esa llamada de atención para despertar. Puede ser agotamiento, enfermedad, adicciones, la pérdida de un ser querido, el final de una relación, el verso de un poema que revuelva algo en ti (he mencionado varias razones a lo largo del libro), o un estudio científico acerca del poder y los beneficios de ir más despacio, dormir, meditar o empezar a ser conscientes (también he mencionado varios de ellos). Sea cual sea tu casilla de salida, aférrate a ella. Sentirás que tienes el viento a tu favor porque es lo que nos está pidiendo nuestra época. Y espero haber mostrado que hay suficientes herramientas en nuestra despensa interior para ayudarnos a regresar a nuestro camino cada vez que nos equivoquemos. Y sin duda lo haremos. Una y otra vez.

Pero recuerda que mientras el mundo nos ofrece numerosas señales luminosas e insistentes que nos dirigen a hacer más dinero y escalar más alto en la pirámide, no hay casi señales que nos recuerden que debemos estar conectados a la esencia de lo que somos, que debemos cuidarnos a lo largo del camino, relacionarnos los unos con los otros; que tenemos que parar y asombrarnos, alcanzar con ese lugar donde todo es posible. Citando a mi compatriota griego Arquímedes: «Dame un punto de apoyo y moveré el mundo».

Así que busca tu punto de apoyo, tu lugar de sabiduría, paz y fuerza. Y desde ese lugar, busca rehacer el mundo como quieres que sea, de acuerdo con tu definición de éxito, para que todos nosotros —hombres y mujeres— podamos desarrollarnos y vivir nuestras vidas con más gracia, más alegría, más compasión, más gratitud, y sí, más amor. ¡Hacia delante, hacia arriba y hacia el interior!

Apéndices

Apéndice A

Una docena de «nada de distracciones»: doce herramientas, aplicaciones y recursos para mantenerte concentrado.

Steve Jobs decía: «Concentrarse consiste en decir no». Aquí les dejo algunas de mis herramientas favoritas para mantenerte concentrado, filtrar tus distracciones... decir no, reunidas por nuestra editora encargada de los contenidos de la Tercera Métrica en el *HuffPost*, Carolyn Gregoire:

Anti-Social

El trastorno de ansiedad por culpa de las redes sociales quizá aún no esté reconocido por la comunidad médica, pero como muchos de nosotros sabemos, puede ser muy real. Y no hay duda de que tiene cualidades adictivas: en 2012, investigadores de Harvard descubrieron que compartir información sobre nosotros mismos activa la misma parte del cerebro que se asocia con el placer que experimentamos al comer, ganar dinero o practicar el sexo.

Si te cuesta trabajo dejar Facebook, Twitter y Pinterest durante tu jornada de trabajo (o durante tu ocio, igualmente), prueba Anti-Social, un software de bloqueo de redes sociales que te permite evitar las webs que te distraen. Puedes elegir las horas en las que no quieres distraerte y aquellas páginas que quieres evitar.

Disponible por 15 dólares en Anti-Social.cc.

Nanny

Como Anti-Social, la extensión de Google Chrome Nanny bloquea páginas web que te distraen de tu navegador para mantener la mente en tus obligaciones. Además de bloquear URL específicas durante un periodo de tiempo (por ejemplo, restringiendo YouTube de nueve de la mañana a cinco de la tarde), puedes también limitar el tiempo que te concedes para mirar algunas páginas, por ejemplo, dándote sólo un total de treinta a sesenta minutos al día para mirar Facebook.

Disponible de forma gratuita desde la tienda web de Chrome.

Controlled Multi-Tab Browsing (Controlador de multi-pestañas)

Tener treinta pestañas abiertas en una sola ventana de Google Chrome puede ser increíblemente confuso —sin mencionar lo estresante— y te puede tener saltando de una página a otra sin concentrarte realmente en ninguna de tus tareas. Limita tus pestañas y mantente centrado utilizando Controlled Multi-Tab Browsing, un plug-in de Chrome.

Elige un máximo de pestañas (digamos cuatro o seis), y el plug-in evitará que abras más hasta que hayas terminado. Si eres un ciber-vago o un multitareas incorregible, esta herramienta te ayudará a mejorar tu productividad en aquello que necesites terminar.

Disponible de forma gratuita en la tienda web de Chrome.

Siesta Text y BRB

La desventaja de desconectar y cargar pilas es que corres el riesgo de ser visto como alguien que ignora a sus amigos y familia. En esta cultura de constante conexión, una respuesta tres horas más tarde puede ser vista como un menosprecio.

«Las normas sociales establecen que debes responder en unas horas, si no inmediatamente», contó David E. Meyer, profesor de psicología de la Universidad de Michigan, a *The New York Times* en 2009. «Si no lo haces, se presume que no estás disponible mental o socialmente, o no te cae bien la persona que te ha enviado el e-mail».

Ahora hay una aplicación móvil para eso. Si quieres desconectarte de tu e-mail y mensajes de texto sin preocuparte de que tus amigos o familia piensen que los ignoras, establece un mensaje predefinido en tu celular utilizando Siesta Text para Android, o BRB para iPhone. Con Siesta puedes diseñar tus respuestas para mensajes y llamadas: «Estoy conduciendo, te llamo más tarde» o «De vacaciones, te responderé cuando regrese el lunes». Guarda hasta veinte mensajes y puedes seleccionar receptores específicos de tu agenda de contactos para que lo reciban.

Siesta está disponible en Android por 99 centavos de dólar desde Google Play, y BRB para iPhone está disponible de forma gratuita en la App Store.

Autocontrol

La aplicación Self Control puede mantener tu computadora apagada durante un tiempo preseleccionado, y también frenar de forma temporal la entrada de correo. Incluso reiniciando tu computadora, no volverán a aparecer esas distracciones. O, si hay ciertos sitios web particularmente tentadores, puedes ponerlos en una lista negra.

Disponible de forma gratuita para Mac en selfcontrolapp.com.

RescueTime

RescueTime te presenta un seguimiento de tu actividad online al final de cada día. Manteniéndote al tanto de cómo administraste tu tiempo, puedes marcarte objetivos (como pasar sólo una hora comprobando tu e-mail, por ejemplo) y crear alarmas que se pongan en marcha cuando pasas demasiado tiempo en una página o con alguna otra actividad; es el equivalente online a tomar cartas en el asunto.

Disponible de forma gratuita, o por 9 dólares al mes en versión Pro, para Mac en rescuetime.com. También disponible de forma gratuita para Android desde Google Play.

Libertad

No tienes que irte a un rincón remoto del mundo para escapar del Wi-Fi. Si eres escritor, puede que Freedom se convierta en tu mejor amigo. Freedom bloquea completamente el Internet de tu computadora durante un tiempo estipulado para que comprobar las redes sociales o leer el *HuffPost* no sea una opción. Si Internet te absorbe mucho tiempo, Freedom es una manera genial de eliminar las tentaciones.

Disponible por 10 dólares para Mac, Windows y Android desde macfreedom.com.

Tiempo Muerto

Tomarse descansos es una manera, científicamente comprobada, de ayudarte a concentrar y estar más presente, pero a menudo pasamos horas y horas delante de la pantalla de la computadora, parando sólo para comprobar Facebook o Twitter. Si tienes problemas para tomarte verdaderos descansos, prueba la aplicación para Mac, Time Out, una herramienta que te anima a parar lo que estés haciendo y levantarte cada cierto tiempo. Time Out te recuerda que debes tomar un descanso de diez minutos cada cincuenta, y un descanso de diez segundos o «micro-descanso» —una breve pausa para respirar, apartar los ojos de la pantalla y volver a concentrarte— cada diez minutos. Haz tu descanso algo más efectivo seleccionando tus canciones relajantes favoritas en iTunes para avisarte de tu siguiente reposo.

Disponible de forma gratuita para Mac en la App Store.

Concéntrate

Concéntrate reúne diferentes herramientas de productividad. Este software de Mac te permite designar varias actividades (estudiar, escribir, etcétera) y después programar tu computadora para que sólo te permita ciertas acciones durante unas horas. Por ejemplo, mientras está en modo «escribir», puedes programarla para que bloquee las redes sociales mientras te permite acceder a documentos relevantes y páginas web, configurar un cronómetro con el tiempo que estarás escribiendo, y añadir una alarma para recordarte que has de volver a la tarea si te desviaste de ella.

Disponible para Mac por 29 dólares en www.getconcentrating.com.

Aplicación de Desintoxicación Digital

Esta aplicación puede revolucionar tus vacaciones o incluso tus fines de semana. Utilizando Digital Detox puedes obligar a tu teléfono a apagarse durante un periodo de tiempo que va desde los treinta minutos al mes (la decisión no es reversible). Pero esta aplicación conlleva una gran responsabilidad: sólo aquellos que realmente quieran desconectar la necesitan.

Disponible de forma gratuita para Android desde Google Play.

Aislante

Si tienes problemas con el desorden de tu escritorio y sus distracciones, prueba Isolator, una barra de menú para Mac que oculta tu escritorio y te ayuda a mantenerlo fuera de la vista exceptuando el documento word que tienes delante. Esta aplicación es otra herramienta genial para cualquiera que necesite eliminar las distracciones digitales mientras se centra en su proyecto. Cubre tu escritorio con una pantalla negra para que tu atención esté en la tarea presente, con una tecla de fácil acceso para permitirte activar o desactivar la herramienta.

Disponible de forma gratuita para Mac en macupdate.com.

Higby

Cuando quieras evitar el e-mail, la cámara, los mensajes, la lista de reproducción con el fin de estar completamente concentrado en el momento —ya estés realizando una tarea, o con amigos— puede que necesites una herramienta física, no nada más una aplicación para hacerlo. Usa Higby, una funda de goma para el iPhone que cubre tanto su cámara como su conexión para los auriculares. Puede utilizarse también para dos teléfonos, con la goma enganchando ambos aparatos para evitar la distracción de los dos.

«Con nuestras cabezas, nuestros corazones y nuestras manos ocupadas con tantos objetos digitales, estamos perdiendo el tiempo que necesitamos para observar el mundo que nos rodea, alimentar nuestras relaciones y hacer cosas nuevas», escribió el creador de Higby.

Higby ya está disponible para iPhone en Wolff Olins.

Apéndice B

La caja de herramientas trascendental: doce herramientas, aplicaciones y recursos para la meditación y la conciencia plena.

Aquí hay una docena de herramientas para la meditación y la conciencia plena que te ayudarán a profundizar tu práctica. Están recopiladas por Carolyn Gregoire.

Mente en blanco

El ex monje budista Andy Puddicombe fundó Headspace como un modo de hacer de la meditación algo fácil. El programa de Headspace «10 pasos» —diez minutos diarios de meditación durante diez días— es un comienzo simple en la práctica de la meditación.

A través de breves vídeos animados, la aplicación explica las bases principales de la meditación y la conciencia plena, y las grabaciones llevan a los primerizos por breves prácticas de conciencia plena y meditación guiada cada día. Ahora mismo hay incluso un canal de televisión de Headspace disponible para pasajeros a bordo de los vuelos de Virgin.

Disponible de forma gratuita para iPhone y Android en getsomeheadspace.com.

Mindfulness de Mark Williams

Grabaciones de ejercicios de meditación

Mark Williams, profesor de psicología clínica, director del Centro de Conciencia Plena de Oxford y autor de *Mindfulness,* ofrece una serie de grabaciones gratuitas para novatos y no tan novatos en meditación, e incluye instrucciones para variaciones de la práctica, entre las que están una minipausa de tres minutos, meditación para la depresión, meditación silenciosa con campanas y una divertida «meditación con chocolate». «Debemos salir de nuestras cabezas y aprender a experimentar el mundo de forma directa, sin la incesante intervención de nuestros pensamientos —escribió Williams en *The Mindful Way Through Depression (Una solución consciente para la depresión)*—. Debemos simplemente abrirnos a las posibilidades ilimitadas de felicidad que la vida nos ofrece».

Disponible de forma gratuita en franticworld.com.

Buddhify

Conocida como «la aplicación de meditación urbana», Buddhify ofrece un acercamiento divertido para la práctica de la meditación. Buddhify utiliza gráficas brillantes y lenguaje simple (nada de sánscrito o menciones a los chacras), y está diseñado para utilizarse sobre la marcha. La aplicación tiene diferentes ajustes, como el de casa, viaje, caminando y gimnasio, ofreciendo audio y video que se adaptan al lugar en que estás. Buddhify «realmente cambia la vida de uno en pequeños pasos —escribió un usuario—. Es el Google Maps del mundo interior».

Disponible para iPhone y Android.

Movement of Spiritual Inner Awareness. Clases de meditación online

The Movement of Spiritual Inner Awareness (MSIA), fundado por John-Roger, ofrece doce lecciones online de meditación y ejercicios espirituales para principiantes consistentes en lecturas, audios y videos. Las enseñanzas de MSIA consisten en la «meditación activa», o ejercicios espirituales, haciendo énfasis en conectar con tu fuente interior de sabiduría y paz. La guía paso a paso incluye instrucciones para usar un mantra, llevar un diario y la respiración meditativa.

Disponible de forma gratuita en msia.org.

Podcast del centro de meditación Chopra

El Centro para el Bienestar de Deepak Chopra ofrece varios recursos para meditadores principiantes o con experiencia, incluyendo una colección de veinticuatro *podcasts* gratuitos. Reúnen charlas inspiradoras y meditaciones de audio para liberar el estrés, la curación, la gratitud y el autofortalecimiento. Descarga los *podcasts* en iTunes y escúchalos en casa, de camino al trabajo o mientras paseas para incorporar más conciencia plena a tu día.

Disponible de forma gratuita en iTunes.

Trilogía de meditación de Oprah y Deepak Chopra

Chopra unió fuerzas con Oprah Winfrey en un programa online de meditación de veintiún días, que atrajo a cerca de dos millones de participantes. Ahora han hecho que sus tres retos —centrados en el deseo y el destino, la salud perfecta y las relaciones milagrosas— estén disponibles en la Meditation Master Trilogy de

Oprah y Deepak. Un regalo que contiene sesenta meditaciones de audio y un diario interactivo.

Disponible por 99 dólares en chopracentermeditation.com/store.

CALM.COM

Observa las olas chocar, los arroyos brotar, la nieve caer y el sol ponerse mientras disfrutas de un tiempo breve de meditación: sin necesidad de abandonar tu escritorio. Calm.com también está disponible en aplicación móvil.

Disponible de forma gratuita en calm.com o para iPhone desde la App Store.

NO HAGAS NADA DURANTE 2 MINUTOS

Donothingfor2minutes.com, ideada por los mismos que crearon calm.com, es un video a pantalla completa de olas golpeando las unas contra las otras en una puesta de sol con un temporizador de dos minutos y con las instrucciones: «Sencillamente relájate y mira las olas. No toques tu ratón ni tu teclado durante dos minutos». Si lo haces una luz roja aparecerá con la señal «ERROR» en tu pantalla; quizá no es el mensaje más zen para que vuelvas a empezar, pero desde luego es efectivo.

Disponible en www.donothingfor2minutes.com.

Aplicación de meditación para Android

Temporizador inteligente de meditación y dispositivo de seguimiento, MeditateApp te permite crear planes y horarios, seleccionar ejercicios de meditación para momentos y días en particular, y gráficas detallando tu actividad pasada.

Los ejercicios de meditación pueden ser cronometrados y guardados de tres maneras: meditación, meditación con afirmación y el modo quedarse dormido, que va suavizando los sonidos de forma gradual.

Disponible para Android (de forma gratuita o por 1.99 dólares en su versión completa) desde Google Play.

Entrenamiento Mental

La aplicación Mental Workout y su página web están dirigidas a ayudarte a cultivar la conciencia plena, dormir mejor, reducir tus niveles de estrés, y mantenerte concentrado. La aplicación Mental Workout's Mindfulness Meditation, diseñada por el profesor de meditación y psicoterapeuta Stephan Bodian, te facilita meditaciones guiadas y un temporizador para ejercicios de meditación silenciosos. También tiene un programa de ocho semanas para principiantes, charlas inspiradoras e instrucciones para la relajación.

Además de la aplicación móvil, Mental Workout ofrece varios programas para utilizar en Mac, PC, iPhone, iPad y Android, incluyendo una aplicación que utiliza diferentes estrategias de la conciencia plena para ayudarte a reducir el estrés, conciliar el sueño y dejar de fumar.

Programas disponibles en distintos precios en mentalworkout.com.

ENCONTRANDO UN ESPACIO PARA GUIAR LA MEDITACIÓN Y LA REFLEXIÓN

Janice Marturano, que llevó la meditación a la empresa de alimentación General Mills y fundó el Instituto del Liderazgo Consciente, ofrece orientación para trabajar y liderar con entereza y compasión, meditaciones en audio y reflexiones para ayudarte a acceder al líder consciente que llevas dentro. Las grabaciones incluyen meditación amable, meditación de escritorio, reflexiones sobre los principios del liderazgo y otras cosas.

Disponible de forma gratuita en findingthespacetolead.com.

«MÚSICA PARA CALMAR LA MENTE» DE ECKHART TOLLE

Si prefieres sentarte a escuchar música en silencio, prueba «Music to Quiet the Mind» de Eckhart Tolle, disponible en Spotify. El álbum es una recopilación de las canciones favoritas de Eckhart Tolle para inspirar serenidad y tranquilidad. Escucha estas canciones relajantes cuando necesites calmarte en el trabajo, o cuando llegues a casa al final de la jornada y quieras simplemente experimentar el poder del ahora.

Disponible de forma gratuita en Spotify.

Apéndice C

A tu servicio: doce webs de trabajo voluntario

Para ayudarte a comenzar con tu actividad como voluntario o para llevar tu generosidad al siguiente nivel, aquí tienes la lista de mis páginas web favoritas para conectarte con oportunidades en tu comunidad y alrededor del mundo, reunidas por nuestra editora de la sección de Impacto del *HuffPost,* Jessica Prois.

SmartVolunteer

smartvolunteer.org

Con su lema «Dona tus habilidades; ya no es sólo para abogados», SmartVolunteer te proporciona una manera fácil de donar tus habilidades a asociaciones sin ánimo de lucro y otras empresas sociales en busca de talentos voluntarios. La página destaca oportunidades de labor voluntario en tecnología, finanzas, mercadotecnia y recursos humanos. Y si no puedes ser voluntario *in situ,* puedes buscar oportunidades virtuales que requieren tan solo una computadora y una conexión a Internet.

All for Good
allforgood.org

La base de datos más grande sobre oportunidades de trabajo voluntario online, All for Good es una enorme plataforma para la búsqueda de maneras de cambiar las cosas. Cada mes, esta web recibe ciento cincuenta mil listados nacionales de voluntarios en las ciudades más importantes. All for Good también apoya United We Serve y es parte de Puntos de Luz, la red más grande del mundo.

VolunteerMatch
volunteermatch.org

Con cerca de setenta y siete mil oportunidades de ofrecer algo a los demás, VolunteerMatch te conecta con diferentes causas y te deja configurar tus búsquedas de acuerdo con lo que más te preocupa. Puedes sencillamente teclear lo que te importa en el cuadro «I Care About». Además del listado de oportunidades, el sitio web también ofrece herramientas que ayudan a organizaciones —desde corporaciones a universidades— a animar a sus empleados y estudiantes a hacer trabajo voluntario e invitar a la gente a participar. Casi cien mil organizaciones sin ánimo de lucro utilizan VolunteerMatch para reclutar.

Catchafire
catchafire.org

Catchafire conecta profesionales con organizaciones sin ánimo de lucro e iniciativas sociales para conseguir trabajadores voluntarios. Si te encanta el arte, echa una mano a una de estas organizaciones a contar su historia con palabras, dibujos e infografías. Si eres un experto de las hojas de cálculo, Catchafire te dirigirá a una organización que necesite ayuda en contabilidad o en tareas administrativas diarias. También te ayuda a hacer un seguimiento del impacto de tu trabajo con avisos que te dicen el valor monetario de tu trabajo como voluntario en esa organización.

iVolunteer

ivolunteer.org

Con un compendio de historias sobre desastres naturales y otros incidentes que dejan a personas en estado de necesidad, iVolunteer te conecta con organizaciones sin ánimo de lucro y servicios de emergencia que buscan voluntarios. La misión de esta página web está enraizada en la creencia de que cada acto voluntario inspira a otros a unirse al movimiento.

DonorsChoose

donorschoose.org

Fundado por Charles Best, antiguo profesor de estudios sociales, DonorsChoose te ayuda a llegar a aulas en todo el país. Profesores de escuelas públicas cuelgan sus necesidades —desde computadoras portátiles, kindles y cámaras, a cuerdas de saltar, material de dibujo o almacenamiento— y tú puedes elegir un proyecto que vaya contigo y hacer un donativo. Una vez que el proyecto alcanza su meta, DonorsChoose envía el material a la escuela y después te pone en contacto directamente con el profesor y los estudiantes a los que has ayudado.

Idealist

idealist.org

Idealist te ayuda a encontrar trabajo, una beca, oportunidades de trabajo voluntario basándose en dónde vives, tu horario y tus intereses. Esta página web ayuda a que te involucres con tu propia comunidad, manteniéndote informado de oportunidades de trabajo, peticiones de organizaciones sin ánimo de lucro y actividades en tu zona.

Un Volunteers

unv.org

Las Naciones Unidas ofrecen oportunidades de trabajo voluntario en dos áreas: asistencia al desarrollo y operaciones humanitarias y de paz. Si quieres cambiar las cosas, pero no puedes viajar alrededor del mundo, puedes apuntarte a proyectos online, desde edición de textos a proponer soluciones para el saneamiento y la potabilización del agua.

DoSomething

dosomething.org

Más de dos millones de jóvenes han encontrado una causa y han comenzado sus propios proyectos de trabajo voluntario a través de DoSomething, una de las plataformas más populares para los *millennials.* Bajo el lema «haz que el mundo apeste menos», te conecta con los recursos que necesitas para lanzar o unirte a iniciativas como la de recolectar vaqueros para jóvenes sin hogar o donar teléfonos móviles para víctimas de la violencia doméstica.

Volunteer.gov

Si eres una persona preparada para el trabajo duro, echa un vistazo a Volunteer.gov, un listado de proyectos de acción social en el ámbito de recursos naturales y culturales de agencias gubernamentales, incluyendo el Servicio de Parques Nacionales, Estudios Geológicos y el Servicio Forestal. Las oportunidades van desde limpiar desechos de las playas hasta ayudar al Cuerpo de Ingenieros del Ejército a proteger los nidos de águilas.

Help from Home
helpfromhome.org

Esta organización, afincada en Reino Unido, se compromete a «ayudarte a cambiar el mundo en pijama». Ofrece trabajo «micro-voluntario» y te conecta con formas de ayudar a los demás al momento, de manera que se adapte a tu horario. Dona millas aéreas en tu descanso para comer, corrige una página de texto o teje una manta para una familia necesitada.

UNIVERSALGIVING
universalgiving.org
Si quieres cambiar las cosas y viajar al mismo tiempo, UniversalGiving te conectará con oportunidades en más de cien países. Busca por categoría o lugar para encontrar un proyecto que UniversalGiving haya aprobado, como ayudar a construir una clínica de salud en Kenia, servir como voluntario en un orfanato en Vietnam o enseñar inglés en Italia.

Agradecimientos

A lo largo de 2013 la Tercera Métrica se fue convirtiendo en una parte cada vez más grande de mi vida llevándome a mi discurso de graduación en Smith, a nuestra primera conferencia de la Tercera Métrica (celebrada en mi departamento de Nueva York) y a muchas iniciativas editoriales en el *HuffPost* de nuestras diversas ediciones internacionales. Pero cuando Richard Pine, mi gran amigo y agente desde hace tiempo, me llamó con la idea de escribir un libro sobre ello, dije que no, recordándole la promesa que hice —a él, a mí y a mis hijas— de no escribir otro libro nunca. Y entonces llamó de nuevo. Y de nuevo. Y de nuevo. A veces un buen agente tiene que venderle primero el libro al autor. Finalmente dije que sí (tal vez me cogió en un día en el que no había dormido lo suficiente), así que en primer lugar quiero dar las gracias a Richard. Éste es nuestro séptimo libro juntos y mi decimocuarto (definitivamente parece el «bebé sorpresa» que pensaste que nunca tendrías) y me siento agradecida por su apoyo y por negarse a aceptar un no por respuesta.

Redefine el éxito es al mismo tiempo una publicación profundamente personal basada en una enorme cantidad de investigaciones que ha terminado con sesenta y tres páginas de notas. Mi más profundo agradecimiento va para Zeeshan Aleem, Tom Dan y Brian Levin por su compromiso y dedicación con cada detalle para llevar este libro a imprenta. Muchas gracias también a Marcos Saldivar y Anna McGrady por su ayuda en la comprobación de los datos, correcciones y documentación.

Estoy profundamente agradecida con mi editor Roger Scholl por su maravilloso trabajo en el libro, incluyendo sus ánimos para que añadiera más de mi experiencia personal. Gracias también a Ed Faulkner, mi editor británico en Random House, por su eficaz trabajo de edición, asegurándose de que mis ejemplos y estadísticas eran internacionales y no sólo de Estados Unidos. Me siento en deuda con Tina Constable, editora de Crown Archetype Group, por creer con tanta pasión en las ideas centrales de este libro y por su apoyo en cada aspecto de su publicación; a Maya Mavjee, presidente de Crown Publishing Group; al editor jefe Mauro DiPreta; a la directora de publicidad Tammy Blake; y a la directora editorial de Harmony, Diana Baroni. También estoy agradecida a Tricia Wygal, editora de producción, que trabajó sin descanso bajo una agenda muy ajustada para asegurarse de que las correcciones y las eternas notas se mantuviesen bajo las normas más rigurosas; a Michael Nagin por el precioso diseño del libro; a Derek Reed, asistente editorial de Roger Scholl, que siguió atentamente cada detalle y se aseguró de que todo estuviera listo a tiempo; y para todo el departamento comercial de Crown por haberse asegurado de que el libro llegaba a las manos de los lectores a lo largo del país. Un agradecimiento especial a la directora de mercadotecnia de Crown, Meredith McGinnis, por toda la creatividad que puso en la publicación del libro y a Penny Simon por el entusiasmo y trabajo duro para asegurarse de que el libro no sólo fuese escrito sino también leído.

Mi gratitud está también dirigida a Stephen Sherrill y Roy Sekoff, que fueron indispensables al escribir este libro. Stephen revisó y mejoró cada borrador, y Roy, a pesar de sus obligaciones dirigiendo *HuffPost Live*, encontró tiempo —violando las normas de sueño de *Redefine el éxito*— para hacer un trabajo magistral en el manuscrito final. Y muchas gracias a Gregory Beyer, John Montorio y Jimmy Soni por sus correcciones e ideas; a Carolyn Gregoire y Jessica Prois por reunir todas las herramientas, aplicaciones y recursos para la meditación, el voluntariado y la conciencia plena que he incluido en los apéndices; y a Kerstin Shamberg por ayudarnos con las traducciones del material de investigación en alemán.

Al escribir este libro me he apoyado en la sabiduría y en las importantes investigaciones de muchos académicos. Estoy especialmente agradecida con Richard Davidson, profesor de psiquiatría de la Universidad de Wisconsin; Mark Williams, profesor de psicología clínica en Oxford; Jon Kabat-Zinn, director fundador de la Stress Reduction Clinic y de Center for Mindfulness en la Facultad de Medicina de la Universidad de Massachusetts; y Adam Grant, profesor de administración en Wharton y autor de *Dar para recibir*.

Estoy profundamente agradecida a Sheryl Sandberg por leer una primera versión del manuscrito y darme sugerencias, además de enviarme correcciones línea por línea, incluyendo una mejor estructura para el epílogo. Estoy también en deuda con Howard Schultz por sus sugerencias, como el que utilizara la historia de Ícaro ¡como perfecta metáfora del desgaste moderno! Y muchas gracias a Ellen Goodman que generosamente ofreció sus ideas en muchos temas —sobre todo el de la muerte, que es la materia de The Conversation Project, que ella ha puesto en marcha— y a Susan Caine por leer el manuscrito y ofrecerme siempre sus perspicaces comentarios.

Me gustaría darle en especial las gracias a Paul Kaye por su sabiduría y su apoyo ayudándome a vivir la vida según la Tercera Métrica y a Patricia Fitzgerald por compartir su conocimiento acerca de la medicina integrativa al igual que por su entusiasmo y pasión por este proyecto.

Mi más sincero agradecimiento a mis amigos que leyeron los primeros borradores y ofrecieron sus ideas: Willow Bay, Faith Bethelard, Nicolas Berggruen, Kimberly Brooks, Mika Brzezinski, Laurie David, Gail Gross, Jacki Kelley, Fran Lasker, Cindi Leive, Kelly Meyer, Jacqueline Novogratz, Heather Reisman, Jan Shepherd, Timothea Stewart y Joan Witkowski.

Gracias a Jeff Swafford, Paula Kabe, Herbie Ziskend y Horacio Fabiano por su apoyo, y gracias en especial al gran equipo responsable de llevar el libro a tantos países alrededor del mundo, Amanda Schumacher, Lyndsey Blessing, Jordan Freeman y Lena Auerbuch.

Ésta ha sido la primera vez que mis dos hijas Christina e Isabella han leído el manuscrito. Estoy agradecida por sus sugerencias —y correcciones— al igual que por la increíble fuente de amor y alegría que ofrecen a mi vida. Gracias también a mi ex marido Michael, que leyó el manuscrito durante nuestras vacaciones navideñas en familia. Y por último, quiero dar las gracias a mi hermana, Agapi, que leyó cada borrador, recordándome historias que yo había olvidado y acompañándome en el camino con su increíble espíritu para completar este libro, al igual que lo ha hecho en nuestro camino vital.

Este libro está dedicado a nuestra madre, Elli, que lo inspiró y vivió según la Tercera Métrica antes siquiera de que tuviera nombre.

Notas

Introducción

p. 16 40 POR CIENTO MÁS DE RIESGO: Natalie Slopen, Robert Glynn, Julie Buring, Tené Lewis, David Williams y Michelle Albert, «Job Strain, Job Insecurity, and Incident Cardiovascular Disease in the Women's Health Study: Results from a 10-Year Prospective Study» («Estrés laboral, inseguridad laboral y enfermedades cardiovasculares en el estudio de la salud femenina: resultados de diez años de estudio»), *PLoS ONE* 7 (2012): 7

p. 16 60 POR CIENTO MÁS DE RIESGO DE DIABETES: Alexandros Heraclides, Tarani Chandola, Daniel Witte y Eric Brunner, «Psychosocial Stress at Work Doubles the Risk of Type 2 Diabetes in Middle-Aged Women: Evidence from the Whitehall II Study» («El estrés psicológico en el ambiente laboral duplica el riesgo de diabetes tipo 2 en mujeres de mediana edad: evidencias del estudio Whitehall II»), *Diabetes Care* 32 (2009): 2230-35.

p. 17 EN LOS ÚLTIMOS TREINTA AÑOS: Sheldon Cohen y Denise Janicki-Deverts, «Who's Stressed? Distributions of Psychological Stress in the United States in Probability Samples from 1983, 2006 and 2009» («¿Quién se estresa? La distribución del estrés psicológico en Estados Unidos en muestras de probabilidad en 1983, 2006 y 2009»), *Journal of Applied Social Psychology* 42 (2012): 1320-34.

p. 17 De acuerdo con la Asociación Estadounidense de Psicología: «Stress by Generations: 2012» («Estrés a través de generaciones: 2012»), Asociación Estadounidense de Psicología, 25 de octubre de 2013, www.apa.org.

p. 17 El derrame de petróleo del *Exxon Valdez:* «Sleep, Performance and Public Safety» («Sueño, actuación y seguridad pública»), división de medicina del sueño de la Facultad de Medicina de Harvard, 25 de octubre de 2013, www.healthysleep.med.harvard.edu.

p. 18 el descarrilamiento mortal de Metro-North: Shimon Prokupecz, Mike Ahlers y Ray Sanchez, «Train Engineer "Was Nodding Off and Caught Himself Too Late", Union Rep Says» («El maquinista "se quedó dormido y se percató demasiado tarde", dijo el representante del sindicato»), *CNN,* 3 de diciembre de 2013, www.cnn.com.

p. 18 Tal y como afirmó John Paul Wright: Kevin Short and Ben Hallman, «Train Engineers Prone to "Microsleep" Spells, Experts Say» («Según expertos, los maquinistas son propensos a los "microsueños"»), *The Huffington Post,* 6 de diciembre de 2013, www.huffingtonpost.com.

p. 18 Más del 30 por ciento de la población de Estados Unidos: Centro de control de enfermedades y prevención, «Effect of Short Sleep Duration on Daily Activities, United States, 2005-2008» («Efectos de dormir poco en las actividades diarias, Estados Unidos, 2005-2008»), informe semanal de morbosidad y mortalidad, 4 de marzo de 2011, www.cdc.gov.

p. 18 y Reino Unido: Denis Campbell, «Chronic Lack of Sleep Affects One in Three British Workers» («La falta crónica de sueño afecta a uno de cada tres británicos»), *The Observer,* 31 de marzo de 2012, www.theguardian.com.

p. 18 un estudio del Instituto de Investigación del Ejército Walter Reed: William Killgore, Ellen Kahn-Greene, Erica Lipizzi, Rachel Newman, Gary Kamimori y Thomas Balkin, «Sleep Deprivation Reduces Perceived Emotional Intelligence and Constructive Thinking Skills» («La falta de sueño reduce la capacidad de percepción de la inteligencia emocional y del pensamiento constructivo»), *Sleep Medicine* 9 (2008): 517-26.

p. 20 «hambre de tiempo»: Leslie Perlow, «The Time Famine: Toward a Sociology of Work Time» («El hambre de tiempo: hacia una sociología del horario laboral»), *Administrative Science Quarterly* 44 (1999): 57-81.

p. 20 El doctor Seuss lo resumió a la perfección: *In Search of Dr. Seuss (En busca del Dr. Seuss)*, dirigida por Vincent Paterson (1994; Burbank, CA: Warner Home Video, 2010), DVD.

p. 22 «El reino de Dios está dentro de ti»: Lucas, 17:21, según la Biblia del rey Jaime.

p. 22 O como dijo Arquímedes: Peter Schouls, *Descartes and the Enlightenment (Descartes y la Ilustración)* (Montreal: McGill-Queen's University Press, 1989), 53.

p. 23 tal y como dijo Steve Jobs: Steve Jobs, Commencement Speech (Discurso de apertura), *Stanford Report*, 14 de junio de 2005, www.news.stanford.edu.

p. 23 tal y como escribió el poeta Rumi: Daniel Ladinsky, trad., *Love Poems from God: Twelve Sacred Voices from the East and West (Poemas de amor de Dios: doce voces sagradas de Oriente y Occidente)* (Nueva York: Penguin, 2002), 85.

p. 24 En un artículo de opinión: Erin Callan, «Is There Life After Work?» («¿Hay vida después del trabajo?»), *The New York Times*, 9 de marzo de 2013, www.nytimes.com.

p. 25 Para el periodista gastronómico del *New York Times* Mark Bittman: Mark Bittman, «I Need a Virtual Break. No Really» («Necesito un descanso virtual. En realidad no»), *The New York Times*, 2 de marzo de 2008, www.nytimes.com.

p. 26 En el caso de Carl Honoré: Carl Honoré, «The Slow Revolution is Growing... Fast» («La revolución lenta está creciendo... rápido»), *The Huffington Post*, 6 de octubre de 2009, www.huffingtonpost.com.

p. 26 En el caso de Mark Bertolini, director general de Aetna: Katie Little, «Severe Ski Accident Spurs Aetna CEO to Bring Yoga to Work» («Grave accidente de esquí empuja al director general de Aetna a incorporar el yoga al ambiente laboral»), *CNBC*, 19 de marzo de 2013, www.cnbc.com.

p. 26 Para Pat Christien, presidente de HopeLab: Carolyn Gregoire, «How Technology Is Killing Eye Contact» («Cómo la tecnología está acabando con el contacto visual»), *The Huffington Post*, 28 de septiembre de 2013, www.huffingtonpost.com.

p. 26 Para Anna Holmes: Jessica Bacal, *Mistakes I Made at Work: 25 Influential Women Reflect on What They Got Out of Getting It Wrong (Errores que cometí en el trabajo: veinticinco mujeres influyentes cuentan qué aprendieron equivocándose)* (Nueva York: Plume, 2014), 8-9.

p. 30 TAL Y COMO GERTRUDE STEIN DIJO UNA VEZ: Linda Simon, *Gertrude Stein Remembered (Recordando a Gertrude Stein)* (Lincoln, NE: University of Nebraska Press, 1994), xi.

p. 31 INVESTIGADORES DEL CARNEGIE MELLON: Cohen y Janicki-Deverts, «Who's Stressed?» («¿Quién está estresado?»), 1320-34.

p. 31 MAYORES CASOS DE DIABETES: Masuma Novak, L. Björck, K. W. Giang, C. Heden-Ståhl, L. Wilhelmsen y A. Rosengren, «Perceived Stress and Incidence of Type 2 Diabetes: A 35-Year Follow-Up Study of Middle-Aged Swedish Men» («Estrés percibido e incidencia de diabetes de tipo 2: treinta y cinco años de seguimiento en varones suecos de mediana edad»), *Diabetic Medicine* 30 (2013): e8-16.

p. 31 ENFERMEDADES CARDIACAS: Laura Manenschijn, L. Schaap, N. M. van Schoor, S. van der Pas, G. M. E. E. Peeters, P. Lips, J. W. Koper y E. F. C. van Rossum, «High Long-Term Cortisol Levels, Measured in Scalp Hair, Are Associated with a History of Cardiovascular Disease» («Niveles altos y duraderos de cortisol, medidos a través del cuero cabelludo, están asociados con un historial de cardiopatías»), *The Journal of Clinical Endocrinology & Metabolism* 98 (2013): 2078-83.

p. 31 OBESIDAD: Susan Melhorn, Eric Krause, Karen Scott, Marie Mooney, Jeffrey Johnson, Stephen Woods y Randall Sakai, «Meal Patterns and Hypothalamic NPY Expression During Chronic Social Stress and Recovery» («Patrones alimenticios y neuropéptidos hipotalámicos durante el estrés social crónico y su recuperación»), *American Journal of Physiology: Regulatory, Integrative and Comparative Physiology* 299 (2010): 813-22.

p. 31 SEGÚN LOS CENTROS PARA EL CONTROL Y PREVENCIÓN DE ENFERMEDADES: «Chronic Diseases: The Power to Prevent, the Call to Control: At a Glance 2009» («Enfermedades crónicas: el poder de la prevención y el control. Un vistazo al 2009»), Centros para el Control y Prevención de Enfermedades, 12 de diciembre de 2013, www.cdc.gov.

p. 31 EL INSTITUTO BENSON-HENRY: «About the Benson-Henry Institute for Mind Body Medicine» («Sobre el Instituto Benson-Henry de medicina mente y cuerpo»), Instituto Benson-Henry en el Hospital General de Massachusetts, 12 de diciembre de 2013, www.massgeneral.org.

p. 31 MIENTRAS, EN REINO UNIDO: Jeremy Laurence y Robin Minchom, «Rise in Hospital Admissions for Stress is Blamed on Recession» («La recesión culpable del aumento de ingresos por estrés en hospitales»), *The Independent,* 12 de septiembre de 2012, www.independent.co.uk.

p. 31 Tal como explicó Tim Straughan: Graham Smith, «Hospital Admissions for Stress Jump by 7% in Just One Year... and More Men Were Treated Than Women» («Los ingresos en hospitales por estrés aumentan un 7 por ciento en tan solo un año... y los hombres son tratados más que las mujeres»), *Daily Mail,* 11 de septiembre de 2012, www.dailymail.co.uk.

p. 32 los efectos del estrés en los niños: Andrew Garner, Jack Shonkoff, Benjamin Siegel, Mary Dobbins, Marian Earls, Laura McGuinn, John Pascoe, y David Wood, «Early Childhood Adversity, Toxic Stress, and the Role of the Pediatrician: Translating Developmental Science into Lifelong Health» («Problemas en la infancia temprana, estrés tóxico, y el papel del pediatra: transformando la ciencia de desarrollo en salud permanente»), *Pediatrics: Official Journal of the American Academy of Pediatrics* 129 (2011): 224-31.

p. 32 Tal y como señaló Nicholas Kristof: Nicholas Kristof, «A Poverty Solution That Begins with a Hug» («Una solución a la pobreza que comienza con un abrazo»), *The New York Times,* 7 de enero de 2012, www.nytimes.com.

p. 34 escribió David Brooks: David Brooks, «The Humanist Vocation» («La vocación humanista»), *The New York Times,* 20 de junio de 2013, www.nytimes.com.

p. 35 pero cuando su hermana, Mona Simpson: Mona Simpson, «A Sister's Eulogy for Steve Jobs» («El panegírico de una hermana a Steve Jobs»), *The New York Times,* 30 de octubre de 2011, www.nytimes.com.

p. 36 En su novela publicada en 1951, *Memorias de Adriano:* Marguerite Yourcenar, *Memorias de Adriano* (Barcelona: Edhasa, 2005).

p. 36 El epitafio de Thomas Jefferson: «Jefferson's Gravestone» («La lápida de Jefferson»), Thomas Jefferson's Monticello, 25 de octubre de 2013, www.monticello.org.

p. 37 «Siempre me siento aliviado»: George Carlin, *Napalm and Silly Putty* (Nueva York: Hyperion, 2002), 170.

p. 37 Jane Lotter: Michael Winerip, «Dying with Dignity and the Final Word on Her Life» («Morir con dignidad y las últimas palabras sobre su vida»), *The New York Times,* 5 de agosto de 2013, www.nytimes.com.

Bienestar

p. 41 «DURANTE MUCHO TIEMPO»: Marilyn Tam, *The Happiness Choice: The Five Decisions You Will Make That Take You from Where You Are to Where You Want to Be (La elección de la felicidad: las cinco decisiones que tomarás que te llevarán desde donde estás adonde quieres estar)* (Hoboken, Nueva Jersey: Wiley, 2013), 9.

p. 44 COMO DIJO SÓCRATES: Thomas Brickhouse y Nicholas Smith, *Plato's Socrates (El Sócrates de Platón)* (Oxford: Oxford University Press, 1994), 201.

p. 46 LAS MUJERES QUE SUFREN ATAQUES AL CORAZÓN: «Women and Heart Disease Facts» («Mujeres y cardiopatías»), Women's Heart Foundation, 1 de noviembre de 2013, www.womensheart.org.

p. 47 LAS MUJERES CON TRABAJOS CON ALTOS NIVELES DE ESTRÉS: Jenny Head, Stephen Stansfeld y Johannes Siegrist, «The Psychosocial Work Environment and Alcohol Dependence: A Prospective Study» («El ambiente psicológico en el lugar de trabajo y la dependencia al alcohol: un estudio prospectivo»), *Occupational and Environmental Medicine* 61 (2004): 219-24.

p. 47 EL ESTRÉS Y LA PRESIÓN: (1) Linda Carroll, «Eating Disorders Stalk Women into Adulthood» («Los desórdenes alimenticios persiguen a las mujeres hasta la edad adulta»), *Today News,* 6 de julio de 2011, www.today.com; (2) «Midlife» («Mediana edad»), The Renfrew Center, entrada del 1 de diciembre de 2013, www.renfrewcenter.com.

p. 48 CAROLINE TURNER: Caroline Turner, «Why We Women Leave Our Jobs, and What Business Can Do to Keep Us» («Por qué las mujeres dejamos nuestros empleos y qué puede hacer el mundo de los negocios para conservarnos»), *Diversity MBA Magazine,* 15 de agosto de 2012, www.diversitymbamagazine.com.

p. 49 DE HECHO, 43 POR CIENTO DE LAS MUJERES: Paulette Light, «Why 43% of Women with Children Leave Their Jobs, and How to Get Them Back» («Por qué el 43 por ciento de las mujeres con niños abandonan su empleo, y cómo conseguir que vuelvan»), *The Atlantic,* 19 de abril de 2013, www.theatlantic.com.

p. 49 «ESTOY AL FRENTE. LO HE CONSEGUIDO»: Margo Eprecht, «The Real Reason Women Are Leaving Wall Street» («Las verdaderas razones por las que las mujeres están abandonando Wall Street»), *Quartz,* 5 de septiembre de 2013, www.qz.com.

p. 50 «NO ERES TU CUENTA BANCARIA»: Anne Lamott, «Let Us Commence» («Comencemos»), *Salon*, 6 de junio de 2003, www.salon.com.

p. 50 «ESTABA AGOTADA, DESECHA»: Paulette Light, «Why 43% of Women with Children Leave Their Jobs, and How to Get Them Back» («Por qué el 43 por ciento de las mujeres con niños abandonan su empleo, y cómo conseguir que vuelvan»).

p. 51 ESCRIBE LIGHT: Ibíd.

p. 52 «NO ES "¿QUÉ QUIERO HACER?"»: Catherine Pearson, «Women and Stress: The Moment Kate Knew She Had to Change Her Life» («Mujeres y estrés: el momento en el que Kate supo que tenía que cambiar su vida»), *The Huffington Post*, 22 de mayo de 2013, www.huffingtonpost.com.

p. 52 «NO TRATO DE BAILAR MEJOR»: «City Ballet School-San Francisco», Escuela de ballet de San Francisco, 1 de diciembre de 2013, www.cityballetschool.org.

p. 53 SEGÚN UNA ENCUESTA EN *FORBESWOMAN:* Meghan Casserly, ForbesWoman y TheBump.com, «Parenthood and the Economy 2012 Survey Results» («Resultados del estudio de 2012 sobre paternidad y economía»), *Forbes*, 12 de septiembre de 2012, www.forbes.com.

p. 53 EL FILÓSOFO BELGA, PASCAL CHABOT: Pascal Chabot, «Burnout Is Global» («El desgaste es global»), *Le Huffington Post*, 20 de enero de 2013, www.huffingtonpost.fr.

p. 54 MARIE ASBERG: Mark Williams y Danny Penman, *Mindfulness: guía práctica* (Madrid: Paidós Ibérica, 2013).

p. 54 «NORMALMENTE, LAS PRIMERAS COSAS»: Ibíd.

p. 54 «SI ME PIDIERAN QUE»: James Woelfel, «Frederick Buechner: The Novelist as Theologian» («Frederick Buechner: el novelista como teólogo»), *Theology Today* 40 (1983).

p. 55 CONSUMEN DROGAS ILEGALES: «Results from the 2010 National Survey on Drug Use and Health: Summary of National Findings» («Resultados del estudio nacional de 2010 sobre el consumo de drogas y salud: resumen de las conclusiones nacionales»), Departamento de salud y servicios sociales de Estados Unidos, 1 de diciembre de 2013, www.oas.samhsa.gov.

p. 55 DOCE MILLONES TOMAN CALMANTES QUE REQUIEREN RECETA: «Policy Impact: Prescription Painkiller Overdoses» («Impacto político: sobredosis por analgésicos recetados»), Centro de control y prevención de enfermedades, 1 de diciembre de 2013, www.cdc.gov.

p. 55 PASTILLAS PARA DORMIR CON RECETA: «CDC: Nearly 9 Million Americans Use Prescription Sleep Aids» («Casi nueve millones de americanos toman pastillas para dormir con receta»), *CBS News,* 29 de agosto de 2013, www.cbsnews.com.

p. 55 400 POR CIENTO DESDE 1988: Maia Szalavitz, «What Does a 400% Increase in Antidepressant Use Really Mean?» («¿Qué significa realmente un aumento del 400 por ciento en el uso de antidepresivos?»), *Time,* 20 de octubre de 2011, www.healthland.time.com.

p. 55 EN REINO UNIDO LAS RECETAS: (1) Ricardo Gusmão, Sónia Quintão, David McDaid, Ella Arensman, Chantal Van Audenhove, Claire Coffey, Airi Värnik, Peeter Värnik, James Coyne y Ulrich Hegerl, «Antidepressant Utilization and Suicide in Europe: An Ecological Multi-National Study» («Uso de antidepresivos y suicidio en Europa: un estudio ecológico nacional»), *PLoS ONE* 8 (2013): e66455; (2) Rachel Reilly, «Prozac Nation: Use of Antidepressants in the UK Has Soared by 500% in the Past 20 Years» («Nación del Prozac: el consumo de antidepresivos ha aumentado en Reino Unido un 500 por ciento en los últimos veinte años»), *Daily Mail,* 5 de julio de 2013, www.dailymail.co.uk.

p. 56 DE ACUERDO CON UN ESTUDIO DANÉS: Rebecca Smith, «Highflying Women "More Likely to Develop Heart Disease"» («Las mujeres más ambiciosas son "más proclives a desarrollar cardiopatías"»), *The Telegraph,* 6 de mayo de 2010, www.telegraph.co.uk.

p. 56 EN ALEMANIA: «Workplace Stress is Costing Germany Time, Money, Health» («El estrés en el ambiente laboral está costándole a Alemania tiempo, dinero y salud»), *Deutsche Welle,* 29 de enero de 2013, www.dw.de.

p. 56 CUANDO ERA MINISTRA DE TRABAJO: Aurelia End, «Germany Wages War Against Burnout» («Los salarios alemanes en guerra contra el desgaste»), Agencia de prensa francesa, 4 de febrero de 2012.

p. 57 EN CHINA, DE ACUERDO CON UN ESTUDIO DE 2012: Chen Xin, «Survey Shows Chinese Workers Stressed Out» («Un estudio muestra que los trabajadores chinos están estresados»), *China Daily,* 19 de octubre de 2012, www.chinadaily.com.cn.

p. 57 SEGÚN UN ESTUDIO DE LA FACULTAD DE MEDICINA DE HARVARD: Leslie Kwoh, «When the CEO Burns Out» («Cuando el director general se agota»), *The Wall Street Journal,* 7 de mayo de 2013, www.online.wsj.com.

p. 57 UNA MULTA RÉCORD DE 1200 MILLONES DE DÓLARES: Peter Lattman y Ben Protess, «SAC Capital to Plead Guilty to Insider Trading»

(«La firma de inversiones SAC capital, culpable de tráfico de información privilegiada»), *The New York Times,* 4 de noviembre de 2013, www.dealbook.nytimes.com.

p. 57 MIL CORREOS ELECTRÓNICOS QUE RECIBÍA CADA DÍA: Jennifer Senior, «How Email Is Swallowing Our Lives» («Cómo el e-mail se está tragando nuestras vidas»), *New York,* 31 de julio de 2013, www.nymag.com.

p. 57 EL PRESIDENTE DE LLOYDS, SIR WINFRIED BISCHOFF: Dan Milmo, «Lloyds Bank Boss Horta-Osório Returning to Work After Sick Leave» («El jefe del Lloyds Bank, Horta-Osório, de vuelta al trabajo tras una baja por enfermedad»), *The Guardian,* 14 de diciembre de 2011, www.theguardian.com.

p. 57 CUANDO SE REINCORPORÓ, HORTA-OSÓRIO DIJO: Jill Treanor, «Lloyds Chief "Did Not Sleep for Five Days"» («El jefe de Lloyds "no durmió durante cinco días"»), *The Guardian,* 15 de diciembre de 2011, www.theguardian.com.

p. 57 Y EN OCTUBRE DE 2013 HECTOR SANTS: Julia Werdigier, «Hector Sants Resigns From Barclays» («Hector Sants dimite de Barclays»), *The New York Times,* 13 de noviembre de 2013, www.dealbook.nytimes.com.

p. 58 LA PALABRA «ESTRÉS» FUE UTILIZADA POR PRIMERA VEZ: Esther Sternberg, *Healing Spaces: The Science of Place and Well-Being (Espacios de curación: la ciencia del lugar y el bienestar)* (Cambridge, MA: Harvard University Press, 2009), 95-96.

p. 59 «LA MEJOR ARMA CONTRA EL ESTRÉS»: Winifred Gallagher, *Rapt: Attention and the Focused Life (Éxtasis: atención y una vida concentrada)* (Nueva York: Penguin, 2009), 6.

p. 61 LEE KAI-FU: Josh Chin y Paul Mozur, «Gloom Falls Over Chinese Web as Lee Kai-Fu Reveals Cancer Diagnosis» («La tristeza cae sobre la web china al revelar Lee Kai-Fu que le han diagnosticado cáncer»), *The Wall Street Journal,* 6 de septiembre de 2013, www.blogs.wsj.com.

p. 62 «Y CADA DÍA EL MUNDO TE ARRASTRARÁ»: Iain Thomas, «The Grand Distraction» («La gran distracción»), *I Wrote This For You Blog,* 19 de junio de 2012, www.iwrotethisforyou.me.

p. 63 LO QUE ES BUENO PARA NOSOTROS COMO INDIVIDUOS: «Healthy Employees, Healthy Profits: A Stronger Business Case for Employee Health Management Programs» («Empleados sanos, ganancias sanas: un robusto argumento para los programas de salud a empleados»), OptumHealth Resource Center for Health and Wellbeing Position Paper, 12 de diciembre de 2013, www.optumhealth.com.

p. 64 Los estudios muestran que las empresas estadounidenses: Michael Porter, Elizabeth Teisberg y Scott Wallace, «What Should Employers do about Healthcare?» («¿Qué deberían hacer las empresas con los servicios sanitarios?»), Harvard Business School Working Knowledge Forum, 16 de julio de 2008, www.hbswk.hbs.edu.

p. 64 En Reino Unido: Laurence y Minchom, «Rise in Hospital Admissions for Stress is Blamed on Recession» («La recesión culpable del aumento de ingresos por estrés en hospitales»).

p. 64 Michael Porter recomiende: Porter, Teisberg y Wallace, «What Should Employers do about Healthcare?» («¿Qué deberían hacer las empresas con los servicios sanitarios?»).

p. 65 Howard Schultz, presidente de Starbucks: David A. Kaplan, «Howard Schultz Brews Strong Coffee at Starbucks» («Howard Schultz prepara café fuerte en Starbucks»), *CNN Money*, 17 de noviembre de 2011, www.management.fortune.cnn.com.

p. 65 Durante los primeros años de Starbucks: Howard Schultz y Dori Jones Yang, *Pour Your Heart Into It: How Starbucks Built a Company One Cup at a Time (Vuelca tu corazón: cómo Starbucks levantó una empresa de taza en taza)* (Nueva York: Hyperion, 1997), 127-135.

p. 66 «La falta de atención»: Marguerite Rigoglioso, «Time to Detox the Work Environment» («Hora de desintoxicar el ambiente laboral»), comunicado de prensa de la Escuela de Posgrado de Negocios de Stanford, 1 de abril de 2009, en la web de noticias de la Escuela de Negocios de Stanford, www.gsb.stanford.edu.

p. 66 El exdirector general de la cadena de supermercados, Steve Burd: «Escape Fire: The Fight to Save America's Health Care» («Escapar del fuego: la lucha por salvaguardar la sanidad americana»), *CNN*, 10 de marzo de 2013, www.transcripts.cnn.com.

p. 67 Por lo que Safeway ofreció incentivos: Ibíd.

p. 67 Esther Sternberg explica: Esther Sternberg, entrevista con Krista Tippett, «The Science of Healing Places with Esther Sternberg» («La ciencia de los lugares de curación con Esther Sternberg»), *On Being (Sobre el ser)*, American Public Media, 27 de septiembre de 2012, www.onbeing.org.

p. 69 «En las lenguas asiáticas»: Jon Kabat-Zinn, *Arriving at Your Own Door: 108 Lessons in Mindfulness (Hasta tu propia puerta: ciento ocho lecciones sobre la conciencia plena)* (Nueva York: Hyperion, 2007), 3.

p. 70 «¿CUÁL FUE TU MEJOR MOMENTO DEL DÍA?»: Nicholson Baker, *The Anthologist (El Antologista)* (Nueva York: Simon & Schuster, 2009), 237.

p. 70 MARK WILLIAMS Y DANNY PENMAN: Williams y Penman, *Mindfulness.*

p. 72 «VAGAS DE UNA HABITACIÓN»: Andrew Harvey, *The Direct Path: Creating a Personal Journey to the Divine Using the World's Spiritual Traditions (El sendero directo: creando un viaje personal hacia el uso divino de las tradiciones espirituales del mundo)* (Nueva York: Harmony, 2001).

p. 74 «LA CIENCIA —LA MISMA CIENCIA REDUCCIONISTA: Herbert Benson y William Proctor, *Relaxation Revolution: The Science and Genetics of Mind Body Healing (La revolución en la relajación: la ciencia y genética de la curación mente-cuerpo)* (NuevaYork: Scribner, 2011), 59.

p. 75 LOS AUTORES RECOMIENDAN: Ibíd., 16.

p. 75 UN ESTUDIO FINANCIADO POR LOS INSTITUTOS NACIONALES DE SALUD: Robert Schneider, Charles Alexander, Frank Staggers, Maxwell Rainforth, John Salerno, Arthur Hartz, Stephen Arndt, Vernon Barnes y Sanford Nidich, «Long-term Effects of Stress Reduction on Mortality in Persons > or = 55 Years of Age with Systemic Hypertension» («Efectos a largo plazo de la reducción de estrés en la mortalidad de personas de 55 años o más con hipertensión sistémica»), *American Journal of Cardiology* 95 (2005): 1060-64.

p. 76 OBSERVAN MARK WILLIAMS Y DANNY PENMAN: Williams y Penman, *Mindfulness.*

p. 76 NIVELES DE ANTICUERPOS EN LA VACUNA DE LA GRIPE: Richard Davidson, Jon KabatZinn, Jessica Schumacher, Melissa Rosenkranz, Daniel Muller, Saki F. Santorelli, Ferris Urbanowski, Anne Harrington, Katherine Bonus y John F. Sheridan, «Alterations in Brain and Immune Function Produced by Mindfulness Meditation» («Alteraciones en el cerebro y función inmune producida por la meditación»), *Psychosomatic Medicine: Journal of Behavioral Medicine* 65 (2003): 564-70.

p. 76 GRAVEDAD Y DURACIÓN DE LOS RESFRIADOS: Bruce Barrett, Mary S. Hayney, Daniel Muller, David Rakel, Ann Ward, Chidi N. Obasi, Roger Brown, Zhengjun Zhang, Aleksandra Zgierska, James Gern, Rebecca West, Tola Ewers, Shari Barlow, Michele Gassman y Christopher L. Coe, «Meditation or Exercise for Preventing Acute Respiratory Infection: A Randomized Trial» («Meditación o ejercicios para la prevención de infecciones respiratorias agudas: un ensayo aleatorio»), *Annals of Family Medicine* 10 (2012): 337-46.

p. 76 INVESTIGADORES DE LA UNIVERSIDAD DE WAKE FOREST CONCLUYERON: Fadel Zeidan, Katherine T. Martucci, Robert A. Kraft, Nakia S. Gordon, John G. McHaffie y Robert C. Coghill, «Brain Mechanisms Supporting the Modulation of Pain by Mindfulness Meditation» («Apoyo de los mecanismos cerebrales contra el dolor a través de la meditación»), *The Journal of Neuroscience* 31 (2011): 5540-48.

p. 76 INVESTIGADORES DEL HOSPITAL GENERAL DE MASSACHUSETTS: Manoj K. Bhasin, Jeffery A. Dusek, Bei-Hung Chang, Marie G. Joseph, John W. Denninger, Gregory L. Fricchione, Herbert Benson y Towia A. Libermann, «Relaxation Response Induces Temporal Transcriptome Changes in Energy Metabolism, Insulin Secretion and Inflammatory Pathways» («La respuesta de la relajación induce a una variación transcriptomática temporal en el metabolismo energético, en la secreción de insulina y en las vías inflamatorias»), *PLoS ONE* 8 (2013): e62817.

p. 76 REDUCCIÓN DE LOS COSTES MÉDICOS ANUALES: Robert E. Herron, «Changes in Physician Costs Among High-Cost Transcendental Meditation Practitioners Compared With High-Cost Nonpractitioners Over 5 Years» («Cambios en el coste médico entre los practicantes de meditación trascendental en comparación con los no practicantes a lo largo de cinco años»), *American Journal of Health Promotion* 26 (2011): 56-60.

p. 76 UN ESTUDIO CONCLUYÓ: Sara W. Lazar, Catherine E. Kerr, Rachel H. Wasserman, Jeremy R. Gray, Douglas N. Greve, Michael T. Treadway, Metta McGarvey, Brian T. Quinn, Jeffery A. Dusek, Herbert Benson, Scott L. Rauch, Christopher I. Moore y Bruce Fischl, «Meditation Experience is Associated with Increased Cortical Thickness» («La meditación está relacionada con el aumento de grosor cortical»), *NeuroReport* 16 (2005): 1893-97.

p. 77 DOCTOR RICHARD DAVIDSON: Antoine Lutz, Lawrence Greischar, Nancy Rawlings, Matthieu Ricard y Richard Davidson, «Long-Term Meditators Self-Induce High-Amplitude Gamma Synchrony During Mental Practice» («Los meditadores a largo plazo se autoinducen una alta sincronía de amplitud de onda gamma durante la práctica mental»), *Proceedings of the National Academy of Sciences* 101 (2004): 16369-373.

p. 77 «EL ALCANCE DE LA TRANSFORMACIÓN Y PLASTICIDAD HUMANA»: Richard Davidson, entrevista con Krista Tippett, *On Being (Sobre el ser)*, American Public Media, 23 de junio de 2011, www.onbeing.org.

p. 77 ÉL LLAMA A LA MEDITACIÓN: Marc Kaufman, «Meditation Gives Brain a Charge, Study Finds» («Según un estudio, la meditación recarga el cerebro»), *The Washington Post,* 3 de enero de 2005, www.washingtonpost.com.

p. 77 «LA MEDITACIÓN NO ES SÓLO ESTAR EN LA GLORIA»: Frankie Taggart, «Buddhist Monk Is World's Happiest Man» («Un monje budista es el hombre más feliz del mundo»), agencia de prensa francesa, 29 de octubre de 2012.

p. 78 «NO APRENDES A NAVEGAR»: Matthieu Ricard, «Buddhist Perspective» («Perspectiva budista») (panel de debate en el ciclo de conferencias Mente y Vida XXVII: Ganas, Deseo y Adicción, Dharamsala, India, 31 de octubre de 2013).

p. 78 DESPUÉS DE COLOCAR MÁS DE DOSCIENTOS CINCUENTA SENSORES: Taggart, «Buddhist Monk Is World's Happiest Man» («Un monje budista es el hombre más feliz del mundo»).

p. 78 TAL Y COMO EXPLICA RICARD: Matthieu Ricard, entrevistado por Krista Tippett, *On Being (Sobre el ser),* American Public Media, 27 de octubre de 2011, www.onbeing.org.

p. 79 «LA GENTE BUSCA RETIROS»: Marco Aurelio, *Meditaciones* (Madrid: Gredos, 2010).

p. 79 INVESTIGADORES DE UCLA CONCLUYERON: J. David Creswell, Michael R. Irwin, Lisa J. Burklund, Matthew D. Lieberman, Jesusa M. G. Arevalo, Jeffrey Ma, Elizabeth Crabb Breen y Steven W. Cole, «Mindfulness-Based Stress Reduction Training Reduces Loneliness and Pro-Inflammatory Gene Expression in Older Adults: A Small Randomized Controlled Trial» («El entrenamiento para la reducción consciente del estrés disminuye la soledad y la expresión genética de la inflamación en ancianos: un pequeño ensayo controlado aleatorio»), *Brain, Behavior, and Immunity* 26 (2012): 1095-101.

p. 79 INVESTIGADORES DE LA UNIVERSIDAD DE MICHIGAN DOCUMENTARON: Anthony P. King, Thane M. Erickson, Nicholas D. Giardino, Todd Favorite, Sheila A. H. Rauch, Elizabeth Robinson, Madhul Kulkarni y Israel Liberzon, «A Pilot Study of Group Mindfulness-Based Cognitive Therapy (MBCT) for Combat Veterans with Post-Traumatic Stress Disorder (PTSD)» («Estudio piloto a un grupo de terapia cognitiva para combatir el trastorno de estrés postraumático en veteranos de guerra»), *Depression and Anxiety* 30 (2013): 638-45.

p. 79 REDUCE LA DEPRESIÓN EN MUJERES EMBARAZADAS: Cassandra Vieten y John Astin, «Effects of a Mindfulness-Based Intervention During

Pregnancy on Prenatal Stress and Mood: Results of a Pilot Study» («Efectos de la intervención cognitiva sobre el estrés prenatal y el humor durante el embarazo: resultados de un estudio piloto»), *Archives of Women's Mental Health* 11 (2008): 67-74.

p. 79 ADOLESCENTES: Filip Raes, James W. Griffith, Kathleen Van Der Gucht y J. Mark G. Williams, «School-Based Prevention and Reduction of Depression in Adolescents: A Cluster-Randomized Controlled Trial of a Mindfulness Group Program» («Prevención y reducción de depresión escolar en adolescentes: ensayos aleatorios por grupos en programas de práctica reflexiva»), *Mindfulness* (2013).

p. 79 UN ESTUDIO DIRIGIDO POR LA PROFESORA DE LA UNIVERSIDAD DE CAROLINA DEL NORTE: Barbara L. Fredrickson, Michael A. Cohn, Kimberly A. Coffey, Jolynn Pek y Sandra M. Finkel, «Open Hearts Build Lives: Positive Emotions, Induced Through Loving- Kindness Meditation, Build Consequential Personal Resources» («Los corazones abiertos construyen vidas: emociones positivas, inducidas a través de la meditación de la conciencia amable, construyen recursos trascendentales personales»), *Journal of Personal and Social Psychology* 95 (2008): 1045-62.

p. 80 UN ESTUDIO DE LA UNIVERSIDAD DE CAMBRIDGE CON PACIENTES: «Mindfulness Based Cognitive Therapy and the Prevention of Relapse in Depression» («Terapia cognitiva y la prevención de recaída en la depresión»), Centro de Investigación de Suicidios de la Universidad de Oxford, 1 de diciembre de 2013, www.cebmh.warne.ox.ac.uk.

p. 80 RICHARD DAVIDSON HA LLEGADO A VER: Penelope Green, «This is Your Brain on Happiness» («Este es tu cerebro feliz»), *O, The Oprah Magazine*, marzo de 2008, www.oprah.com.

p. 80 «PODEMOS DE HECHO PRACTICAR PARA MEJORAR NUESTRO BIENESTAR»: Peter S. Goodman, «Why Companies Are Turning to Meditations and Yoga to Boost the Bottom Line» («Por qué las empresas están recurriendo a la meditación y el yoga para aumentar sus ganancias»), *The Huffington Post*, 26 de julio de 2013, www.huffingtonpost.com.

p. 81 DAVIDSON ENCONTRÓ «RESULTADOS ASOMBROSOS»: Taggart, «Buddhist Monk Is World's Happiest Man» («Un monje budista es el hombre más feliz del mundo»).

p. 81 CIENTÍFICOS DE HARVARD Y DE LA UNIVERSIDAD DE NORTHEASTERN: (1) «Can Meditation Make You a More Compassionate Person?» («¿Puede la meditación convertirte en una persona más compasiva?»), comunicado de prensa de la Universidad de Northwestern,

1 abril de 2013, www.northeastern.edu; (2) Paul Condon, Gaëlle Desbordes, Willa Miller y David DeSteno, «Meditation Increases Compassionate Responses to Suffering» («La meditación aumenta la respuesta compasiva al sufrimiento»), *Psychological Science* 24 (2013): 2125.27.

p. 81 «Las ideas son como los peces»: David Lynch, *Atrapa el pez dorado: meditación, conciencia y creatividad* (Madrid: Mondadori, 2008).

p. 82 Steve Jobs: Walter Isaacson, *Steve Jobs* (Barcelona: Debate, 2011).

p. 82 Giuseppe Pagnoni: Giuseppe Pagnoni, Milos Cekic y Ying Guo, «"Thinking About Not-Thinking": Neural Correlates of Conceptual Processing During Zen Meditation» («"Pensando en no pensar": correlaciones neuronales del proceso conceptual durante la meditación zen»), *PLoS ONE* 3 (2008): e3083.

p. 82 «La práctica regular de la meditación»: «Zen Training Speeds the Mind's Return After Distraction, Brain Scans Reveal» («Un escáner cerebral revela que el entrenamiento zen acelera la recuperación del pensamiento tras una distracción»), nota de prensa del Centro de Ciencias de la Salud Woodruff, 9 de septiembre de 2008, www.shared.web.emory.edu.

p. 83 El Banco de Inglaterra: Asa Bennett, «Bank of England Runs Meditation Classes for Staff Mindfulness» («El Banco de Inglaterra organiza clases de meditación para sus empleados»), *The Huffington Post*, 20 de noviembre de 2013, www.huffingtonpost.com.

p. 83 Y en el Ejército: Julie Watson, «Marines Studying Mindfulness based Training Can Benefit Troops» («El entrenamiento en conciencia plena de los marines puede beneficiar a las tropas»), Associated Press, 19 de enero de 2013, www.bigstory.ap.org.

p. 83 la Fundación David Lynch «Operation Warrior Wellness»: «Operation Warrior Wellness: Building Resilience and Healing the Hidden Wounds of War» («Bienestar de los soldados de guerra: construyendo resiliencia y curando heridas de guerra ocultas»), Fundación David Lynch para la educación basada en la conciencia y la paz mundial, 10 de diciembre de 2013, www.davidlynchfoundation.org.

p. 83 Bill Ford: Tatiana Serafin, «Sit. Breathe. Be a Better Leader» («Siéntate. Respira. Conviértete en un mejor líder»), *Inc.*, 18 de octubre de 2011, www.inc.com.

p. 84 Jeff Weiner: Megan Rose Dickey, «The Secret Behind the Silicon Valley Elite's Success: Meditation» («El secreto del éxito de la élite de Silicon Valley: la meditación»), *Business Insider,* 25 de junio de 2013, www.businessinsider.com.

p. 84 MARK BERTOLINI: Mark Bertolini, entrevista con Arianna Huffington, «Squawk Newsmaker», *Squawk Box,* CNBC, 12 de marzo de 2013, www.huffingtonpost.com.

p. 84 MARC BENIOFF: Sarah Perez y Anthony Ha, «Marc Benioff Says, "There Would Be No Salesforce.com Without Steve Jobs"» («Marc Benioff dice: "No existiría Salesform.com sin Steve Jobs"»), *Tech Crunch,* 10 de septiembre de 2013, www.techcrunch.com.

p. 84 EVAN WILLIAMS: Megan Rose Dickey, «The Secret Behind the Silicon Valley Elite's Success: Meditation» («El secreto del éxito de la élite de Silicon Valley: la meditación»).

p. 84 GEORGE STEPHANOPOULOS: «George Stephanopoulos Talks Benefits of Meditation at the Third Metric Women's Conference» («George Stephanopoulos habla de los beneficios de la meditación en la conferencia para mujeres de la Tercera Métrica»), *The Huffington Post,* 7 de junio de 2013, www.huffingtonpost.com.

p. 84 ANDREW ROSS SORKIN: Marcus Baram, «Ray Dalio, Hedge Fund Genius, Says Meditation Is Secret to His Success» («Ray Dalio, genio de las finanzas, dice que la meditación es el secreto de su éxito»), *International Business Times,* 12 de noviembre de 2013, www.ibtimes.com.

p. 84 JERRY SEINFELD: Jerry Seinfeld, entrevista con George Stephanopoulos, *Good Morning America,* 13 de diciembre de 2012, www.abcnews.go.com.

p. 84 KENNETH BRANAGH: Crystal G. Martin, «Kenneth Branagh's Aha! Moment: How I Learned to Meditate» («La epifanía de Kenneth Branagh: cómo aprendí a meditar»), *O, The Oprah Magazine,* mayo de 2011, www.oprah.com.

p. 84 OPRAH WINFREY: «Oprah Winfrey and Deepak Chopra Launch 21-Day Meditation Experience on Desire and Destiny» («Oprah Winfrey y Deepak Chopra lanzan su programa de ventiún días de meditación sobre el deseo y el destino»), OWN: página de noticias de Oprah Winfrey, 28 de octubre de 2008, www.press.discovery.com.

p. 84 RUPERT MURDOCH: «Rupert Murdoch is Giving Transcendental Meditation a Try» («Rupert Murdoch está dando una oportunidad a la meditación trascendental»), *The Huffington Post,* 23 de abril de 2013, www.huffingtonpost.com.

p. 84 Tal y como Bob Roth: Bob Roth (director general de la Fundación David Lynch), conversaciones con la autora, Nueva York, 3 de diciembre de 2013.

p. 84 Lena Dunham, la creadora: Carolyn Gregoire, «Lena Dunham: "I've Been Meditating Since I Was 9 Years Old"» («Lena Dunham: "Medito desde los 9 años"»), *The Huffington Post,* 9 de octubre de 2013, www.huffingtonpost.com.

p. 85 Padmasree Warrior: Matt Richtel, «Silicon Valley Says Step Away from the Device» («Silicon Valley se aleja de los dispositivos»), *The New York Times,* 23 de julio de 2012, www.nytimes.com.

p. 85 «Al deshacernos de las enfermedades infecciosas»: Penny George, «What Is Integrative Medicine and Why Is It Critical to Today's Healthcare Discussion?» («¿Qué es la medicina integrativa y por qué es crucial en el debate actual sobre la salud pública?»), *The Huffington Post,* 14 de mayo de 2013, www.huffingtonpost.com.

p. 86 Según la filosofía taoísta: Bernard Down, «Death in Classical Daoist Thought» («La muerte en el pensamiento taoísta clásico»), *Philosophy Now,* 2000, www.philosophynow.org.

p. 86 *Lectio divina:* Lawrence S. Cunningham y Keith J. Egan, *Espiritualidad cristiana: temas de la tradición* (Santander: Sal Terrae, 2004).

p. 86 Los cuáqueros desarrollaron: «Quakers» («Cuáqueros»), BBC Religions, última actualización 3 de julio de 2009, www.bbc.co.uk.

p. 87 «Si tuvieran que decir»: Ibíd.

p. 87 En la década de 1970 Basil Pennington: Mark Finley, «Biblical Spirituality: Rediscovering Our Biblical Roots or Embracing the East?» («Espiritualidad bíblica: ¿Redescubriendo nuestras raíces bíblicas o adaptándonos a Oriente?»), *Ministry: International Journal for Pastors,* agosto de 2012, www.ministrymagazine.org.

p. 88 Como el propio profeta Mahoma dijo: Al-Mamum Al-Suhrawardy, *The Wisdom of Muhammad (La sabiduría de Mahoma)* (Nueva York: Citadel, 2001), 81.

p. 89 El judaísmo también tiene una larga tradición mística: Les Lancaster, «The Essence of Jewish Meditation» («La esencia de la meditación judaica»), BBC Religions, 13 de agosto de 2009, www.bbc.co.uk.

p. 89 La educadora de la Tora Frumma Rosenberg-Gottlieb: Frumma Rosenberg-Gottlieb, «On Mindfulness and Jewish Meditation, Part I» («Sobre conciencia plena y la meditación judaica, Parte I»), Chabad.org, 2013, www.chabad.org.

p. 90 COMO NOS CUENTA EL GÉNESIS 24: Génesis 24:63, según la Biblia del rey Jaime.

p. 91 EN SU PRÓXIMO LIBRO: Tessa Watt, *Mindful London (Londres consciente)* (Londres: Virgin, 2014).

p. 91 «TEN PACIENCIA»: P. C. Mozoomdar, ed., *The Interpreter (El intérprete)* (1885): 76.

p. 93 SHERYL SANDBERG: Jessica Stillman, «Sheryl Sandberg Leaves Work at 5:30. Why Can't You?» («Sheryl Sandberg sale de la oficina a las 17:30. ¿Por qué tú no puedes?»), *Inc.,* 9 de abril de 2012, www.inc.com.

p. 94 SEGÚN LAS CIFRAS DE 2013: Charlotte McDonald, «Are Greeks the Hardest Workers in Europe?» («¿Son los griegos los que más duro trabajan en Europa?»), *BBC News Magazine,* 25 de febrero de 2012, www.bbc.co.uk.

p. 94 UNO DE LOS INDICADORES MÁS IMPORTANTES: Caitlin Kelly, «O.K., Google, Take a Deep Breath» («De acuerdo, Google, respira hondo»), *The New York Times,* 28 abril de 2012, www.nytimes.com.

p. 95 JANICE MARTURANO EMPEZÓ: David Gelles, «The Mind Business» («El negocio de la mente»), *Financial Times,* 24 de agosto de 2012, www.ft.com.

p. 96 «EL ARGUMENTO COMERCIAL DE LA MEDITACIÓN»: Ibíd.

p. 97 35 POR CIENTO DE LAS EMPRESAS GRANDES Y MEDIANAS DE Estados Unidos: «Aon Hewitt 2013 Health Care Survey» («Estudio de Aon Hewitt sobre el cuidado de salud en 2013»), Aon, 22 de noviembre de 2013, www.aon.com.

p. 97 TARGET: Gelles, «Mind Business» («El negocio de la mente»).

p. 97 APPLE: Wallace Immen, «Meditation Finds an Ommm in the Office» («La meditación encuentra su Ommm en la oficina»), *The Globe and Mail,* 27 de noviembre de 2012, www.theglobeandmail.com.

p. 97 NIKE: «Nike Tennessee Recognized For Employment Practices» («Nike Tennessee reconocida por sus prácticas para empleados»), comunicado de prensa de Nike, Inc., 10 de marzo de 2008, www.nikeinc.com.

p. 97 PROCTER & GAMBLE: Scott Thompson, «The Advantages of a Meditative Space in the Workplace» («Las ventajas de un espacio de meditación en el lugar de trabajo»), *Demand Media: Work,* 20 de noviembre de 2013, www.work.chron.com.

p. 97 «EMPRESAS QUE HACEN SINCEROS ESFUERZOS»: Jacquelyn Smith, «The Top 25 Companies for WorkLife Balance» («Las veinticinco primeras empresas para un equilibrio entre vida y trabajo»), *Forbes,* 10 de agosto de 2012, www.forbes.com.

p. 97 ALGUNAS DE LAS «LAS CIEN MEJORES EMPRESAS EN LAS QUE TRABAJAR» de *Fortune:* «100 Best Companies to Work For» («Las cien mejores compañías para las que trabajar»), *Fortune,* 2013, www.money.cnn.com.

p. 98 EN PROMEGA: Goodman, «Why Companies Are Turning to Meditation and Yoga to Boost the Bottom Line» («Por qué las compañías están recurriendo a la meditación y el yoga para aumentar sus ganancias»).

p. 98 LA AGENCIA DE EMPLEO DE MINNEAPOLIS, SALO: Sarah McKenzie, «Transforming the Workplace into a Blue Zone» («Transformando el ambiente laboral en una zona azul»), *Southwest Journal,* 14 de enero de 2013, www.southwestjournal.com.

p. 98 «ZONAS AZULES»: «BLUE ZONE COMMUNITIES —Creating Environments of Health» («Comunidades de Zonas Azules: creando un ambiente de salud»), *Blue Zones,* 1 de diciembre de 2013, www.bluezones.com.

p. 98 AHORA BUETTNER ESTÁ AYUDANDO: McKenzie, «Transforming the Workplace into a Blue Zone» («Transformando el ambiente laboral en una Zona Azul»).

p. 99 DANNY WEGMAN: Jillian Berman, «Wegmans Improves its Bottom Line by Helping Employees Shrink Their Waistlines» («Wegman aumenta sus ganancias ayudando a sus empleados a reducir su cintura»), *The Huffington Post,* 5 de agosto de 2013, www.huffingtonpost.com.

p. 99 EN AETNA: Russ Britt, «Aetna Completes Coventry Buyout, Raises Full-year Outlook» («Aetna completa con su compra de Coventry sus perspectivas anuales»), *The Wall Street Journal,* 7 de mayo de 2013, www.blogs.marketwatch.com.

p. 99 MARK BERTOLINI DESCUBRIÓ: Jeffrey Young, «Company Wellness Programs May Boost Bottom Lines, Aetna CEO Mark Bertolini Says» («Los programas de bienestar podrían aumentar las ganancias, según el director general de Aetna Mark Bertolini»), *The Huffington Post,* 6 de junio de 2013, www.huffingtonpost.com.

p. 99 LLAMÓ A LA UNIVERSIDAD DE DUKE: «Aetna Delivers Evidence-based Mind-Body Stress Management Programs» («Aetna ofrece evidencias sobre sus programas cuerpo-mente para combatir el estrés»), comunicado de prensa de Aetna News Hub, 23 de febrero de 2012, www.newshub.aetna.com.

p. 100 UNA CAÍDA DE 7 POR CIENTO: Breck Garrett, gerente, Oficina de la Presidencia, director general y presidente de Aetna, correo electrónico a la oficina de la autora, julio de 2014.

p. 100 HACER YOGA UNA HORA: «Aetna Delivers Evidence-Based Mind-Body Stress Management Programs» («Aetna ofrece evidencias sobre sus programas cuerpo-mente para combatir el estrés»).

p. 100 RAY DALIO: Courtney Comstock, «Ray Dalio is Too Modest to Admit He Returned 38% YTD Using Transcendental Meditation» («Ray Dalio es demasiado modesto para admitir que ha aumentado un 38 por ciento las ganancias en este año fiscal utilizando la meditación trascendental»), *Business Insider,* 25 de octubre de 2010, www.businessinsider.com.

p. 100 «HOY DÍA NADIE»: Aleksandr Isaevich Solzhenitsyn, *The Solzhenitsyn Reader: New and Essential Writings, 1947-2005 (El lector de Solzhenitsyn: escritos esenciales y nuevos, 1947-2005),* eds. Edward E. Ericson y Daniel J. Mahoney (Wilmington, Delaware: Intercollegiate Studies Institute, 2009), 623.

p. 100 EL DIRECTOR GENERAL DE LINKEDIN: Jeff Weiner, «Managing Compassionately» («Comportarse con empatía»), *LinkedIn,* 15 de octubre de 2012, www.linkedin.com.

p. 102 JOHN MACKEY, DIRECTOR GENERAL DE WHOLE FOODS: Arianna Huffington, «Redefining Success: Takeaways from Our Third Metric Conference» («Redefiniendo el éxito: conclusiones de nuestra tercera conferencia sobre la Tercera Métrica»), *The Huffington Post,* 14 de junio de 2013, www.huffingtonpost.com.

p. 102 FARHAD CHOWDHURY: Ben Weiss, «The Four Cool Ways the Top Employers Create Work-Life Balance» («Cuatro maneras novedosas de las mejores empresas de mantener el equilibrio trabajo-vida»), *U.S. News and World Report,* 19 de junio de 2013, www.money.usnews.com.

p. 102 TAL Y COMO GREGORY BERNS: Gregory Berns, «Neuroscience Sheds New Light on Creativity» («La neurociencia arroja nueva luz sobre la creatividad»), *Fast Company,* 1 de octubre de 2008, www.fastcompany.com.

p. 103 TAL Y COMO EXPLICA MARK WILLIAMS: Williams y Penman, *Mindfulness.*

p. 103 RESUMIDO POR MONTAIGNE: Rolf Dobelli, *Arrêtez de vous tromper: 52 erreurs de jugement qu'il vaut mieux laisser aux autres (Deje de engañar: cincuenta y dos errores de juicio que es mejor dejar a los demás)* (París: Eyrolles, 2012), 171.

p. 104 ciento cincuenta veces al día: James Roberts y Stephen Pirog, «A Preliminary Investigation of Materialism and Impulsiveness as Predictors of Technological Addictions Among Young Adults» («Una investigación preliminar sobre el materialismo y la impulsividad como señales de una adicción tecnológica entre los adultos jóvenes»), *Journal of Behavioral Addictions* 2 (2012): 56-62.

p. 104 O peor, hay pruebas: Gary Small y Gigi Vorgan, *iBrain: Surviving the Technological Alteration of the Modern Mind (iBrain: sobreviviendo a las alteraciones tecnológicas de la mente moderna)* (Nueva York: William Morrow, 2009), 2, 20.

p. 105 David Roberts: David Roberts, «Goodbye for Now» («Adiós por el momento»), *Grist,* 19 de agosto de 2013, www.grist.org.

p. 106 Un estudio de 2012 del Instituto Global McKinsey: Michael Chui, James Manyika, Jacques Bughin, Richard Dobbs, Charles Roxburgh, Hugo Sarrazin, Geoffrey Sands y Magdalena Westergren, «The Social Economy: Unlocking Value and Productivity Through Social Technologies» («La economía social: desbloqueando valor y productividad a través de tecnologías sociales»), datos del Instituto Global McKinsey, julio de 2012, www.mckinsey.com.

p. 106 Según SaneBox: Jennifer Senior, «How Email is Swallowing Our Lives» («Cómo el e-mail se está tragando nuestras vidas»), *New York,* 31 de julio de 2013, www.nymag.com.

p. 107 acuñó el término «atención parcial continua»: Linda Stone, correo electrónico a la autora, 17 de diciembre de 2013.

p. 107 «e-mails en apnea»: Linda Stone, «Just Breathe: Building the Case for Email Apnea» («Respira: construyendo un caso de apnea de e-mail»), *The Huffington Post,* 8 de febrero de 2008, www.huffingtonpost.com.

p. 107 Interrumpir la respiración de tu cuerpo: Ibíd.

p. 107 «El e-mail está a tu servicio...»: Tim Harford, «Ten Email Commandments» («Los diez mandamientos del e-mail»), *Financial Times,* 13 de septiembre de 2013, www.ft.com.

p. 108 Kimberly Brooks: Kimberly Brooks, «Let's Take the Phone Stacking Game One Step Further: Ban the Meal Shot» («Llevemos más lejos el juego del teléfono: prohibamos la comida rápida), *The Huffington Post,* 24 de septiembre de 2013, www.huffingtonpost.com.

p. 109 El editor de la revista *Scene,* Peter Davis: Caroline Tell, «Step Away From the Phone!» («¡Aléjate del teléfono!»), *The New York Times,* 20 de septiembre de 2013, www.nytimes.com.

p. 109 LESLIE PERLOW: Leslie A. Perlow y Jessica L. Porter, «Making Time Off Predictable — And Required» («Haciendo del tiempo libre algo predecible, y necesario»), *Harvard Business Review,* octubre de 2009, www.hbr.org.

p. 109 PROGRAMA INTEGRAL: «Sustainable Intensity» («Intensidad sostenible»), *The Boston Consulting Group,* 1 de diciembre de 2013, www.bcg.com.

p. 109 Y CUANDO SE DIO CUENTA DE QUE LOS INGENIEROS: Chuck Leddy, «Slowing the Work Treadmill» («Ralentizando la espiral de trabajo»), *Harvard Gazette,* 27 de agosto de 2013, www.news.harvard.edu.

p. 110 UN ESTUDIO REALIZADO POR INVESTIGADORES: Gloria Mark, Stephen Voida y Armand Cardello, «A Pace Not Dictated by Electrons: An Empirical Study of Work Without Email» («Un camino no dictado por electrones: un estudio empírico del trabajo sin e-mail») (conferencia sobre la interacción humana-informática 2012, procedimientos de la conferencia *Special Interest Group on Computer-Human Interaction* SIGCHI sobre factores humanos en los sistemas informáticos, del 5 al 10 de mayo de 2012), 555-64.

p. 110 ESTO ES LO QUE SHAYNE HUGHES: Shayne Hughes, «I Banned All Internal Emails at My Company for a Week» («Prohibí todos los e-mails internos de mi empresa durante una semana»), *Forbes,* 25 de octubre de 2012, www.forbes.com.

p. 110 VOLKSWAGEN TIENE UNA POLÍTICA ESPECIAL: (1) David Burkus, «Sleepless in Senior Leadership: The Workplace Effects of Sleep Deprivation» («Insomnes en la dirección: los efectos de la falta de sueño en el lugar de trabajo»), *SmartBlog on Leadership,* 2 de julio de 2012, www.smartblogs.com; (2) personal de comunicación de Volkswagen, llamada telefónica a la autora, 19 de diciembre de 2013.

p. 111 FULLCONTACT: Bart Lorang, «Paid Vacation? That's Not Cool. You Know What's Cool? Paid PAID Vacation» («¿Vacaciones pagadas? Eso no está bien. ¿Sabes lo que está bien? PAGAR vacaciones pagadas»), *FullContact Blog,* 10 de julio de 2012, www.fullcontact.com.

p. 112 LAS BUENAS NOTICIAS SON QUE, TAL Y COMO EXPLICÓ LA INMUNÓLOGA ESTHER STERNBERG: Esther Sternberg, entrevista con Krista Tippett, «The Science of Healing Places with Esther Sternberg» («La ciencia de los lugares curativos con Esther Sternberg»), *On Being (Sobre el ser),* American Public Media, 27 de septiembre de 2012, www.onbeing.org.

p. 112 EL AUMENTO DE PODER REDUCE LA HABILIDAD DE EMPATIZAR: Jeremy Hogeveen, Michael Inzlicht y Sukhvinder Obhi, «Power Changes How the Brain Responds to Others» («El poder cambia la manera en que el cerebro responde ante otros»), *Journal of Experimental Psychology: General* (2013).

p. 112 Otro estudio sobre liderazgo y perspectiva: (1) Adam Galinsky, Joe Magee, M. Ena Inesi y Deborah Gruenfeld, «Power and Perspectives Not Taken» («Poder y perspectivas no tomadas»), *Psychological Science* 17 (2006): 1068-74; (2) Vivek K. Wadhera, «Losing Touch» («Perdiendo tacto»), *Kellogg Insight,* 1 de noviembre de 2009, www.insight.kellogg.northwestern.edu.

p. 113 Tal y como Sheryl Sandberg me dijo: Sheryl Sandberg, e-mail a la autora, diciembre de 2013.

p. 114 *The Huffington Post* decidió: «The Huffington Post's Oasis 2012: First Looks at Our DNC Retreat Center» («El oasis del *Huffington Post:* un primer vistazo a nuestro centro de retiro en la Conferencia nacional democrática»), *The Huffington Post,* 2 de septiembre de 2012, www.huffingtonpost.com.

p. 115 Como Aleksandr Solzhenitsyn preguntó: Aleksandr Solzhenitsyn, *El primer círculo* (Barcelona: Tusquets, 1992).

p. 115 «Recuerda el día del sábado»: Éxodo 20: 8-10, versión estándar de la Biblia.

p. 115 Para los judíos practicantes: «The Thirty-Nine Categories of Sabbath Work» («Las treinta y nueve categorías de trabajo en el sabbat»), *Orthodox Union,* 1 de diciembre de 2013, www.ou.org.

p. 116 Y el sabbat termina: «Sabbat Conclusion Worship Service: Hav dallah Blessings» («La conclusión del servicio al culto del sabbat: bendiciones de Havdalá»), *Reform Judaism,* 1 de diciembre de 2013, www.reformjudaism.org.

p. 117 De acuerdo con un estudio de 2009 de la Universidad Brigham Young: Julianne Holt-Lunstad, Wendy Birmingham, Adam M. Howard y Dustin Thoman, «Married with Children: The Influence of Parental Status and Gender on Ambulatory Blood Pressure» («Casado y con hijos: la influencia del estatus parental y el género en la presión arterial monitorizada»), *Annals of Behavioral Medicine* 38 (2009): 170-79.

p. 118 En un estudio encargado por la Asociación Psicológica Estadounidense de: «Stress by Generations: 2012» («Estrés por generaciones: 2012»).

p. 118 Además, los resultados: Ibíd.

p. 119 En Reino Unido: Eleanor Bradford, «Half of Teenagers Sleep Deprived, Study Says» («La mitad de los adolescentes sufren de falta de sueño»), *BBC News,* 25 de agosto de 2013, www.bbc.co.uk.

p. 119 ENFERMEDADES DE CORAZÓN: Laura Manenschijn, L. Schaap, N. M. van Schoor, S. van der Pas, G. M. E. E. Peeters, P. Lips, J. W. Koper y E. F. C. van Rossum, «High Long-Term Cortisol Levels, Measured in Scalp Hair, Are Associated with a History of Cardiovascular Disease» («Niveles altos y duraderos de cortisol, medidos a través del cuero cabelludo, están asociados con un historial de cardiopatías»), *The Journal of Clinical Endocrinology & Metabolism* 98 (2013): 2078-83.

p. 119 DIABETES: Masuma Novak, Lena Björck, Kok Wai Giang, Christina Heden-Ståhl, Lars Wilhelmsen y Annika Rosengren, «Perceived Stress and Incidence of Type 2 Diabetes: A 35-Year Follow-up Study of Middle-Aged Swedish Men» («Estrés percibido e incidencia de diabetes de tipo 2: treinta y cinco años de seguimiento en varones suecos de mediana edad»), *Diabetic Medicine* 30 (2013): e8-e16.

p. 119 OBESIDAD: Susan Melhorn, Eric Krause, Karen Scott, Marie Mooney, Jeffrey Johnson, Stephen Woods y Randall Sakai, «Meal Patterns and Hypothalamic NPY Expression During Chronic Social Stress and Recovery» («Patrones alimenticios y neuropéptidos hipotalámicos durante el estrés social crónico y su recuperación»), *American Journal of Physiology: Regulatory, Integrative and Comparative Physiology* 299 (2010): 813-22.

p. 119 Y YA, A 19 POR CIENTO DE LOS *MILLENNIALS:* Sharon Jayson, «Who's Feeling Stressed? Young Adults, New Survey Shows» («¿Quién se estresa? Los adultos jóvenes, según nuevas estadísticas»), *USA Today,* 7 de febrero de 2013, www.usatoday.com.

p. 120 NO ES DE EXTRAÑAR: «Stress by Generations: 2012» («Estrés por generaciones: 2012»).

p. 121 ESCRIBIÓ EN *THE NEW YORK TIMES:* Anand Giridharadas, «Women Are at the Table, So Now What?» («Las mujeres ya están en el mundo de los negocios, ¿ahora qué?»), *The New York Times,* 14 de junio de 2013, www.nytimes.com.

p. 122 TAL Y COMO EL DOCTOR MICHAEL ROIZEN: Cheryl Powell, «Latest Cleveland Clinic Venture a Real Sleeper» («Una avanzada clínica de Cleveland se lanza con un proyecto de éxito inesperado»), *Akron Beacon Journal Online,* 8 de agosto de 2011, www.ohio.com.

p. 123 BILL CLINTON: Weston Kosova, «Running on Fumes: Pulling All Nighters, Bill Clinton Spent His Last Days Obsessing Over Details and Pardons» («Sin descanso: sin dormir, Bill Clinton pasó sus últimos días obsesionado con detalles y perdones»), *Newsweek,* 26 de febrero de 2001, www.newsweek.com.

p. 123 Y EN 2013, CUANDO LA UNIÓN EUROPEA: Antonis Polemitis and Andreas Kitsios, «Cyprus Bailout: Stupidity, Short-Sightedness, Something Else?» («Rescate a Chipre: estupidez, estrechez de miras, y ¿algo más?»), *Cyprus.com,* 1 de diciembre de 2013, www.cyprus.com.

p. 123 EL PERIODISTA DE ECONOMÍA FELIX SALMON: Felix Salmon, «The Cyprus Precedent» («El precedente de Chipre»), *Reuters,* 17 de marzo de 2013, www.blogs.reuters.com.

p. 124 «LA FALTA DE SUEÑO IMPACTA DE FORMA NEGATIVA»: Arianna Huffington, «Why We All Need More Sleep» («¿Por qué todos necesitamos dormir más?»), *The Telegraph,* 28 de enero de 2013, www.telegraph.co.uk.

p. 124 UN ESTUDIO DE LA UNIVERSIDAD DE DUKE: Edward Suarez, «Self-Reported Symptoms of Sleep Disturbance and Inflammation, Coagulation, Insulin Resistance and Psychosocial Distress: Evidence for Gender Disparity» («Síntomas declarados del trastorno de sueño e inflamación, coagulación, resistencia a la insulina y angustia psicológica: pruebas de la disparidad genérica»), *Brain, Behavior and Immunity* 22 (2008): 960-68.

p. 124 TILL ROENNEBERG: Till Roenneberg, «Five Myths About Sleep» («Cinco mitos sobre el sueño»), *The Washington Post,* 21 de noviembre de 2012, www.articles.washingtonpost.com.

p. 125 UN ESTUDIO LLEVADO A CABO EN LA FACULTAD DE MEDICINA DE HARVARD: Mareen Weber, Christian Webb, Sophie Deldonno, Maia Kipman, Zachary Schwab, Melissa Weiner y William Killgore, «Habitual 'Sleep Credit' Is Associated with Greater Grey Matter Volume of the Medial Prefrontal Cortex, Higher Emotional Intelligence and Better Mental Health» («Un "buen descanso" habitual está asociado con un mayor volumen de la materia gris en el córtex prefrontal medial, mayor inteligencia emocional y mejor salud mental»), *Journal of Sleep Research* 22 (2013): 527-34.

p. 125 «ES COMO EL LAVAVAJILLAS»: Maiken Nedergaard, entrevista con Jon Hamilton, «Brains Sweep Themselves Clean of Toxins During Sleep» («Los cerebros se limpian de toxinas durante el sueño»), *All Things Considered,* NPR, 17 de octubre de 2013, www.npr.org.

p. 126 EL PROFESOR NEDERGAARD HIZO UNA ANALOGÍA: James Gallagher, «Sleep "Cleans" the Brain of Toxins» («Dormir "limpia" el cerebro de toxinas»), *BBC News,* 17 octubre de 2013, www.bbc.co.uk.

p. 126 TAL Y COMO CONCLUYÓ LA GREAT BRITISH SLEEP SURVEY: «The Great British Sleep Survey 2012» («Estudio de 2012 del sueño en Gran

Bretaña»), *Sleepio,* 1 de noviembre de 2013, www.greatbritishsleep-survey.com.

p. 126 UN ESTUDIO DE LA FACULTAD DE MEDICINA DE HARVARD DE 2011: Ronald Kessler, Patricia Berglund, Catherine Coulouvrat, Goeran Hajak, Thomas Roth, Victoria Shahly, Alicia Shillington, Judith Stephenson y James Walsh, «Insomnia and the Performance of US Workers: Results from the America Insomnia Survey» («Insomnio y rendimiento de los trabajadores estadounidenses: resultados del sondeo sobre insomnio»), *SLEEP* 34 (2011): 1161-71.

p. 127 UN ESTUDIO PUBLICADO EN *SCIENCE:* Daniel Kahneman, Alan Krueger, David Schkade, Norbert Schwarz y Arthur Stone, «A Survey Method for Characterizing Daily Life Experience: The Day Reconstruction Method (DRM)» [«Un método de seguimiento de la experiencia de la vida diaria: el método de la reconstrucción del día (DRM según sus siglas en inglés)»], *Science* 306 (2004): 1776-80.

p. 127 RICHARD EASTERLIN, CONDUJO UN ESTUDIO: Richard Easterlin, «Will Raising the Incomes of All Increase the Happiness of All?» («¿Aumentaría nuestra felicidad si nos subieran a todos el sueldo?»), *Journal of Economic Behavior and Organization* 27 (1997): 35-47.

p. 128 «ME ECHO UNA SIESTA»: Charlie Rose, conversación con la autora, 9 de enero de 2014.

p. 128 SEGÚN DAVID RANDALL: David K. Randall, «Rethinking Sleep» («Replanteándose el sueño»), *The New York Times,* 22 de septiembre de 2012, www.nytimes.com.

p. 128 INVESTIGADORES DEL INSTITUTO POLITÉCNICO RENSSELAER: Brittany Wood, Mark Rea, Barbara Plitnick y Mariana Figueiro, «Light Level and Duration of Exposure Determine the Impact of Self-Luminous Tablets on Melatonin Suppression» («Un nivel y una duración de exposición breve determinan el impacto de los análisis autoluminiscentes sobre la supresión de la melatonina»), *Applied Ergonomics* 44 (2013): 237-40.

p. 129 NECESITAMOS DESESPERADAMENTE ELIMINAR DE NUESTRAS VIDAS: Anne-Marie Slaughter, «Why Women Still Can't Have It All» («Por qué las mujeres no podemos tenerlo todo aún»), *The Atlantic,* 13 de junio de 2012, www.theatlantic.com.

p. 129 LAS MUJERES SON LAS QUE SUFREN MÁS CANSANCIO: «Women and Sleep» («Las mujeres y el sueño»), Fundación Nacional del Sueño, 1 de diciembre de 2013, www.sleepfoundation.org.

p. 129 Las madres trabajadoras son las que menos duermen: «Yawn! Most Mothers Don't Get Enough Sleep» («¡Bostezo! La mayoría de mujeres no duermen lo suficiente»), *Reuters/NBC News,* 20 de octubre de 2006, www.nbcnews.com.

p. 130 «Las mujeres sufren de forma más significativa...»: Michael Breus, conversación con la autora, 23 de julio de 2010.

p. 130 El doctor Breus jura: Jenny Stamos Kovacs, «Lose Weight While You Sleep!» («¡Pierde peso mientras duermes!»), *Glamour,* 2 de febrero de 2009, www.glamour.com.

p. 130 «Todo lo que haces...»: Michael Breus, conversación con la autora, 23 de julio de 2010.

p. 131 Hay motivos por los que: Robert L. Snow, *Deadly Cults: The Crimes of True Believers (Cultos mortales: los crímenes de los verdaderos creyentes»)* (Westport, Connecticut: Praeger, 2003), 161.

p. 135 El profesor Roenneberg explica: Roenneberg, «Five Myths About Sleep» («Cinco mitos sobre el sueño»).

p. 135 Y continúa: Ibíd.

p. 136 De acuerdo con un estudio reciente: Kelly Glazer Baron, Kathryn Reid y Phyllis Zee, «Exercise to Improve Sleep in Insomnia: Exploration of the Bidirectional Effects» («Ejercicio para mejorar el insomnio: exploración de los efectos bidireccionales»), *Journal of Clinical Sleep Medicine* 9 (2013): 819-84.

p. 136 dormir más puede hacerte perder peso: Kovacs, «Lose Weight While You Sleep!» («¡Pierde peso mientras duermes!»).

p. 138 Y para que le ayudara a cumplir su objetivo: Cindi Leive, «Sleep Challenge 2010: Three Tiny Things I Wish I Had Known Years Ago» («El reto del sueño 2010: tres cosas que ojalá hubiese sabido hace unos años»), *Glamour,* 7 de enero de 2010, www.glamour.com.

p. 141 El doctor Breus explica: Michael J. Breus, 20 de enero de 2010 (12:51), comentarios sobre «Sleep Challenge 2010: Perchance to Dream» («El reto del sueño 2010: si acaso soñar»), *The Huffington Post,* 19 de enero de 2010, www.huffingtonpost.com.

p. 141 Rumi sintetiza: Jalal al-Din Rumi, *The Essential Rumi: New Expanded Edition (Obra esencial de Rumi: nueva edición extendida),* trad. Coleman Barks y John Moyne (Nueva York: HarperOne, 2004), 255.

p. 142 Deshazte de todas las pantallas LCD: Stephani Sutherland, «Bright Screens Could Delay Bedtime» («Las pantallas brillantes podrían retrasar la hora de dormir»), *Scientific American,* 1 de febrero de 2013, www.scientifiamerican.com.

p. 143 «Trata de desconectar»: Mika Brzezinski, «Unplugging Is Easier Said Than Done» («Desconectar es más fácil de decir que de hacer»), *The Huffington Post,* 7 de enero de 2014, www.huffingtonpost.com.

p. 144 Y al igual que Cindi: Cindi Leive, «My Digital Detox: How I Ditched My Email and Social Media for a Week... and the Cold Sweats Weren't So Bad» («Mi desintoxicación digital: cómo desconecté mis e-mails y redes sociales durante una semana... y los sudores fríos no fueron para tanto»), *The Huffington Post,* 8 de enero de 2014, www.huffingtonpost.com.

p. 146 Hace unos diez años Cheri Mah: Peter Keating, «Sleeping Giants» («Gigantes durmientes»), *ESPN The Magazine,* 5 de abril de 2012, www.espn.go.com.

p. 147 Algunos estudios anteriores: Ibíd.

p. 147 Durante tres temporadas: Ibíd.

p. 147 No sólo mejoró el rendimiento en el campo de juego: Erin Allday, «Stanford Athletes Sleep for Better Performance» («Los atletas de Stanford duermen para mejorar su rendimiento»), *San Francisco Chronicle,* 4 de julio de 2011, www.sfgate.com.

p. 148 En 2005 el comité olímpico de Estados Unidos: Keating, «Sleeping Giants» («Gigantes durmientes»).

p. 148 Y muchos se han tomado el consejo al pie de la letra: Kimberly Boyd, «3 Sleep Lessons We Can Learn from Olympians» («Tres lecciones sobre sueño que deberíamos aprender de los deportistas olímpicos»), One Medical Group, 10 de agosto de 2012, www.onemedical.com.

p. 148 Los Dallas Mavericks: Jeff Caplan, «Mavs First to Dive into Fatigue Analysis» («Los Mavs son los primeros en someterse al análisis de fatiga»), *Hang Time Blog,* 16 de octubre de 2013, www.hangtime.blogs.nba.com.

p. 149 La superestrella de Los Angeles Lakers, Kobe Bryant: Keating, «Sleeping Giants» («Gigantes durmientes»).

p. 149 También ha hecho meditación: «Athletes Who Meditate: Kobe Bryant and Other Sports Stars Who Practice Mindfulness» («Atletas que meditan: Kobe Bryant y otras estrellas del deporte que practican la conciencia plena»), *The Huffington Post,* 30 de mayo de 2013, www.huffingtonpost.com.

p. 149 JACKSON ASIMISMO ENSEÑÓ: Phil Jackson, entrevista con Oprah Winfrey, *Super Soul Sunday,* Oprah Winfrey Network, 16 de junio de 2013.

p. 149 CUANDO MICHAEL JORDAN ERA LA ESTRELLA: George Mumford, entrevista con el Proyecto Lineage, 1 de diciembre de 2013, www.lineageproject.org.

p. 150 Y EL VIDEO DE: «Athletes Who Meditate» («Atletas que meditan»).

p. 150 EL EXRUNNING BACK DE LOS MIAMI DOLPHINS: Ibíd.

p. 150 EL GRAN TENISTA IVAN LENDL: Jim Loehr y Tony Schwartz, *El poder del pleno compromiso: administrar la energía y no el tiempo es la clave y la renovación personal* (Madrid: Algaba Ediciones, 2003).

p. 150 CHARLIE ROSE, EN UNA ENTREVISTA CON MURRAY: Charlie Rose, entrevista con Andy Murray, *Charlie Rose,* servicio público de difusión, 11 de septiembre de 2012.

p. 151 COMO DICE TONY SCHWARTZ: Tony Schwartz, «How to Recover Your Core Rhythm» («Cómo recuperar tu ritmo»), *Harvard Business Review,* 26 de octubre de 2011, www.blogs.hbr.org.

p. 151 «EL MISMO MOVIMIENTO RÍTMICO»: Ibíd.

p. 152 EN UN ESTUDIO DEL AÑO PASADO DE LA UNIVERSIDAD DE WASHINGTON: David Levy, Jacob Wobbrock, Alfred Kaszniak y Marilyn Ostergren, «The Effects of Mindfulness Meditation Training on Multitasking in a HighStress Information Environment» («Los efectos de la formación de la conciencia plena y meditación en las multitareas en un entorno informático de alto estrés»), *Proceedings of Graphics Interface* (2012): 45-52, www.faculty.washington.edu.

p. 152 «LA MEDITACIÓN SE PARECE MUCHO»: Anita Bruzzese, «Meditation Can Keep You More Focused at Work, Study Says» («La meditación puede mantenerte más centrado en el trabajo, según un estudio»), *USA Today,* 10 de julio de 2012, www.usatoday30.usatoday.com.

p. 153 LA EJECUTIVA DE SILICON VALLEY, NILOFER MERCHANT: David Hochman, «Hollywood's New Stars: Pedestrians» («Las nuevas estrellas de Hollywood: los peatones»), *The New York Times,* 16 de agosto de 2013, www.nytimes.com.

p. 154 UNA DE MIS FRASES FAVORITAS: «*Solvitur ambulando*» («Lo resolvemos caminando»), diccionario etimológico online: www.dictionary.reference.com.

p. 155 DE HECHO, LOS MÉDICOS ESTÁN DESCUBRIENDO: Judith Lothian, «Safe, Healthy Birth: What Every Pregnant Woman Needs to Know»

(«Un nacimiento sano y seguro: lo que toda mujer embarazada necesita saber»), *The Journal of Perinatal Education* 18 (2009): 48-54.

p. 156 «ÍTACA», DEL POETA GRIEGO CONSTANTINO CAVAFIS: C. P. Kavafis, *Poesía completa* (Madrid: Alianza Editorial, 2012).

p. 157 THOMAS JEFFERSEON DECLARÓ: de Thomas Jefferson a Peter Carr, 19 de agosto de 1785, en *The Avalon Project: Documents in Law, History and Diplomacy (El proyecto Avalon: documentos sobre leyes, historia y diplomacia),* 1 de diciembre de 2013, www.avalon.law.yale.edu.

p. 157 PARA ERNEST HEMINGWAY: Ernest Hemingway, *París era una fiesta* (Barcelona: Lumen, 2013).

p. 157 NIETZSCHE FUE MÁS ALLÁ Y PROCLAMÓ: Friedrich Nietzsche, *Sämtliche Werke: kritische Studienausgabe in 15 Bänden / 6 Der Fall Wagner. Götzen-Dämmerung. Der Antichrist. Ecce home. Dionysos Dithyramben. Nietzsche contra Wagner (Obras completas: Estudio crítico edición en quince volúmenes / 6 El caso de Wagner. El crepúsculo de los ídolos. El Anticristo. Ecce homo. Ditirambos Dionisios. Nietzsche contra Wagner),* eds. Giorgio Colli y Mazzino Montinari (Múnich: Deutscher Taschenbuch Verlag, 1988), 64.

p. 157 PARA HENRY DAVID THOREAU: Henry David Thoreau, *Caminar* (Madrid: Ardora Ediciones, 1998)

p. 157 LOS ESTUDIOS CIENTÍFICOS DEMUESTRAN CADA VEZ MÁS: Kim Painter, «Exercise Helps Fight Anxiety, Depression» («El ejercicio ayuda a combatir la ansiedad y la depresión»), *USA Today,* 26 de abril de 2010, www.usatoday30.usatoday.com.

p. 158 UNIVERSIDAD DE ESSEX: «Ecotherapy: The Green Agenda for Mental Health» («Ecoterapia: la agenda verde de la salud mental»), *Mind Week Report,* mayo de 2007, www.mind.org.uk.

p. 158 LA PSICÓLOGA LAUREL LIPPERT FOX: Hochman, «Hollywood's New Stars: Pedestrians» («Las nuevas estrellas de Hollywood: los peatones»).

p. 158 DE ACUERDO CON LA ORGANIZACIÓN MUNDIAL DE LA SALUD: «Depression» («Depresión»), datos de la Organización Mundial de la Salud, octubre de 2012, www.who.int.

p. 158 LAS INVESTIGACIONES HAN DEMOSTRADO: Amanda Gardner, «Being Near Nature Improves Physical, Mental Health» («Estar cerca de la naturaleza mejora la salud mental y física»), *USA Today,* 15 de octubre de 2009, www.usatoday30.usatoday.com.

p. 159 ÉL FUE COAUTOR DE UN ESTUDIO: Netta Weinstein, Andrew Przybylski y Richard Ryan, «Can Nature Make Us More Caring? Effects of Immersion in Nature on Intrinsic Aspirations and Generosity» («¿Puede la naturaleza hacernos más atentos? Los efectos de la inmersión en la naturaleza en las aspiraciones intrínsecas y la generosidad»), *Personality and Social Psychology Bulletin* 35 (2009): 1315-29.

p. 159 OTRO ESTUDIO REALIZADO POR INVESTIGADORES HOLANDESES: Jolana Maas, Robert Verheij, Peter Groenewegen, Sjerp de Vries y Peter Spreeuwenberg, «Green Space, Urbanity, and Health: How Strong is the Relation?» («Espacio verde, urbanidad y salud: ¿cómo es de fuerte la relación?»), *Journal of Epidemiology and Community Health* 60 (2006): 587-92.

p. 159 «DADO QUE LOS COSTOS MÉDICOS AUMENTAN SIN CONTROL»: Gardner, «Being Near Nature Improves Physical, Mental Health» («Estar cerca de la naturaleza mejora la salud mental y física»).

p. 159 DE ACUERDO CON UN ESTUDIO DE LA SOCIEDAD AMERICANA CONTRA EL CÁNCER: (1) Alpa Patel, Leslie Bernstein, Anusila Deka, Heather Spencer Feigelson, Peter T. Campbell, Susan M. Gapstur, Graham A. Colditz y Michael J. Thun, «Leisure Time Spent Sitting in Relation to Total Mortality in a Prospective Cohort of US Adults» («El tiempo libre que se pasa sentado en relación con la mortalidad en los cohortes prospectivos de los adultos estadounidenses»), *American Journal of Epidemiology* 172 (2010): 419-29; (2) James A. Levine, «What Are the Risks of Sitting Too Much?» («¿Cuáles son los riesgos de pasar demasiado tiempo sentado?»), Clínica Mayo: salud adulta, 1 de diciembre de 2013, www.mayoclinic.com.

p. 160 UN ESTUDIO DE 1950: William Hudson, «Sitting for Hours Can Shave Years off Life» («Estar sentado durante horas puede robarte años de vida»), *CNN*, 24 de junio de 2011, www.cnn.com.

p. 160 UN ESTUDIO DIRIGIDO POR INVESTIGADORES DE LA UNIVERSIDAD DE ILLINOIS: (1) Michelle Voss, Ruchika Prakash, Kirk Erickson, Chandramallika Basak, Laura Chaddock, Jennifer S. Kim, Heloisa Alves, Susie Heo, Amanda Szabo, Siobhan White, Thomas Wójcicki, Emily Mailey, Neha Gothe, Erin Olson, Edward McAuley y Arthur F. Kramer, «Plasticity of Brain Networks in a Randomized Intervention Trial of Exercise Training in Older Adults» («La plasticidad de las redes neuronales del cerebro en un estudio aleatorio sobre el ejercicio físico en ancianos»), *Frontiers in Aging Neuroscience* 2 (2010): 32; (2) «Attention, Couch Potatoes! Walking Boosts Brain Connectivity Function» («¡Atención, adictos al sofá! Caminar mejora la función de conectividad cerebral»), comunicado de prensa de la Universidad de Illinois en Urbana-Champaign, 27 de agosto de 2010, en el *Science Daily,* www.sciencedaily.com.

p. 160 NO PODÍA CONTAR CON LA CIENCIA: Henry David Thoreau, *Libro de citas* (Barcelona: José J. de Olañeta, 2002).

p. 161 EN SU LIBRO *WANDERLUST:* Rebecca Solnit, *Wanderlust: A History of Walking (Espíritu viajero: una historia sobre el caminar)* (Nueva York: Penguin, 2001), 29.

p. 162 EL CONCEPTO DE MA: Isao Tsujimoto, «The Concept of "Ma" in Japanese Life and Culture» («El concepto de "Ma" en la vida y cultura japonesa»), videoconferencia, JapanNYC from Carnegie Hall, Nueva York, 27 de abril de 2011.

p. 162 «EXCEPTO POR EL PUNTO»: Manmohan K. Bhatnagar, ed., *Twentieth Century Literature in English (Literatura del siglo XX en inglés),* volumen 2 (Nueva Delhi: Atlantic Publishers and Distributors, 2000), 56.

p. 162 «EL ESPACIO ES SUSTANCIA»: Alan Fletcher, *The Art of Looking Sideways (El arte de mirar hacia los lados)* (Londres: Phaidon, 2001), 370.

p. 162 «LAS PALABRAS SE INSCRIBEN EN UN TEXTO»: Geoff Nicholson, *The Lost Art of Walking: The History, Science, and Literature of Pedestrianism (El arte perdido de caminar: la historia, ciencia y literatura del viandante)* (Nueva York: Riverhead Books, 2008), 27.

p. 163 INCLUSO EL EXTREMADAMENTE CENTRADO THOREAU: Thoreau, *Caminar.*

p. 164 EL PERIODISTA WAYNE CURTIS: Wayne Curtis, «The Walking Dead» («El muerto caminante»), *The Smart Set,* 19 de agosto de 2013, www.thesmartset.com.

p. 164 CITA UN ESTUDIO DE LA UNIVERSIDAD DE WASHINGTON: Leah Thompson, Frederick Rivara, Rajiv Ayyagari y Beth Ebel, «Impact of Social and Technological Distraction on Pedestrian Crossing Behaviour: An Observational Study» («Impacto de la distracción social y psicológica en el comportamiento vial de los peatones: un estudio de observación»), *Injury Prevention* 19 (2012): 232-37.

p. 164 OTRO ESTUDIO CONCLUYÓ: Eric Lamberg y Lisa Muratori, «Cell Phones Change the Way We Walk» («Los teléfonos móviles han cambiado nuestra manera de caminar»), *Gait and Posture* 35 (2012): 688-90.

p. 165 COMO ESCRIBIÓ EL COLUMNISTA DE *THE GUARDIAN*, OLIVER BURKEMAN: Oliver Burkeman, «Together We Can Fight the Scourge of Texting

While Walking» («Juntos podemos vencer esa lacra de escribir mensajes mientras caminamos»), *The Guardian,* 28 de octubre de 2013, www.theguardian.com.

p. 165 En diciembre de 2013: «Tourist Walks off Australia Pier While Checking Facebook» («Turista se cae de un muelle en Australia por ir mirando su Facebook»), *BBC News,* 19 de diciembre de 2013, www.bbc.co.uk.

p. 165 De acuerdo con un estudio de la Universidad del estado de Ohio: «Distracted Walking: Injuries Soar for Pedestrians on Phones» («Distracciones al caminar: aumentan las lesiones para los peatones al teléfono»), comunicado de prensa del departamento de Investigación y Comunicaciones de Ohio, 19 de junio de 2013, www.researchnews.osu.edu.

p. 166 «Sospecho que los mejores beneficios mentales...»: Oliver Burkeman, «This Column Will Change Your Life: A Step in the Right Direction» («Esta columna cambiará tu vida: un paso en la dirección correcta»), *The Guardian,* 23 de julio de 2010, www.theguardian.com.

p. 166 Gregory Berns: Gregory Berns, «Neuroscience Sheds New Light on Creativity» («La neurociencia arroja una nueva luz sobre la creatividad»), *Fast Company,* 1 de octubre de 2008, www.fastcompany.com.

p. 167 Allen McConnell, profesor de psicología en la Universidad de Miami: Allen McConnell, «Friends with Benefits: Pets Make Us Happier, Healthier» («Amigos con beneficios: las mascotas nos hacen más felices y saludables»), *Psychology Today,* 11 de julio de 2011, www.psychologytoday.com.

p. 168 En otro estudio: Allen McConnell, Christina Brown, Tony Shoda, Laura Stayton y Colleen Martin, «Friends with Benefits: On the Positive Consequences of Pet Ownership» («Amigos con beneficios: consecuencias positivas de tener una mascota»), *Journal of Personality and Social Psychology* 101 (2011): 1239-52.

p. 168 Curiosamente, los estudios: McConnell, «Friends with Benefits» («Amigos con beneficios»).

p. 168 Como las parejas y amigos íntimos: Ibíd.

p. 169 Pero los beneficios de las mascotas: Kathleen Doheny, «Pets for Depression and Health» («Mascotas para la depresión y la salud»), WebMD, 1 de diciembre de 2103, www.webmd.com.

p. 169 menos riesgo de padecer una cardiopatía: Glenn N. Levine, Karen Allen, Lynne T. Braun, Hayley E. Christian, Erika Friedmann, Kathryn A. Taubert, Sue Ann Thomas, Deborah L. Wells y Richard

A. Lange, «Pet Ownership and Cardiovascular Risk: A Scientific Statement from the American Heart Association» («Tener mascota y el riesgo cardiovascular: un estudio científico de la Asociación Americana del Corazón»), *Circulation* 127 (2013): 2353-63.

p. 169 NIVELES MÁS BAJOS DE ESTRÉS: «Dog's Best Friend? You!» («¿El mejor amigo del perro? ¡Tú!»), *Daily Mail,* 1 de diciembre de 2013, www.dailymail.co.uk.

p. 169 LOS NIVELES DE ESTRÉS DISMINUYERON: Randolph Barker, Janet Knisely, Sandra Barker, Rachel Cobb y Christine Schubert, «Preliminary Investigation of Employee's Dog Presence on Stress and Organizational Perceptions» («Investigación preliminar sobre las consecuencias sobre el estrés y las percepciones de organización por la presencia del perro de un empleado»), en *International Journal of Workplace Health Management* 5 (2012): 15-30.

p. 170 DIJO RANDOLPH BARKER: Sathya Abraham, «Benefits of Taking Fido to Work may Not Be Far-Fetched» («Los beneficios de llevar a *Fido* al trabajo puede que no sean disparatados»), comunicado de prensa del Centro médico VCU, 30 de marzo de 2012, www.news.vcu.edu.

p. 170 BARKER TAMBIÉN DESCUBRIÓ: Ibíd.

p. 170 HOY DÍA SOLO 17 POR CIENTO: Claire Suddath, «The Shaggy, Slobbery World of Pet- Friendly Offices («El peludo y babeante mundo de las oficinas que permiten mascotas»), *Businessweek,* 1 de junio de 2012, www.businessweek.com.

p. 170 GOOGLE LO TOMA TAN EN SERIO: «Google Code of Conduct» («Código de Conducta de Google»), Google Investor Relations, última modificación el 21 de abril de 2012, www.investor.google.com.

p. 171 DESPUÉS DE LA TRÁGICA MASACRE DE NEWTOWN: «Newtown Says Thank You to Therapy Dogs» («Newtown da las gracias a la terapia con perros»), *The Huffington Post,* 25 de junio de 2013, www.huffingtonpost.com.

p. 171 OTRA NIÑA CREÓ UN VÍNCULO: Jane Teeling y Aine Pennello, «Sandy Hook Student, Rescue Dog Bond: 'She Just Feels Safe'» («Vínculo entre estudiante de Sandy Hook y perro rescatado: "Ella se siente a salvo"»), *Today News,* 25 de agosto de 2013, www.today.com.

p. 172 EN SU LIBRO: *On Looking: Eleven Walks with Expert Eyes (Sobre observar: once paseos con ojos expertos),* Simon & Schuster, 1 de diciembre de 2013, www.pages.simonandschuster.com.

p. 173 «UNA PERSONA PUEDE APRENDER»: John Grogan, *Marley y yo* (Barcelona: Circe, 2006).

p. 173 El novelista Jonathan Carroll: «FAQ» («Preguntas frecuentes»), JonathanCarroll.com, 13 de noviembre de 2013, www.jonathancarroll.com.

p. 175 Peter Whoriskey: Peter Whoriskey, «If You're Happy and You Know It... Let Your Government Know» («Si eres feliz y lo sabes... Házselo saber a tu gobierno»), *The Washington Post,* 29 de marzo de 2012, www.articles.washingtonpost.com.

p. 175 expresó a la perfección Robert F. Kennedy en 1968: Robert F. Kennedy, «Remarks at the University of Kansas» («Observaciones en la Universidad de Kansas») (discurso, Lawrence, Kansas, 18 de marzo de 1968), Librería presidencial y Museo John F. Kennedy, www.jfklibrary.org.

p. 176 En Francia en 2008: (1) Joseph E. Stiglitz, Amartya Sen y Jean-Paul Fitoussi, «Report by the Commission on the Measurement of Economic Performance and Social Progress» («Informe de la Comisión de Medición de Rendimiento Económico y Progreso Social»), 14 de septiembre de 2009, www.stiglitz-sen-fitoussi.fr; (2) Peter Whoriskey, «If You're Happy and You Know It... Let Your Government Know» («Si eres feliz y lo sabes... Házselo saber a tu gobierno»).

p. 176 David Cameron: Allegra Stratton, «David Cameron Aims to Make Happiness a New GDP» («David Cameron quiere convertir la felicidad en el nuevo Producto Interior Bruto»), *The Guardian,* 14 de noviembre de 2010, www.theguardian.com.

p. 176 Cuatro años más tarde él anunció: Hélène Mulholland y Nicholas Watt, «David Cameron Defends Plans for Wellbeing Index» («David Cameron defiende los planes acerca del índice de bienestar»), *The Guardian,* 25 de noviembre de 2010, www.theguardian.com.

p. 177 «La calidad de vida europea»: Irene Chapple, «Survey: Australia the "Lucky Country" for a Better Life» («Estadística: Australia es el "país afortunado" para disfrutar de una vida mejor»), *CNN,* 31 de mayo de 2013, www.cnn.com.

p. 177 Y las Naciones Unidas: «Report Calls on Policymakers to Make Happiness a Key Measure and Target of Development» («Un informe avisa a los políticos de hacer de la felicidad una medida esencial y objetivo de desarrollo»), página de la Comisión de Naciones Unidas sobre el desarrollo sostenible, 1 de diciembre de 2013, web UNSDSN, www.unsdsn.org.

p. 177 «son conscientes de su bienestar»: Whoriskey, «If You're Happy and You Know It... Let the Government Know» («Si eres feliz y lo sabes... Házselo saber a tu gobierno»).

p. 178 De hecho, la idea de medir nuestro bienestar: «No Longer the Dismal Science?» («¿Se acabó lo de pseudociencia?»), *The Economist,* 6 de abril de 2012, www.economist.com.

p. 178 En Reino Unido, por ejemplo: «Personal Well-being Across the UK, 2012/13» («Bienestar personal a lo largo de Reino Unido, 2012/13»), Oficina Nacional de Estadística, 1 de diciembre de 2013, www.ons.gov.uk.

p. 178 como proclamaron algunos periódicos: Patrick Collinson, «UK Population's Happiness is on the Up» («La felicidad entre la población de Reino Unido está en alza»), *The Guardian,* 30 de julio de 2013, www.theguardian.com.

p. 179 En 2011 se recetaron: Mark Easton, «The North/South Divide on Antidepressants» («El norte y el sur divididos por antidepresivos»), *BBC News,* 2 de agosto de 2012, www.bbc.co.uk.

Sabiduría

p. 183 «El incesante ciclo»: *El Misticismo latente en la literatura moderna: Hemingway, Faulkner, Yeats, Eliot y Warren* (Buenos Aires: Nova Editorial, 1970).

p. 186 como las ratas en el famoso experimento: B. F. Skinner, *La conducta de los organismos* (Barcelona: Fontanella, 1975).

p. 187 «Henchido por su...»: Christopher Booker, *The Seven Basic Plots: Why We Tell Stories (Los siete argumentos básicos: por qué contamos historias)* (Nueva York: Continuum, 2004), 330.

p. 188 «Ni un solo gorrión»: Mateo 10: 29, Nueva Traducción Viviente (NTV).

p. 188 «Tal vez todos los dragones»: Rainer Maria Rilke, *Cartas a un joven poeta* (Madrid: Alianza Editorial, 2005).

p. 188 Marco Aurelio: Jonathan Star, *Two Suns Rising: A Collection of Sacred Writings (Dos soles nacientes: una colección de textos sagrados)* (Nueva York: Bantam Books, 1991).

p. 193 «El rencor es como beber veneno»: Carrie Fisher, *Mi vida en esta galaxia* (Barcelona: Babel Books, 2010).

p. 194 «Todos los problemas de la humanidad»: Blaise Pascal, *Pensamientos* (Madrid: Valdemar, 2001).

p. 197 ESCRIBIR ACERCA DE SU LUCHA: Christina Huffington, «Addiction Recovery: Getting Clean At 22» («Recuperándose de la adicción: mantenerse limpio a los 22»), *The Huffington Post,* 13 de abril de 2013, www.huffingtonpost.com.

p. 198 «ESTO ES LO QUE NADIE TE CUENTA»: Christina Huffington, «Cocaine Almost Killed Me» («La cocaína casi me mata»), *Glamour,* septiembre de 2013, 290.

p. 198 «CUANTO MÁS FUERTE PRESIONEMOS»: Stephen Nachmanovitch, *Free Play: la improvisación en la vida y en el arte* (Barcelona: Paidós, 2004).

p. 201 «CONCIENCIA DE FORMA INTENCIONADA...»: Williams y Penman, *Mindfulness.*

p. 201 SE HA PROBADO QUE LOS EJERCICIOS DE GRATITUD: Joyne Bono, Theresa Glomb, Winny Shen, Eugene Kim y Amanda Koch, «Building Positive Resources: Effects of Positive Events and Positive Reflection on Work-Stress and Health» («Construyendo recursos positivos: los efectos de los eventos positivos y los reflejos positivos en el estrés laboral y la salud»), *Academy of Management Journal* 56 (2012): 1601.

p. 204 «LA GRACIA NO ES ALGO...»: John-Roger y Paul Kaye, *The Rest of Your Life: Finding Repose in the Beloved (El resto de tu vida: buscando reposo en tus seres queridos)* (Los Ángeles: Mandeville, 2007), edición Kindle, 1983-1985.

p. 205 «EN UN DÍA EN EL QUE...»: Daniel Ladinsky, trad., *Love Poems from God: Twelve Sacred Voices from the East and West (Poemas de amor de Dios: doce voces sagradas de Oriente y Occidente)* (Nueva York: Penguin, 2002), 79.

p. 205 «ES UN DESTINO GLORIOSO...»: Thomas Merton, *Conjeturas de un espectador culpable* (Santander: Sal Terrae, 2011).

p. 205 «UNA VIDA ORIENTADA ALREDEDOR DE LA GRATITUD»: Robert A. Emmons y Michael E. McCullough, eds., *The Psychology of Gratitude (La psicología de la gratitud)* (Oxford: Oxford University Press, 2004), edición Kindle, 152-73.

p. 207 HUBO MUCHAS SEÑALES DE AVISO: Andrew Wallace-Hadrill, «Pompeii: Portents of Disaster» («Pompeya: los presagios del desastre»), *BBC History,* 29 de marzo, 2011, www.bbc.co.uk.

p. 208 LA INTUICIÓN Y NO EL INTELECTO: William Hermans, *Einstein and the Poet: In Search of the Cosmic Man (Einstein y el poeta: en busca del hombre cósmico)* (Wellesley, Massachusetts: Branden Books, 2013), 17.

p. 209 El filósofo del siglo III Plotino: Caroline Spurgeon, *Mysticism in English Literature (Misticismo en la literatura inglesa)* (Cambridge, Inglaterra: Cambridge University Press, 2011), 154.

p. 209 La ciencia ha confirmado: Gary Klein, *Sources of Power: How People Make Decisions (Fuentes de poder: ¿cómo tomamos decisiones las personas?)* (Cambridge, Massachusetts: MIT Press, 1999), 3.

p. 209 «Hace tiempo que nos dimos cuenta»: Martin Seligman y Michael Kahana, «Unpacking Intuition: A Conjecture» («Desempaquetando la intuición: una conjetura»), *Perspectives on Psychological Science* 4 (2009): 399-402.

p. 210 Malcolm Gladwell: Malcolm Gladwell, *Inteligencia intuitiva: por qué sabemos la verdad en dos segundos* (Madrid: Taurus, 2005).

p. 210 Pero un par de historiadores de arte: Ibíd.

p. 211 En su libro *Sources of Power:* Gary Klein, *Sources of Power (Fuentes de poder)*, 32.

p. 212 Cuando les preguntó cómo: Ibíd., 40.

p. 214 «Cuanto más esperemos...»: Gary Klein, *Intuition at Work: Why Developing Your Gut Instinct Will Make You Better at What You Do (Intuición en el trabajo: por qué desarrollar tus instintos te hace mejor en lo que haces)* (Nueva York: Doubleday Business, 2002), 35.

p. 214 la falta de sueño disminuye: Killgore, Kahn-Greene, Lipizzi, Newman, Kamimori y Balkin, «Sleep Deprivation Reduces Perceived Emotional Intelligence and Constructive Thinking Skills» («La falta de sueño reduce la capacidad de percepción de la inteligencia emocional y del pensamiento constructivo»).

p. 214 Y cuando nos falta sueño: Christopher M. Barnes, John Schaubroeck, Megan Huth y Sonia Ghumman, «Lack of Sleep and Unethical Conduct» («La falta de sueño y la conducta antiética»), *Organizational Behavior and Human Decision Processes (Comportamiento organizativo y procesos en la decisión humana)* 115 (2011): 169-80.

p. 215 «La intuición es el guía del alma»: Paramhansa Yogananda, *Autobiografía de un yogui* (Madrid: Self-Realization Fellowship, 2009).

p. 216 «La gente de campo en India»: Isaacson, *Steve Jobs*.

p. 216 nos ayuda a vivir: Pierre Hadot, *La ciudadela interior: meditaciones de Marco Aurelio* (Barcelona: Alpha Decay, 2013).

p. 217 «Aprendes a hablar»: Jean Pierre Camus, *El espíritu de San Francisco de Sales, obispo y príncipe de Ginebra* (Nabu Press, 2011).

p. 219 «La gente tiene una relación patológica»: Matt Richtel, «Silicon Valley Says Step Away from the Device» («Silicon Valley dice que te alejes del dispositivo»), *The New York Times,* 23 de julio de 2012, www.nytimes.com.

p. 219 «Lo que sabemos de la neurociencia»: Mark Williams, «Stress and Mindfulness» («Estrés y conciencia plena»), *Mindful,* 1 de diciembre de 2013, www.mindful.org.

p. 220 «cultiva nuestra habilidad»: Ibíd.

p. 220 Como Nassim Taleb: Nassim N. Taleb, «Beware the Big Errors of "Big Data"» («Cuidado con errores grandes de los grandes datos»), *Wired,* 8 de febrero de 2013, www.wired.com.

p. 220 «Hay muchas cosas»: David Brooks, «What Data Can't Do» («Lo que los datos no pueden hacer»), *The New York Times,* 18 de febrero de 2013, www.nytimes.com.

p. 221 Nancy Koehn, profesora de la Escuela de Negocios de Harvard: Nancy F. Koehn, «Crisis Leadership: Lessons from Here and Now» («Crisis de liderazgo: lecciones del aquí y el ahora»), presentación, Festival de ideas de Aspen, Aspen, 28 de junio de 2013, www.aspenideas.org.

p. 221 Más de tres mil: «What is Distracted Driving?» («¿Qué es conducir distraído?), Distraction.gov, 1 de diciembre de 2013, www.distraction.gov.

p. 222 Lori Leibovich: Lori Leibovich, «Mom's Digital Diet» («La dieta digital de mamá»), *The Huffington Post,* 24 de octubre de 2012, www.huffingtonpost.com.

p. 222 Caroline Knorr, de Common Sense Media: (1) Caroline Knorr, «Study Reveals Just How Much Our Kids Love Digital Devices» («Un estudio revela cuánto les gustan a nuestros hijos los aparatos digitales»), *The Huffington Post,* 30 de octubre de 2013, www.huffingtonpost.com; (2) «Zero to Eight: Children's Media Use in America 2013» («De 0 a 8 años: el uso de los medios por parte de los niños en Estados Unidos»), Common Sense Media, 28 de octubre de 2013, www.commonsensemedia.org.

p. 223 De acuerdo con Stephanie Donaldson-Pressman: Rebecca Jackson, «How Changes in Media Habits Could Transform Your Child's Mental Health» («Cómo los cambios en los medios de comunicación podrían transformar la salud mental de tu hijo»), *The Huffington Post,* 9 de octubre de 2013, www.huffingtonpost.com.

p. 223 «ENTRE LOS 8 Y LOS 10 AÑOS EL PROMEDIO»: «Policy Statement: Children, Adolescents, and the Media» («Orientación política: niños, adolescentes y medios de comunicación»), *Pediatrics: Official Journal of the American Academy of Pediatrics* 132 (2013): 959.

p. 223 LOUIS C. K. HA PUESTO: Louis C. K., *Oh My God: An HBO Comedy Special* (2013; Phoenix, AZ: HBO).

p. 225 «EL DÍA QUE DEJÉ DE DECIR "DATE PRISA"»: Rachel Macy Stafford, «The Day I Stopped Saying "Hurry Up"» («El día que dejé de decir "¡Date prisa!"»), *The Huffington Post,* 6 de agosto de 2013, www.huffingtonpost.com.

p. 226 «MI CORAZÓN BRINCA»: William Wordsworth, *The Collected Poems of William Wordsworth (Antología de poemas de William Worsworth)* (Hertfordshire: Wordsworth Editions, 1998), 91.

p. 226 UN ESTUDIO DIRIGIDO POR LIJING L. YAN: Lijing L. Yan, Kiang Liu, Karen A. Matthews, Martha L. Daviglus, T. Freeman Ferguson y Catarina I. Kiefe, «Psychosocial Factors and Risk of Hypertension: The Coronary Artery Risk Development in Young Adults (CARDIA) Study» («Factores psicológicos y riesgo de hipertensión: el desarrollo de riesgos en la arteria coronaria en adultos jóvenes»), *The Journal of the American Medical Association* 290 (2003): 2138-48.

p. 226 COMO LA EXPERTA EN NUTRICIÓN, KATHLEEN M. ZELMAN, DICE: Kathleen M. Zelman, «Slow Down, You Eat Too Fast» («Frena un poco, comes demasiado rápido»), *WebMD,* 1 de diciembre de 2013, www.webmd.com.

p. 227 INCLUSO EL SEXO ES MEJOR: Janis Graham, «8 Reasons to Slooow Down» («Ocho razones para ir más despacio»), *WebMD,* 10 de diciembre de 2013, www.webmd.com.

p. 227 UN ESTUDIO PUBLICADO EN *HARVARD BUSINESS REVIEW:* Teresa M. Amabile, Constance N. Hadley y Steven J. Kramer, «Creativity Under the Gun» («Creatividad a punta de pistola»), *Harvard Business Review,* agosto de 2002, www.hbr.org.

p. 228 «NUESTRAS COMPUTADORAS, NUESTRAS PELÍCULAS»: *Faster: The Acceleration of Just About Everything (Más rápido: la aceleración en casi todo),* Random House, 1 de diciembre de 2013, www.randomhouse.com.

p. 229 «HAMBRE DE TIEMPO»: Leslie Perlow, «The Time Famine: Toward a Sociology of Work Time» («El hambre de tiempo: hacia una sociología del horario laboral»).

p. 229 «SU CORAZÓN SE SENTÓ EN SILENCIO»: Christina Rossetti, *Selected Poems (Poemas seleccionados),* ed. C. H. Sisson (Nueva York: Routledge, 2002), 106.

p. 230 EL FÍSICO PAUL DAVIES ESCRIBIÓ: Paul Davies, «That Mysterious Flow» («Ese misterioso flujo»), *Scientific American,* septiembre de 2002, 42.

p. 231 LOS ESTUDIOS HAN DEMOSTRADO QUE: Keith O'Brien, «How to Make Time Expand» («Cómo hacer que el tiempo crezca»), *The Boston Globe,* 9 de septiembre de 2012, www.bostonglobe.com.

p. 232 DE ACUERDO CON UNA ENCUESTA DE GALLUP DE 2011: Magali Rheault, «In U.S., 3 in 10 Working Adults Are Strapped for Time» («En Estados Unidos, tres de cada diez adultos trabajadores necesitan tiempo»), *Gallup,* 20 de julio de 2011, www.gallup.com.

p. 232 DE ACUERDO CON UN ESTUDIO DE PEW DE 2008: «Free Time: Middle America's Top Priority» («Tiempo libre: la mayor prioridad para la clase media americana»), Centro de Investigación Pew, 9 de julio de 2008, www.pewresearch.org.

p. 233 VATSAL THAKKAR, PROFESOR DE PSIQUIATRÍA: Vatsal G. Thakkar, «Diagnosing the Wrong Deficit» («Diagnosticando el déficit equivocado»), *The New York Times,* 27 de abril de 2013, www.nytimes.com.

p. 234 «TE LO DOY»: William Faulkner, *El ruido y la furia* (Madrid: Alianza Editorial, 2013).

p. 234 COMO CARL HONORÉ: Carl Honoré, *Elogio a la lentitud: un movimiento mundial desafía el culto a la velocidad* (Barcelona: RBA Libros, 2004).

p. 235 «SCROOGE CON UN CRONÓMETRO»: Ibíd.

p. 235 ME HE VUELTO: Ibíd.

p. 235 EL MOVIMIENTO POR LA COMIDA LENTA: «Our History» («Nuestra historia»), Slow Food International, 1 de diciembre de 2013, www.slowfood.com.

p. 236 «PENSAR CON CALMA ES INTUITIVO»: Carl Honoré, «In Praise of Slow Thinking» («Elogio a pensar con calma»), *The Huffington Post,* 23 de octubre de 2009, www.huffingtonpost.com.

p. 236 NO VAMOS A ELIMINAR: (1) Departamento de Guerra de Estados Unidos, Henry Martyn Lazelle y Leslie J. Perry, *The War of the Rebellion: A Compilation of the Official Records of the Union and Confederate Armies (La guerra de la rebelión: una recopilación de los registros oficiales del Ejército de la Unión y el Confederado)* (Washington: Government Printing Office, 1899), 786; (2) «deadline» («fecha límite»), diccionario etimológico online, www.etymonline.com.

p. 237 «TODO CAMBIÓ EL DÍA»: Brian Andreas, *Enough Time (Female),* print.

p. 238 DURANTE DESASTRES NATURALES: Departamento de Seguridad Nacional: ciencia y tecnología, «Lessons Learned: Social Media and Hurricane Sandy: Virtual Social Media Working Group» (Lecciones aprendidas: medios de comunicación y el huracán Sandy. Grupo de trabajo de Virtual Social Media), www.naseo.org.

p. 238 COMO ERIC SCHMIDT: Eric Schmidt y Jared Cohen, *The New Digital Age: Reshaping the Future of People, Nations and Business (La nueva era digital: remodelando el futuro de personas, naciones y negocios)* (Nueva York: Alfred A. Knopf, 2013), 230.

p. 238 YA SEA COLLEGEHUMOR: Zachary Sniderman, «Do Celebrities Really Help Online Causes?» («¿Ayudan realmente los famosos a las causas online?»), *Mashable*, 29 de junio de 2011, www.mashable.com.

p. 238 «IT GETS BETTER» (mejora): Tara Parker-Pope, «Showing Gay Teenagers a Happy Future» («Mostrando a los adolescentes gays un futuro feliz»), *The New York Times*, 22 de septiembre de 2010, www.well.blogs.nytimes.com.

p. 238 GLEN JAMES: Steve Annear, «Fundraiser Started for Homeless Man Who Turned in $40.000» («Se lanza una recaudación de fondos para el hombre sin hogar que devolvió 40.000 dólares»), *Boston Magazine*, 16 de septiembre de 2013, www.bostonmagazine.com.

p. 239 «NADA ES DEMASIADO INCONSECUENTE»: Michael Calderone, «GOP Primary Show: Non-Stop News and Noise in the Age of Twitter» («Espectáculo en las primarias del Partido Republicano estadounidense: noticias constantes y ruido en la era de Twitter»), *The Huffington Post*, 7 de febrero de 2012, www.huffingtonpost.com.

p. 239 «TENEMOS MUCHA PRISA»: Henry David Thoreau, *Walden* (Madrid: Cátedra, 2005).

p. 240 24.1 MILLONES DE TUITS: Omid Ashtari, «The Super Tweets of #SB47» («Los super tweets de #SB47 Super Bowl XLVII»), *Twitter Blog*, 4 de febrero de 2013, www.blog.twitter.com.

p. 241 DIEZ MIL NOVECIENTOS UN TUITS: «Twitter Recap: Grammys 2012» («Resumen de Twitter: Grammys 2012»), *Twitter Blog*, 15 de febrero de 2012, www.blog.twitter.com.

p. 241 PERO COMO RACHAEL HORWITZ DE TWITTER: Rachael Horwitz (miembro directivo de Twitter Communications), e-mail a la autora.

p. 241 SE ESCRIBIÓ LA DESORBITADA CIFRA: Fred Graver, «#VMAs 2013» («Video Music Awards 2013»), *Twitter Blog*, 26 de agosto de 2013, www.blog.twitter.com.

p. 242 LA POBREZA ESTÁ EN AUMENTO: Robert Reich, «The Downward Mobility of the American Middle Class» («El descenso en la clase media americana»), *Christian Science Monitor,* 7 de febrero de 2012, www.csmonitor.com.

p. 242 ESTÁN EN UNA SITUACIÓN DE DESEMPLEO CRÓNICO: Yuki Noguchi, «Economists, Unemployed Fret Over Long-Term Jobless Aid Lapse» («Economistas, los parados temen la cancelación de las ayudas a desempleados de larga duración»), *NPR,* 17 de diciembre de 2013, www.npr.org.

p. 242 Y QUE CUATROCIENTOS MILLONES: «Report Finds 400 Million Children Living in Extreme Poverty» («Un estudio concluye que cuatrocientos millones de niños viven en la pobreza extrema»), comunicado de prensa del World Bank Group, 10 de octubre de 2013, en la página web del WorldBank, www.worldbank.org.

p. 243 O COMO VIRAL MEHTA: Viral Mehta, «Lessons in Living on the Edge from Mahatma Gandhi» («Lecciones de Mahatma Gandhi sobre vivir al límite»), *The Huffington Post,* 31 de agosto de 2012, www.huffingtonpost.com.

p. 243 «AUDITORÍA DE VIDA»: es fácil convertirse en víctima de lo que el redactor de temas de economía Greg McKeown llama «la búsqueda indisciplinada de más». Recomienda hacer una auditoría regular a nuestra vida. Greg McKeown, «The Disciplined Pursuit of Less» («La disciplinada búsqueda de menos»), *Harvard Business Review,* 8 de agosto de 2012, www.blogs.hbr.org.

p. 244 UNA VEZ, ESTANDO: Stephen Colbert, entrevista con el autor, Colbert Report, *Comedy Central,* 25 de septiembre de 2006, www.colbertnation.com.

p. 246 CITANDO A G. K. CHESTERTON: Dale Ahlquist, *G. K. Chesterton: The Apostle of Common Sense (G. K. Chesterton: el apóstol del sentido común)* (San Francisco, CA: Ignatius, 2003), 30.

p. 246 O COMO JULIANA DE NORWICH: Julian of Norwich, *Revelations of Divine Love (Revelaciones de amor divino),* ed. Roger Hudleston (Mineola, NY: Dover, 2006), XXII.

p. 246 O COMO EL EDIPO DE SÓFOCLES GRITÓ: como lo describe Albert Camus, *The Myth of Sisyphus: And Other Essays (El mito de Sísifo: y otros ensayos),* trad. Justin O'Brien (Nueva York: Random House, 1991), 122.

p. 247 «SI CAMINAS CON MIEDO»: «Loving Each Day: Reflections on the Spirit Within» («Amando cada día: reflejos de nuestro espíritu interior»), movimiento de nuestra conciencia espiritual interior, 21 de noviembre de 2012, www.msia.org.

p. 247 «CUANDO TE PREOCUPAS»: John-Roger, *Timeless Wisdom (Sabiduría sin tiempo)* (Los Ángeles: Mandeville, 2008).

p. 249 «AL FIN Y AL CABO, LOS ORDENADORES SE ESTROPEAN»: «My Motherboard, My Self» («Mi placa base, mi yo»), *Sexo en Nueva York*, HBO, (15 de julio de 2001).

p. 249 KAREN HORNEFFER-GINTER PREGUNTA: Karen Horneffer-Ginter, «Full Cup, Thirsty Spirit: Why We Stink at Taking Breaks» («Vaso lleno, espíritu sediento: ¿por qué se nos da tan mal tomarnos descansos?»), *The Huffington Post,* 2 de abril de 2012, www.huffingtonpost.com.

p. 250 COMO EL MATEMÁTICO ALFRED NORTH WHITEHEAD: Alfred North Whitehead, *Introducción a las matemáticas* (Buenos Aires: Emecé, 1949).

p. 250 DE HECHO, UN ESTUDIO REALIZADO POR JOHN BARGH: John A. Bargh y Tanya L. Chartrand, «The Unbearable Automaticity of Being» («La insoportable automatización del ser»), *Social Cognition: Key Readings,* ed. David Hamilton (Nueva York: Psychology Press, 2005), 228-49.

p. 251 «UN VIEJO CHEROQUI ESTABA ENSEÑANDO»: C. C. Wills, *A Cherokee Wish (Un deseo cheroqui)* (Victoria, BC: FriesenPress, 2013), edición Kindle, 33-43.

p. 252 PARA ARISTÓTELES: Aristóteles, *Ética a Nicómaco* (Madrid: Alianza Editorial, 2004).

p. 252 PARA OVIDIO: John Bartlett y Geoffrey O'Brien, *Bartlett's Familiar Quotations (Libro de citas de Bartlett),* 18 ed. (Nueva York: Little, Brown and Company, 2012), 102.

p. 252 COMO DIJO BENJAMIN FRANKLIN: Benjamin Franklin, *Poor Richard's Almanack (El almanaque del pobre Richard)* (Waterloo, Iowa: U.S.C. Publishing Co., 1914), 54.

p. 252 CHARLES DUHIGG: Charles Duhigg, *El poder de los hábitos: por qué hacemos lo que hacemos en la vida y en la empresa* (Madrid: Ediciones Urano, 2012).

p. 253 EL POETA MARK NEPO: Mark Nepo, *El libro del despertar: consigue la vida que deseas estando presente en la vida que ya tienes* (Madrid: Gaia, 2012).

p. 254 «LOS HÁBITOS PRINCIPALES»: Duhigg, *El poder de los hábitos.*

p. 254 COMO UN BUEN NÚMERO DE ESTUDIOS PSICOLÓGICOS: Ibíd., 137.

p. 254 EL DOCTOR JUDSON BREWER, DE YALE: Judson Brewer, «Self-Control Is a Non-Renewable Resource» («El autocontrol es un recurso no renovable»), *The Huffington Post,* 15 de abril de 2013, www.huffingtonpost.com.

p. 255 «TENEMOS UN SENTIDO DE PERTENENCIA»: Bev Betkowski, «Risks Hold Little Weight When It Comes to Bad Behaviour» («Los riesgos suponen poco esfuerzo cuando se trata del mal comportamiento»), *Folio,* 1 de diciembre de 2006, www.folio.ualberta.ca.

p. 256 Y DADO QUE SOMOS CRIATURAS SOCIALES: Charles Duhigg, *El poder de los hábitos.*

p. 256 ESTA ES LA RAZÓN POR LA QUE ALCOHÓLICOS ANÓNIMOS: Ibíd.

p. 256 EN 1984: Administración Nacional de Seguridad Vial, «America's Experience with Seat Belt and Child Seat Use» («La experiencia de Estados Unidos con los cinturones de seguridad y las sillitas de bebé»), *Presidential Initiative for Increasing Seat Belt Use Nationwide (Iniciativa presidencial para el aumento del uso del cinturón de seguridad a nivel nacional)* (1997), www.nhtsa.gov.

p. 256 EN 2012 ESE NÚMERO SE INVIRTIÓ: Administración Nacional de Seguridad Vial, «Seatbelt Use in 2012: Use Rates in the States and Territories» («Uso del cinturón de seguridad en 2012: tasas de uso en los estados y territorios»), *Traffic Safety Facts,* julio de 2013, www.nrd.nhtsa.dot.gov.

p. 256 UNA INTERVENCIÓN «ANTICIPADA»: Bas Verplanken y Wendy Wood, «Interventions to Break and Create Consumer Habits» («Intervenciones para romper y crear hábitos de consumo»), *Journal of Public Policy & Marketing* 25 (2006): 90-103.

p. 257 EL ESTOICISMO ES UNA ESCUELA DE FILOSOFÍA: Dirk Baltzly, «Stoicism» («Estoicismo»), *La enciclopedia de filosofía de Stanford,* ed. Edward N. Zalta (2013), www.plato.stanford.edu.

p. 258 «EL ESTOICISMO SALTÓ A LA FAMA»: Rob Goodman y Jimmy Soni, «Five Reasons Why Stoicism Matters Today» («Cinco razones por las que el estoicismo es importante hoy en día»), *The Huffington Post,* 29 de septiembre de 2012, www.huffingtonpost.com.

p. 259 EN LA PELÍCULA DE W. C. FIELDS: Wes D. Gehring, *Groucho and W. C. Fields: Huckster Comedians (Groucho y W. C. Fields: comediantes charlatanes)* (Jackson, Mississippi: University Press of Mississippi, 1994), 49.

p. 259 EN SUS *MEDITACIONES:* Marco Aurelio, *Meditaciones* (Madrid: Gredos, 2010).

p. 260 «UN OBSTÁCULO PARA MI PERSONA»: George Long, trad., *The Discourses of Epictetus: With the Encheiridion and Fragments (Los discursos de Epicteto: con el Encheiridion y Fragmentos)* (Londres: Long Press, 2007), 7.

p. 260 O COMO EN LA FAMOSA FRASE DE LA TIRA CÓMICA: Walt Kelly, *Pogo: We Have Met the Enemy and He Is Us (Pogo: hemos descubierto al enemigo y somos nosotros)* (Nueva York: Simon & Schuster, 1972).

p. 260 COMO DIJO SÉNECA: Jan Nicolaas Sevenster, *Paul and Seneca (Pablo y Séneca)* (Leiden, Países Bajos: E. J. Brill, 1961), 117.

p. 261 «A VECES LAS PERSONAS DEJAN»: Andy Warhol, *Mi filosofía de A a B y de B a A* (Barcelona: Tusquets, 1998).

p. 261 VIKTOR FRANKL: Viktor Frankl, *El hombre en busca de sentido* (Barcelona: Herder, 2011).

p. 262 Y LO QUE FRANKL HIZO: Ibíd.

p. 263 «DESNUDO LLEGUÉ»: Job 1: 21, Nueva Biblia Estándar Americana.

p. 263 COMO FRANCINE Y DAVID WHEELER: «Oprah and Sandy Hook Parents Francine and David Wheeler: Ben's Light» («Oprah y los padres de uno de los niños de Sandy Hook, Francine y David Wheeler: la luz de Ben»), *Super Soul Sunday,* Oprah Winfrey Network, 24 de noviembre, 2013, www.oprah.com.

p. 264 NELSON MANDELA: Arwa Damon y Faith Karimi, «Nelson Mandela Death: World Mourns South Africa's First Black President» («La muerte de Nelson Mandela: el mundo llora al primer presidente negro de Sudáfrica»), *CNN,* 6 de diciembre de 2013, www.cnn.com.

p. 264 EL PSICÓLOGO SALVATORE MADDI: Salvatore R. Maddi y Deborah M. Khoshaba, *Resilience at Work: How to Succeed No Matter What Life Throws at You (Resiliencia en el trabajo: cómo tener éxito sin importar lo que la vida te depare)* (Nueva York: AMACOM, 2005), 17.

p. 265 BUSCANDO MODOS DE UTILIZAR ESA CRISIS: Ibíd., 50-65.

p. 266 10 POR CIENTO DE NOSOTROS: Laurence Gonzales, *Quién vive, quién muere y por qué* (Madrid: Desnivel, 2006).

p. 266 «LOS SUPERVIVIENTES ESTÁN EN ARMONÍA»: Ibíd.

p. 266 CITA LA EXPERIENCIA: Ibíd.

p. 267 «LOS SUPERVIVIENTES RECIBEN UNA GRAN ALEGRÍA»: Ibíd.

p. 267 LA ORACIÓN DE LA SERENIDAD: Reinhold Niebuhr, *Reinhold Niebuhr: Theologian of Public Life (Reinhold Niebuhr: teólogo de la vida pública),* ed. Larry Rasmussen (Minneapolis: Fortress Press, 1991), 15.

Asombro

p. 269 «Los hombres caminan»: San Agustín, *Confesiones de San Agustín* (Madrid: Palabra, 2013).

p. 272 Albert Huffstickler: Albert Huffstickler, «Within and Without: Revelation» («Dentro y fuera: revelación»), *Beneath Cherry Blossoms —The Lilliput Review Blog,* 31 de agosto de 2007, www.donw714.tripod.com/lilliputreviewblog.

p. 273 «Los hombres primero estudiaron»: Aristóteles, *Aristotle on His Predecessors: Being the First Book of His Metaphysics (Aristóteles sobre sus predecesores: siendo el primer libro de su metafísica),* trad. A. E. Taylor (Chicago: Open Court Publishing, 1910), 75.

p. 273 del físico James Clerk Maxwell: Arthur Koestler, *The Act of Creation (El acto de la creación)* (Londres: Pan Books Ltd., 1964), 260.

p. 273 Como dijo Walt Whitman: Richard M. Bucke, *Walt Whitman* (Glasgow: Wilson & McCormick, 1884), 60.

p. 274 «Diez mil flores»: Wu-Men, *The Enlightened Heart: An Anthology of Sacred Poetry (El corazón iluminado: una antología de poesía sagrada),* ed. Stephen Mitchell (Nueva York: Harper Perennial, 1993), 37.

p. 274 Como Goethe escribió: George Henry Lewes, *The Life of Goethe (La vida de Goethe),* ed. Nathan Haskell Dole (Boston: Francis A. Niccolls & Company, 1902), 129.

p. 275 «Como soy ateo»: Jesse Prinz, «How Wonder Works» («Cómo funciona el asombro»), *Aeon Magazine,* 21 de junio de 2013, www.aeon.co.

p. 275 carezca de esa capacidad de asombrarse: Koestler, *The Act of Creation (El acto de la creación),* 260.

p. 275 «mirones»: Arthur Koestler, *Las raíces del azar* (Barcelona: Kairós, 1994).

p. 276 Edgar Mitchell: «Astronaut Quotes» («Citas de astronautas»), The Overview Institute, 1 de diciembre de 2013, www.overviewinstitute.org.

p. 276 ¿Qué podemos ganar...?: Thomas Merton, *La sabiduría del desierto* (Madrid: Biblioteca de Autores Cristianos, 2001).

p. 277 Elon Musk: Ashlee Vance, «Elon Musk, the 21st Century Industrialist» («Elon Musk, el industrial del siglo xxi»), *Bloomberg Businessweek,* 13 de septiembre de 2012, www.businessweek.com.

p. 277 O COMO KURT VONNEGUT: Kurt Vonnegut, *Las sirenas de Titán* (Barcelona: Minotauro, 2004).

p. 277 COMO DIJO EL PROFESOR GEORGE VAILLANT: George E. Vaillant, *Triumphs of Experience: The Men of the Harvard Grant Study (El triunfo de la experiencia: los hombres del Grant Study de Harvard)* (Cambridge, Massachusetts: The Belknap Press, 2012), edición Kindle, 805-8.

p. 278 EL POETA INGLÉS TED HUGHES: Ted Hughes, *Letters of Ted Hughes (Cartas de Ted Hughes),* ed. Christopher Reid (Londres: Faber and Faber, 2007), 514.

p. 278 EL ENSAYISTA Y FILÓSOFO ALAIN DE BOTTON: Alain de Botton, «Art for Life's Sake» («El arte del amor por la vida»), *The Wall Street Journal,* 3 de noviembre de 2013, www.online.wsj.com.

p. 279 MAXWELL ANDERSON: Maxwell L. Anderson, «Metrics of Success in Art Museums» («La métrica del éxito en los museos de arte»), The Getty Leadership Institute, 2004, www.cgu.edu.

p. 279 «CATARSIS»: Aristóteles, *Poética* (Madrid: Istmo, 2004).

p. 279 «TODA ERA TIENE QUE»: Susan Sontag, *Estilos radicales* (Barcelona: Debolsillo, 2007).

p. 280 LO QUE LO HACE MÁS DIFÍCIL: dijo el crítico de *The New York Times* Edward Rothstein: «La obra de arte, el documento o el fósil es un sitio turístico; la fotografía es nuestro *souvenir.* Y contemplar —razón por la que se crearon los museos— se convierte en un recuerdo antes siquiera de empezar». Edward Rothstein, «From Picassos to Sarcophagi, Guided by Phone Apps» («De los Picassos a los sarcófagos, guiados por aplicaciones móviles»), *The New York Times,* 1 de octubre de 2010, www.nytimes.com.

p. 280 SHERRY TURKLE, PROFESORA DEL INSTITUTO TECNOLÓGICO DE MASSACHUSETTS: Sherry Turkle, «The Documented Life» («La vida documentada»), *The New York Times,* 15 de diciembre de 2013, www.nytimes.com.

p. 283 EN *SUPERFICIALES:* Nicholas G. Carr, *Superficiales: ¿qué está haciendo Internet con nuestras mentes?* (Madrid: Taurus, 2011).

p. 284 *UNFRAMED: Unframed,* 1 de diciembre de 2013, www.lacma.wordpress.com.

p. 284 TAMBIÉN LANZÓ: «Reading Room» («Sala de lectura»), LACMA, 1 de diciembre de 2013, www.lacma.org.

p. 284 EL MUSEO DE ARTE MODERNO: David Scott, «Museums, MOOCs and MoMA: The Future of Digital Education Realised?» («Museos,

MOOCs y MoMA: ¿somos conscientes del futuro de la educación digital?»), *The Age*, 9 de diciembre de 2013, www.theage.com.au.

p. 284 ArtBabble: *ArtBabble*, 1 de diciembre de 2013, www.artbabble.org.

p. 284 El Centro de Arte Walker: Canal Walker, 1 de diciembre de 2013, www.walkerart.org.

p. 284 La Tate Modern: «Apps» («Aplicaciones»), Tate, 1 de diciembre de 2013, www.tate.org.uk.

p. 285 El Rijksmuseum: T. F. Foss, «Mash Up a Masterpiece, Courtesy of Amsterdam's Rijksmuseum» («Mezclar una obra de arte, cortesía del Rijksmuseum de Ámsterdam»), Biblioteca de recursos visuales Richard and Veryl Ivey, 6 de diciembre de 2013, www.iveyvrl.wordpress.com.

p. 286 Dentro de esta jarra de barro: Kabir, *Kabir: Ecstatic Poems (Kabir: poemas extáticos)*, trad. Robert Bly (Boston: Beacon Press, 2011), edición Kindle, 530-32.

p. 287 Cuando Sócrates: Mitchell Cohen y Nicole Fermon, eds., *Princeton Readings in Political Thought: Essential Texts Since Plato (Lecturas en Princeton sobre pensamiento político: textos esenciales desde Platón)* (Princeton, Nueva Jersey: Princeton University Press, 1996), 39.

p. 288 Como el filósofo Alan Watts: Alan Watts, *This Is It: And Other Essays on Zen and Spiritual Experience (Así es: y otros ensayos sobre la experiencia espiritual y zen)* (Nueva York: Pantheon Books, 1973), 32.

p. 289 del clásico de los Beatles: Paul McCartney, «Let It Be», *Let It Be* (LP), Capitol Records, 8 de mayo de 1970.

p. 290 Del mismo modo, una colección de poemas: Hana Volavková, ed., *I Never Saw Another Butterfly: Children's Drawings and Poems from Terezín Concentration Camp, 1942-1944 (Nunca vi otra mariposa: dibujos y poemas infantiles del campo de concentración de Terezín)* (Nueva York: Schocken Books, 1994).

p. 291 Jung llamaba al lenguaje universal de las historias «arquetipos»: Booker, *The Seven Basic Plots (Los siete argumentos básicos)*, 240-42.

p. 291 Christopher Booker: Ibíd.

p. 293 «¡Pregúntale a tu alma!»: Hermann Hesse, *Mi credo* (Barcelona: Bruguera, 1978).

p. 294 «¿QUÉ ES EL ÉXITO?»: Paulo Coelho, *Manuscrito encontrado en Accra* (Barcelona: Planeta, 2012).

p. 297 GERONDA NI SIQUIERA ERA TAN MAYOR: Padre Amfilochios, conversación con la autora, 1996.

p. 299 DE ACUERDO CON UN ESTUDIO DE FIERCE INC.: Randi Zuckerberg, *Dot Complicated: Untangling Our Wired Lives (Punto complicado: desmarañando nuestras vidas cableadas)* (Nueva York: HarperOne, 2013).

p. 300 «NO IMPORTA DONDE VAYAS»: Earl Mac Rauch, *The Adventures of Buckaroo Banzai (Las aventuras de Buckaroo Banzai)* (Nueva York: Pocket Books, 2001), 69.

p. 300 Y COMO EL DOCTOR RICK HANSON: Julie Beck, «How to Build a Happier Brain: A Neuropsychological Approach to Happiness, by Meeting Core Needs (Safety, Satisfaction, and Connection) and Training Neurons to Overcome a Negativity Bias» [«Cómo construir un cerebro más feliz: un acercamiento neuropsicológico a la felicidad, a través de nuestras necesidades principales (seguridad, satisfacción y conexión) y entrenando neuronas para sobreponerse a la negatividad»], *The Atlantic*, 23 de octubre de 2013, www.theatlantic.com.

p. 302 PARA EL FILÓSOFO SCHOPENHAUER: Martin Plimmer y Brian King, *Más allá de la coincidencia* (Barcelona: Robinbook, 2005).

p. 302 PARA CARL JUNG: Ibíd.

p. 302 PARA EL AUTOR Y PERIODISTA ARTHUR KOESTLER: Ibíd.

p. 302 UNA MUJER LLAMADA WILLARD LOWELL: Ibíd.

p. 302 Y LUEGO HAY UN HOMBRE: Sarah Koenig, «No Coincidence, No Story!» («¡Sin coincidencia, no hay historia!»), *This American Life,* Chicago Public Media, 1 de marzo de 2013, www.thisamericanlife.org.

p. 303 «LAS COINCIDENCIAS SON COMO PEQUEÑOS ATAJOS...»: Ibíd.

p. 303 EN UN EPISODIO SOBRE COINCIDENCIAS: Ibíd.

p. 304 TAMBIÉN EN EL PROGRAMA: Ibíd.

p. 304 OTRO EJEMPLO: Ibíd.

p. 306 COMO MI HERMANA AGAPI: Agapi Stassinopoulos, *Unbinding the Heart: A Dose of Greek Wisdom, Generosity, and Unconditional Love (Desatando el corazón: una dosis de sabiduría griega, generosidad y amor incondicional)* (Carlsbad, California: Hay House, 2012), edición Kindle, 185-93.

p. 308 TAMBIÉN HAY MUCHAS COINCIDENCIAS EXTRAÑAS EN LA HISTORIA: Margaret P. Battin, «July 4, 1826: Explaining the Same-day Deaths of

John Adams and Thomas Jefferson» («4 de julio, 1826: explicando la muerte en el mismo día de John Adams y Thomas Jefferson»), *Historically Speaking: The Bulletin of the Historical Society* 6 (2005), www.bu.edu.

p. 308 UNA INVESTIGACIÓN HA MOSTRADO: Plimmer y King, *Más allá de la coincidencia.*

p. 309 Y DE ACUERDO CON RUMA FALK: Ruma Falk, «Judgment of Coincidences: Mine versus Yours» («Juicios de coincidencias: el mío contra el tuyo»), *The American Journal of Psychology* 102 (1989): 477-93.

p. 309 PLIMMER Y KING SEÑALAN: Plimmer y King, *Más allá de la coincidencia.*

p. 309 COMO UN VIEJO PROVERBIO CHINO QUE DICE: Koenig, «No Coincidence, No Story!» («¡Sin coincidencia, no hay historia!»).

p. 309 CARL JUNG USABA EL TÉRMINO: Carl G. Jung, *Sincronicidad* (Málaga: Sirio, 1988).

p. 310 CONCLUÍA: Ibíd.

p. 312 TAL VEZ POR ESO EN: Plimmer y King, *Más allá de la coincidencia.*

p. 313 COMO EL CIENTÍFICO DE LA UNIVERSIDAD DE YALE, PRADEEP MUTALIK, SEÑALA: Pradeep Mutalik, «Numberplay: Rare Coincidences Are Very Common!» («Juego de números: las raras coincidencias ¡son muy comunes!»), *The New York Times,* 19 de julio de 2010, www.wordplay.blogs.nytimes.com.

p. 314 Y COMO EL TITULAR DE *THE ONION:* «World Death Rate Holding Steady at 100 Percent» («El nivel de mortalidad mundial se mantiene en el 100 por ciento»), *The Onion,* 22 de enero de 1997, www.theonion.com.

p. 318 PARA ÉL FUE MÁS DURO: Larry Witham, *Picasso and the Chess Player: Pablo Picasso, Marcel Duchamp, and the Battle for the Soul of Modern Art (Picasso y el ajedrecista: Pablo Picasso, Marcel Duchamp y la batalla por el alma del arte moderno)* (Lebanon, New Hampshire: University Press of New England, 2013), 256.

p. 318 SUS HIJOS: Paul Johnson, *Creators: From Chaucer and Dürer to Picasso and Disney (Creadores: de Chaucer y Durero a Picasso y Disney)* (Nueva York: Harper, 2006), 257.

p. 319 «LA ASPIRACIÓN»: Platón, *Plato: Complete Works (Platón: obras completas),* eds. John M. Cooper y D. S. Hutchinson (Indianápolis: Hackett Publishing Company, 1997), 55-59.

p. 319 «MEMENTO MORI»: Anthony W. Marx, «Address by President Anthony W. Marx» («Discurso del presidente Anthony W. Marx»), artículo del Amherst College, 27 de mayo de 2007, www.amherst.edu.

p. 319 Otro romano, Miguel Ángel: Elisabeth Kübler-Ross, *Death: The Final Stage (Muerte: el escenario final)* (Nueva York: Scribner, 2009), edicion Kindle, 293-94.

p. 319 En el judaísmo, el duelo se divide: «Jewish Funeral Traditions & Customs» («Tradiciones y costumbres funerarias judías»), Brighton Memorial Chapel, 1 de diciembre de 2013, www.brightonmemorialchapel.com.

p. 320 En el budismo: Joan Halifax, *Being with Dying: Cultivating Compassion and Fearlessness in the Presence of Death (Estar con la muerte: cultivando la compasión y la valentía frente a la muerte)* (Boston: Shambhala, 2008), edición Kindle, 1111-13, 2980-83.

p. 320 Como el doctor Ira Byock: Ira Byock, *Dying Well: Peace and Possibilities at the End of Life (Morir bien: paz y posibilidades al final de la vida)* (Nueva York: Riverhead Books, 1998), 86.

p. 321 Joan Halifax es una sacerdotisa budista zen: Halifax, *Being with Dying (Estar con la muerte),* 197-99, 345-46.

p. 321 «Trabajar tan cerca de la muerte»: Ibíd., 665-68.

p. 322 Una lección en particular que ella aprendió: Ibíd., 1777-80.

p. 322 Para Halifax esto significa: Ibíd., 355-56, 2845-46.

p. 322 Elisabeth Kübler-Ross escribe: Elisabeth Kübler-Ross, *Death (Muerte),* 268-81, 2349-50.

p. 323 Kübler-Ross: Ibíd., 267-68.

p. 323 Stan Goldberg: Stan Goldberg, «The Hard Work of Dying» («El duro trabajo de morir»), Stan Goldberg, Ph.D.: *Aging, Caregiving, Dying, and Recovering Joy,* 2009, stangoldbergwriter.com.

p. 324 En marzo de 2010 a Andy Whitfield: Mike Fleeman, «Inside *Spartacus* Star Andy Whitfield's Brave Final Fight Against Cancer» («La valiente batalla final contra el cáncer de la estrella de *Spartacus* Andy Whitfield»), *People,* 26 de junio de 2012, www.people.com.

p. 325 En una extraordinaria entrevista: Tony Judt, entrevista con Terry Gross, «A Historian's Long View on Living with Lou Gehrig's» («La visión de un historiador sobre vivir con la enfermedad de Lou Gehrig»), *This American Life,* Chicago Public Media, 29 de marzo de 2010, www.thisamericanlife.org.

p. 326 La idea se ha extendido: Jaweed Kaleem, «Death Over Dinner Convenes as Hundreds of Americans Coordinate End of Life Discussions Across U.S.» («Se convocan cenas sobre la muerte dado que cientos de americanos organizan debates sobre el final de la vida a lo largo de Estados Unidos»), *The Huffington Post,* 18 de agosto de 2013, www.huffingtonpost.com.

p. 326 «Cafés sobre la muerte»: Paula Span, «Death Be Not Decaffeinated: Over Cup, Groups Face Taboo» («La muerte no puede ser descafeinada: con una taza de café, grupos de personas se enfrentan al tabú»), *The New York Times,* 16 de junio de 2013, www.newoldage.blogs.nytimes.com.

p. 327 Como la periodista ganadora de un Pulitzer, Ellen Goodman: Jaweed Kaleem, «Death Over Dinner, The Conversation Project Aim to Spark Discussions about the End of Life» («Una cena sobre la muerte, el proyecto anima a encender discusiones sobre el final de la vida»), *The Huffington Post,* 23 de diciembre de 2013, www.huffingtonpost.com.

p. 327 Goodman pasó de «cubrir»: Ellen Goodman, e-mail a la autora, 27 de diciembre de 2013.

p. 328 Goodman concluye: Ellen Goodman, «The Most Important Conversation You'll Ever Have» («La conversación más importante que tendrás»), *O, The Oprah Magazine,* 17 de septiembre de 2012, www.oprah.com.

p. 328 En la mayoría de las ciudades: Jaweed Kaleem, «Deathbed Singers, Threshold Choirs, Grow to Comfort Sick and Dying» («Cantantes en el lecho de muerte, coros del umbral, se forman para reconfortar a enfermos y moribundos»), *The Huffington Post,* 2 de mayo de 2013, www.huffingtonpost.com.

p. 329 En julio de 2013: Jaweed Kaleem, «My Gift of Grace Card Game about Death Aims to Spark Conversations» («El juego "Gift of Grace Card" sobre la muerte anima a conversaciones sobre el tema»), *The Huffington Post,* 29 de julio de 2013, www.huffingtonpost.com.

p. 330 El periodista radiofónico Scott Simon: Jaweed Kaleem, «Scott Simon's Tweets about Dying Mother Spur Conversation on Public Grief, Death on Social Media» («Los tuits de Scott Simon sobre la muerte de su madre avivan el tema del duelo público, la muerte y las redes sociales»), *The Huffington Post,* 9 de agosto de 2013, www.huffingtonpost.com.

p. 331 «En el periodismo»: Ibíd.

p. 331 El profesor de psicología Todd Kashdan: Todd Kashdan, «Confronting Death with an Open, Mindful Attitude» («Enfrentándose a la muerte con una actitud abierta y reflexiva»), *The Huffington Post,* 2 de marzo de 2011, www.huffingtonpost.com.

p. 332 EL PROFESOR KASHDAN VA MÁS ALLÁ: Ibíd.

p. 333 LA RESPUESTA FUE UN SONORO SÍ: Ibíd.

p. 334 EL 27 DE OCTUBRE DE 2013: Prachi Gupta, «Laurie Anderson on Lou Reed's Death: 'We Had Prepared for This'» («Laurie Anderson sobre el fallecimiento de Lou Reed: "Nos hemos preparado para ello"»), *Salon,* 6 de noviembre de 2013, www.salon.com.

p. 334 «COMO PRACTICANTES DE MEDITACIÓN»: Laurie Anderson, «Laurie Anderson's Farewell to Lou Reed: A *Rolling Stone* Exclusive» («El adiós de Laurie Anderson a Lou Reed: una exclusiva de *Rolling Stone*»), *Rolling Stone,* 6 de noviembre de 2013, www.rollingstone.com.

p. 335 COMO JOAN HALIFAX ESCRIBE: Halifax, *Estar con la muerte,* 1080-81.

Entrega

p. 341 «SOÑÉ QUE LA VIDA»: David J. Skorton, «144th Cornell University Commencement Address» («Discurso de apertura de la Universidad de Cornell»), Universidad de Cornell, 27 de mayo de 2012, www.cornell.edu.

p. 346 MÁS DE DIECISÉIS MILLONES: Carmen DeNavas-Walt, Bernadette Proctor, y Jessica Smith, «Income, Poverty, and Health Insurance Coverage in the United States: 2012» («Ingresos, pobreza y cobertura de seguro médico en Estados Unidos: 2012»), *Current Population Reports (Informes actuales de población),* septiembre de 2013, www.census.gov.

p. 346 HA PASADO DE 37 POR CIENTO EN 2000: Michelle Chau, Kalyani Thampi y Venessa R. Wight, «Basic Facts about Low-Income Children, 2009» («Datos básicos acerca de la infancia con pocos recursos, 2009), Centro Nacional de Pobreza Infantil, octubre de 2010, www.nccp.org.

p. 346 A 45 POR CIENTO EN 2011: Sophia Addy, William Engelhardt y Curtis Skinner, «Basic Facts about Low-Income Children» («Datos básicos acerca de la infancia con pocos recursos»), Centro Nacional de Pobreza Infantil, enero de 2013, www.nccp.org.

p. 347 UN ESTUDIO QUE HIZO LA UNIVERSIDAD DE WISCONSIN EN 2012: Helen Y. Weng, Andrew S. Fox, Alexander J. Shackman, Diane E. Stodola, Jessica Z. K. Caldwell, Matthew C. Olson, Gregory M. Rogers y Richard J. Davidson, «Compassion Training Alters Altruism and Neural Responses to Suffering» («Entrenar la compasión altera el altruismo y las respuestas neuronales ante el sufrimiento»), *Psychological Science* 24 (2013): 1171-80.

p. 347 «LA MEDITACIÓN MEJORA LA RESPUESTA EN LA COMPASIÓN»: Paul Condon, Gaëlle Desbordes, Willa B. Miller y David DeSteno, «Meditation Increases Compassionate Response to Suffering» («La meditación mejora la respuesta en la compasión ante el sufrimiento»), *Psychological Science Short Report* (2013): 1-3.

p. 347 EN FILADELFIA, POR EJEMPLO: Sara Yin, «Laid-Off Lawyer Finds New Purpose in Pro Bono Foreclosure Work» («Abogado despedido encuentra un nuevo propósito trabajando de forma gratuita en embargos»), *The Huffington Post,* 22 de septiembre de 2010, www.huffingtonpost.com.

p. 349 «SENTIR INTIMIDAD ENTRE HERMANOS»: Pablo Neruda y César Vallejo, *Neruda and Vallejo: Selected Poems (Neruda y Vallejo: poemas seleccionados),* trad. Robert Bly (Boston: Beacon Press, 1993), 12-13.

p. 350 JACQUELINE NOVOGRATZ: Jacqueline Novogratz, «How One Blue Sweater Started a Book Club and Changed Lives» («Cómo un jersey azul comenzó un club de lectura y cambió vidas»), *The Huffington Post,* 16 de febrero de 2010, www.huffingtonpost.com.

p. 352 DOS MIL NIÑOS: «Children Dying Daily Because of Unsafe Water Supplies and Poor Sanitation and Hygiene, UNICEF Says» («Niños mueren a diario por el agua no potable y la falta de saneamiento e higiene, según UNICEF»), comunicado de prensa de UNICEF, 22 de marzo de 2013, www.unicef.org.

p. 352 TRES MILLONES DE NIÑOS: «Hunger Statistics» («Estadísticas sobre la hambruna»), Programa Mundial de Alimentos, 1 de enero de 2014, www.wfp.org.

p. 352 1.4 MILLONES POR ENFERMEDADES: «Seven Key Reasons Why Immunization Must Remain a Priority in the WHO European Region» («Siete razones fundamentales por las que la inmunización debería continuar siendo una prioridad para la Organización Mundial de la Salud»), Semana Europea sobre la Inmunización, 1 de diciembre de 2013, www.euro.who.int.

p. 353 UN FAMOSO PASAJE DE MATEO: Mateo, 7: 24-27, nueva versión estándar.

p. 353 AL VER LA ENTREVISTA QUE LE HIZO OPRAH WINFREY: Diana Nyad, entrevista con Oprah Winfrey, *Super Soul Sunday,* Oprah Winfrey Network, 13 de octubre de 2013, www.oprah.com.

p. 354 JOHN BURROUGHS SEÑALÓ: John Burroughs, «The Divine Soil» («El divino suelo»), *The Atlantic,* abril de 1908, www.theatlantic.com.

p. 355 «CUANDO SE LE PREGUNTABA POR»: Anthony de Mello, *One Minute Wisdom (Sabiduría de un minuto)* (Nueva York: Doubleday, 1986), 153.

p. 355 LO QUE DAVID FOSTER WALLACE LLAMABA: «David Foster Wallace, In His Own Words» («David Foster Wallace, en sus propias palabras»), *The Economist: Intelligent Life,* 19 de septiembre de 2008, www.moreintelligentlife.com.

p. 357 «PORQUE A AQUEL AL QUE»: Lucas, 12: 48, nueva versión estándar.

p. 357 LA BHAGAVAD GITA: VV AA, *The Bhagavad Gita* (Madrid: Edaf, 1996), edición para Kindle.

p. 358 LA HISTORIA DEL RABINO DAVID WOLPE: David J. Wolpe, *Why Faith Matters (Por qué importa la fe)* (Nueva York: HarperCollins, 2008), edición Kindle, 1132-44.

p. 360 BILL DRAYTON ACUÑÓ EL TÉRMINO: Caroline Hsu, «Entrepreneur for Social Change» («Empresario para el cambio social»), *U.S. News and World Report,* 31 de octubre de 2005, www.usnews.com.

p. 360 SALLY OSBERG, DIRECTORA GENERAL DE LA FUNDACIÓN SKOLL: Sally Osberg, «Social Entrepreneurship: Why It Matters» («Emprendedor social: por qué importa»), *The Huffington Post,* 28 de marzo de 2012, www.huffingtonpost.com.

p. 361 COMO EL AUTOR Y EMPRESARIO SETH GODIN: Seth Godin, «Quid Pro Quo (You Can't Play Ping Pong by Yourself)» [«Quid Pro Quo: (No puedes jugar al ping pong solo»)], *Seth's Blog,* www.sethgodin.typepad.com.

p. 362 «NADIE PUEDE VIVIR FELIZMENTE»: Lucius Annaeus Seneca, *Cartas morales a Lucilio* (Madrid: Iberia, 1985).

p. 362 DAVID LETTERMAN: Dave Itzkoff, «A Traitor to His Class? Such Good Fun» («¿Un traidor a su clase? ¡Qué divertido!»), *The New York Times,* 4 de noviembre de 2013, www.nytimes.com.

p. 363 COMO DIJO EINSTEIN: «Einstein Is Terse in Rule for Success» («Einstein es lacónico en su regla hacia el éxito»), *The New York Times,* 20 de junio de 1932, www.query.nytimes.com.

p. 363 LA HORMONA OXITOCINA: Navneet Magon y Sanjay Kalra, «The Orgasmic History of Oxytocin» («La orgásmica historia de la oxitocina»), *Indian Journal of Endocrinology and Metabolism* 15 (2011): 156-61.

p. 363 INVESTIGADORES HAN DESCUBIERTO: M. J. Stephey, «Can Oxytocin Ease Shyness?» («¿Puede la oxitocina calmar la timidez?»), *Time,* 21 de julio de 2008, www.content.time.com.

p. 363 UN ESTUDIO LLEVADO A CABO POR EL NEUROCIENTÍFICO PAUL ZAK: Wynne Parry, «Naughty or Nice? A Brain Chemical May Tell» («¿Bueno o travieso? Una sustancia química cerebral puede decírnoslo»), *Live Science,* 17 de diciembre de 2012, www.livescience.com.

p. 364 OXITOCINA, «LA HORMONA DEL AMOR»: Magon y Kalra, «The Orgasmic History of Oxytocin» («La orgásmica historia de la oxitocina»), 156-61.

p. 364 COMO EL PROFESOR DE PSIQUIATRÍA RICHARD DAVIDSON: Richard Davidson, e-mail a la autora, 1 de enero de 2014.

p. 364 PSICÓLOGO PAUL EKMAN: Daniel Goleman, «Hot to Help: When Can Empathy Move Us to Action?» («Ganas de ayudar: ¿cuándo puede la empatía llevarnos a la acción?»), *Greater Good,* 1 de marzo de 2008, www.greatergood.berkeley.edu.

p. 365 UN ESTUDIO DEMOSTRÓ: Matthew D. Lieberman, *Social: Why Our Brains Are Wired to Connect (Social: por qué nuestros cerebros están diseñados para conectar)* (Nueva York: Crown Publishers, 2013), edición Kindle, 3489-93.

p. 365 ESCUELA DE NEGOCIOS DE HARVARD: Lara B. Aknin, Christopher P. Barrington Leigh, Elizabeth W. Dunn, John F. Helliwell, Robert Biswas-Diener, Imelda Kemeza, Paul Nyende, Claire Ashton-James y Michael I. Norton, «Prosocial Spending and Well-Being: Cross-Cultural Evidence for a Psychological Universal» («Gastos prosociales y de bienestar: evidencias culturales para una universalidad psicológica»), trabajo de la Escuela de Negocios de Harvard, 2010, www.hbs.edu.

p. 366 UN ESTUDIO REALIZADO POR CIENTÍFICOS: Mark Wheeler, «Be Happy: Your Genes May Thank You for It» («Sé feliz: tal vez tus genes te lo agradezcan»), comunicado de prensa del Centro de Psiconeuroinmunología de UCLA, 29 de julio de 2013, UCLA Newsroom website, www.newsroom.ucla.edu.

p. 367 «SI HACES SALIR»: Evangelio de Tomás, 76.

p. 367 UN ESTUDIO DIRIGIDO EN 2013 POR LA DOCTORA SUZANNE RICHARDS: Caroline E. Jenkinson, Andy P. Dickens, Kerry Jones, Jo Thompson-Coon, Rod S. Taylor, Morwenna Rogers, Clare L. Bambra, Iain Lang y Suzanne H Richards, «Is Volunteering a Public Health Intervention? A Systematic Review and Meta-Analysis of the

Health and Survival of Volunteers» («¿Es el voluntariado una intervención de salud pública? Una reseña sistemática y un metaanálisis sobre la salud y la supervivencia de los voluntarios»), *BMC Public Health* 13 (2013).

p. 367 UN ESTUDIO EN 2005 DE STANFORD: Alex H. Harris y Carl E. Thoresen, «Volunteering is Associated with Delayed Mortality in Older People: Analysis of the Longitudinal Study of Aging» («Hacer voluntariado está asociado con el retraso de la mortalidad en ancianos: análisis del estudio longitudinal del envejecimiento»), *Journal of Health Psychology* 10 (2005): 739-52.

p. 368 UN ESTUDIO DE LA UNIVERSIDAD DE DUKE: John Wilson y Marc Musick, «The Effects of Volunteering on the Volunteer» («Los efectos del voluntariado en los voluntarios»), *Law and Contemporary Problems* 62 (1999): 141-68.

p. 368 UN ESTUDIO DE LA JOHNS HOPKINS: Camille Noe Pagan, «How Volunteering Boosts Your Brain» («Cómo el voluntariado estimula tu cerebro»), *Prevention,* noviembre de 2011, www.prevention.com.

p. 369 UN ESTUDIO LLEVADO A CABO EN 2013 POR UNITEDHEALTH GROUP: «Doing Good Is Good for You: 2013 Health and Volunteering Study» («Hacer el bien es bueno para ti: estudio de 2013 sobre salud y voluntariado»), UnitedHealth Group, 1 de diciembre de 2013, www.unitedhealthgroup.com.

p. 369 OTRO ESTUDIO DE 2013: «Virtue Rewarded: Helping Others at Work Makes People Happier» («Virtud recompensada: ayudar a otros en el trabajo hace a la gente más feliz»), comunicado de prensa de la Universidad de Wisconsin-Madison, 29 de julio de 2013, web de noticias de la Universidad de Wisconsin-Madison, www.news.wisc.edu.

p. 370 «SI QUIERES VIVIR MÁS»: Sara Konrath, «How Volunteering Can Lessen Depression and Extend Your Life» («Cómo el voluntariado puede disminuir la depresión y alargar tu vida»), *Everyday Health,* 22 de agosto de 2013, www.everydayhealth.com.

p. 370 LOS VENDEDORES CON LOS INGRESOS: Adam Grant, *Give and Take: A Revolutionary Approach to Success (Dar y recibir: un revolucionario acercamiento al éxito)* (Nueva York: Viking, 2013), 7.

p. 371 LOS NEGOCIADORES CON MÁS ÉXITO: Ibíd., 252.

p. 371 GRANT TAMBIÉN CITA INVESTIGACIONES: Ibíd., 31.

p. 371 STARBUCKS, BAJO LA DIRECCIÓN: Joe Nocera, «We Can All Become Job Creators» («Todos nos podemos convertir en creadores de empleo»), *The New York Times,* 17 de octubre de 2011, www.nytimes.com.

p. 371 HA RECAUDADO ALREDEDOR DE QUINCE MILLONES DE DÓLARES: «Create Jobs for USA Fund: Overview» («Financiación para la creación de empleos en Estados Unidos: resumen»), Opportunity Finance Network, 1 de diciembre de 2013, www.ofn.org.

p. 371 MÁS DE CINCO MIL EMPLEOS: Ibíd.

p. 371 SCHULTZ EXPLICÓ: Lee Brodie, «Invest in America» («Invierte en América»), *Mad Money with Jim Cramer,* CNBC, 27 de julio de 2013, www.cnbc.com.

p. 372 EN 2013: Howard Schultz, «Message from Howard to Partners: Come Together» («Mensaje de Howard a los socios: unámonos»), sala de prensa de Starbucks, 8 de octubre de 2013, www.news.starbucks.com.

p. 373 UN ESTUDIO DE LA UNIVERSIDAD ESTATAL DE SAN DIEGO, REALIZADO EN 2010: «Study: Students more stressed now than during Depression?» («Estudio: ¿están los estudiantes más estresados ahora que durante la Depresión?»), Associated Press, 12 de enero de 2010, www.usatoday30.usatoday.com.

p. 373 PARA ENSEÑAR A LOS NIÑOS LA ALFABETIZACIÓN EMOCIONAL: Mary Gordon (fundadora de Roots of Empathy), conversación con la autora, 30 de agosto de 2013.

p. 373 EN SU PROGRAMA: «Mary Gordon», *Ashoka: Innovators for the Public (Ashoka: innovadores para la comunidad),* 1 de noviembre de 2013, www.ashoka.org.

p. 374 LOS PADRES ENSEÑAN EMPATÍA: Maia Szalavitz y Bruce D. Perry, «Born for Love: Welcome» («Nacido para amar: bienvenido»), *Psychology Today,* 11 de febrero de 2010, www.psychologytoday.com.

p. 374 BILL DRAYTON ENFATIZA: Bill Drayton (director ejecutivo de Ashoka), conversación con la autora, 30 de agosto de 2013.

p. 375 COMO LAURA ARRILLAGA-ANDREESSEN: Laura Arrillaga-Andreessen, *Giving 2.0: Transform Your Giving and Our World (Generosidad 2.0: transforma tu generosidad y nuestro mundo)* (San Francisco: Jossey-Bass, 2012), edición para Kindle, 879-81.

p. 375 «A TODOS LOS DONANTES IGUALES»: Dennis Whittle, «Online Giving Challenge with $500,000 in Prizes» («El reto de la generosidad online con 500.000 dólares en premios»), *Pulling for the Underdog: A Blog from Dennis Whittle,* 13 de diciembre de 2007, www.denniswhittle.com.

p. 375 En 2013, el Giving Tuesday: Henry Timms (fundador del Giving Tuesday), e-mail a la autora, 4 de diciembre de 2013.

p. 376 Y aunque el Giving Tuesday: «Global Giving» («Generosidad global»), Giving Tuesday, 1 de enero de 2014, www.community.givingtuesday.org.

p. 377 Improv Everywhere: The Carnegie Hall Orchestra, «Improv Everywhere's 'Conduct Us' Lets Random People Lead the Orchestra» («El "Dirígenos" de Improv Everywhere deja a la gente dirigir la orquesta»), *The Huffington Post,* 25 de septiembre de 2013, www.huffingtonpost.com.

p. 377 Monica Yunus y Camille Zamora: Joe Van Brussel, «Monica Yunus, Camille Zamora of Sing for Hope Share Why They Placed 88 Pianos throughout New York City (video)» [«Monica Yunus, Camille Zamora de Sing for Hope comparten por qué colocaron ochenta y ocho pianos por todo Nueva York (vídeo)»], *The Huffington Post,* 6 de julio de 2013, www.huffingtonpost.com.

p. 377 Robert Egger: Robert Egger, *Everyday Heroes: 50 Americans Changing the World One Nonprofit at a Time (Héroes diarios: cincuenta americanos cambiando el mundo de forma no lucrativa),* ed. Katrina Fried (Nueva York: Welcome Books, 2012), 61.

p. 378 Tendemos a identificar la creatividad: David Kelley y Tom Kelley, *Creative Confidence: Unleashing the Creative Potential within Us All (Confianza creativa: liberando el potencial creativo que hay en todos nosotros)* (Nueva York: Crown Publishers, 2013), 2-3.

p. 379 Como escriben David y Tom Kelley: Ibíd., 55.

p. 379 «Todo hombre»: Henry Miller, *Henry Miller on Writing (Sobre la escritura)* (Nueva York: New Directions, 1964), 25.

p. 380 En su libro *Unbinding the Heart:* Stassinopoulos, *Unbinding the Heart (Desatando el corazón),* 45-47.

p. 382 La frase: «Saber...»: Aunque comúnmente es atribuida a Ralph Waldo Emerson, el autor es anónimo: «Success» («Éxito»), The Ralph Waldo Emerson Society, 1 de diciembre de 2013, www.emerson.tamu.edu.

p. 382 Un día antes de morir: Katherine Fung, «NPR's Scott Simon Live Tweeting His Mother's Final Days» («El periodista radiofónico Scott Simon tuitea en directo los últimos días de su madre»), *The Huffington Post,* 29 de julio de 2013, www.huffingtonpost.com.

p. 383 JOHN BRIDGELAND: Ron Fournier, «The Outsiders: How Can Millennials Change Washington if They Hate It?» («Los marginados: ¿cómo pueden cambiar los *millennials* Washington si lo odian?»), *The Atlantic,* 26 de agosto de 2013, www.theatlantic.com.

p. 383 LOS *MILLENNIALS* LIDERAN LAS CIFRAS: «America's Civic Health Index» («Índice estadounidense de salud cívica»), Conferencia Nacional de Ciudadanía, resumen ejecutivo, 27 de agosto de 2009, www.ncoc.net.

p. 383 ESTA CIFRA ES INCLUSO MÁS ALTA: Fournier, «The Outsiders» («Los marginados»).

p. 383 ESA ES LA META DEL FRANKLIN PROJECT: «Franklin Project: About Us» («Franklin Project: sobre nosotros»), Instituto Aspen, 16 de diciembre de 2013, www.aspeninstitute.org.

p. 385 FUNDACIÓN PUNTOS DE LUZ: «Our History» («Nuestra historia»), Fundación Puntos de Luz, 1 de diciembre de 2013, www.pointsoflight.org.

p. 385 TRAS CONSEGUIR ÉXITO: «Secretary General's MDG Advocacy Group», centro de noticias de Naciones Unidas, acceso el 31 de diciembre de 2013, www.un.org.

p. 386 «NUESTRA GENERACIÓN PRESIONA»: Amanda Terkel, «National Service Ignored in 2012 Candidates' Discussion of Jobs Crisis» («El servicio nacional ignoró en 2012 el debate de los candidatos sobre la crisis de empleo»), *The Huffington Post,* 30 de mayo de 2012, www.huffingtonpost.com.

p. 387 COMO COMENTA EL DOCTOR ERVIN STAUB: «Choosing to Rescue» («Eligiendo rescatar»), Facing History and Ourselves, 1 de diciembre de 2013, www.facinghistory.org.

p. 392 EL REVERENDO HENRY DELANEY: Henry Delaney, conversación con la autora, 1993.

Epílogo

p. 397 DAVID FOSTER WALLACE: «David Foster Wallace, in His Own Words» («David Foster Wallace, en sus propias palabras»).

Apéndice A

p. 401 «CONCENTRARSE CONSISTE EN»: Ben Popper, «Steve Jobs and the Value of Saying No» («Steve Jobs y el valor de decir no»), *The New York Observer*, 25 de agosto de 2011, www.betabeat.com.

p. 401 EDITORA ENCARGADA DE LOS CONTENIDOS DE LA TERCERA MÉTRICA: Carolyn Gregoire, «In a World of Constant Digital Distractions, These Tools Can Help You Stay Focused and Be More Present» («En un mundo de continuas distracciones digitales, estas herramientas pueden ayudarte a concentrarte y estar más presente»), *The Huffington Post*, 20 de diciembre de 2013, www.huffingtonpost.com.

p. 402 EN 2012, INVESTIGADORES DE HARVARD: Belinda Luscombe, «Why We Talk about Ourselves: The Brain Likes It» («Por qué hablamos de nosotros mismos: al cerebro le gusta»), *Time*, 8 de mayo de 2012, www.healthland.time.com.

p. 404 DAVID E. MEYER: Steve Lohr, «Smartphone Rises Fast from Gadget to Necessity» («El smartphone pasa rápidamente de ser un aparato a una necesidad»), *The New York Times*, 9 de junio de 2009, www.nytimes.com.

p. 406 TOMARSE DESCANSOS: Diana Yates, «Brief Diversions Vastly Improve Focus, Researchers Find» («Las pequeñas distracciones mejoran mucho la concentración, según estudios»), boletín de noticias de la Universidad de Illinois, 8 de febrero de 2011, www.news.illinois.edu.

p. 409 ESCRIBIÓ EL CREADOR DE HIGBY: «About This Project» («Sobre este proyecto»), Higby, 30 de diciembre de 2013, wolffolins.com/higby.

Apéndice B

p. 410 RECOPILADAS POR CAROLYN GREGOIRE: Carolyn Gregoire, «These Digital Meditation Tools Can Be Your Gateway to a Calmer, More Effective Life» («Estas herramientas digitales de meditación pueden ser tu pasarela hacia una vida más calmada y efectiva»), *The Huffington Post*, 30 de diciembre de 2013.

p. 411 «DEBEMOS SALIR»: Mark Williams, John Teasdale, Zindel Segal y Jon Kabat-Zinn, *The Mindful Way Through Depression: Freeing Yourself From Chronic Unhappiness (Una solución consciente para la depresión: liberándote de la infelicidad crónica)* (Nueva York: Guilford Press, 2007), 46.

p. 412 «APLICACIÓN DE MEDITACIÓN URBANA»: Stephen Fortune, «Rohan Gunatillake», *Protein,* 20 de diciembre de 2013, www.prote.in.

p. 412 BUDDHIFY «REALMENTE CAMBIA»: «What People Think of Buddhify» («Qué opina la gente sobre Buddhify»), Buddhify, 1 de diciembre de 2013, buddhify.com.

p. 412 LAS ENSEÑANZAS DE MSIA CONSISTEN EN: «Meditation and Spiritual Exercises» («Meditación y ejercicios espirituales»), movimiento de conciencia espiritual interior, 30 de diciembre de 2013, www.msiaonlineclasses.com.

p. 413 CHOPRA UNIÓ FUERZAS: «Oprah Winfrey and Deepak Chopra Launch 21-Day Meditation Experience on Desire and Destiny» («Oprah Winfrey y Deepak Chopra lanzan su programa de ventiún días de meditación sobre destino y deseo»), comunicado de prensa de OWN: Oprah Winfrey Network.

p. 417 EL PODER DEL AHORA: Eckhart Tolle, *El poder del ahora: una guía para la iluminación espiritual* (Madrid: Gaia, 2007).

Redefine el éxito, de Arianna Huffington
se terminó de imprimir en junio de 2015
en los talleres de Litográfica Ingramex, S.A. de C.V.
Centeno 162-1, Col. Granjas Esmeralda,
C.P. 09810 México, D.F.